● 中国合作经济学会"十四五"规划教材

U0505724

合作经济学

秦立建　主　编

陈安宁　副主编

HEZUO JINGJI XUE

中国财经出版传媒集团

经济科学出版社

Economic Science Press

图书在版编目（CIP）数据

合作经济学/秦立建主编 . —北京：经济科学出
版社，2021.7
ISBN 978 - 7 - 5218 - 2741 - 5

Ⅰ. ①合…　Ⅱ. ①秦…　Ⅲ. ①合作经济学 - 高等学校 -
教材　Ⅳ. ①F014. 1

中国版本图书馆 CIP 数据核字（2021）第 149662 号

责任编辑：高　波
责任校对：王肖楠
责任印制：王世伟

合作经济学

秦立建　主　编
陈安宁　副主编

经济科学出版社出版、发行　新华书店经销
社址：北京市海淀区阜成路甲 28 号　邮编：100142
总编部电话：010 - 88191217　发行部电话：010 - 88191522
网址：www. esp. com. cn
电子邮箱：esp@ esp. com. cn
天猫网店：经济科学出版社旗舰店
网址：http: //jjkxcbs. tmall. com
北京季蜂印刷有限公司印装
787 × 1092　16 开　17 印张　342000 字
2021 年 9 月第 1 版　2021 年 9 月第 1 次印刷
ISBN 978 - 7 - 5218 - 2741 - 5　定价：56. 00 元
（图书出现印装问题，本社负责调换。电话：010 - 88191510）
（版权所有　侵权必究　打击盗版　举报热线：010 - 88191661
QQ：2242791300　营销中心电话：010 - 88191537
电子邮箱：dbts@ esp. com. cn）

前　言

　　习近平总书记指出，推动构建人类命运共同体，让和平与发展的阳光普照全球①。人类的合作行为源远流长，而作为一种特殊的社会经济组织现象和合作方式，合作经济出现于资本主义时期，它是近代社会的产物。分工和合作是人类经济活动的重要组成部分，合作共赢已经成为时代发展的主旋律。推动合作经济发展，不仅有利于普通大众，而且有利于国家经济社会的健康持续高质量发展。但是，如何推动合作经济的发展，不仅理论探讨亟待进一步完善，而且实践探索也需要进一步开拓。因此，撰写一部既有理论高度又有实践经验，并且与中国实际国情相结合的教科书，对于加快培养合作经济专业人才和推进合作经济发展，都具有重要的价值。

　　本书不仅是多位从事合作经济领域教学和科研工作的教师大力合作的结晶，而且是"象牙塔"内理论探讨与实际工作部门经验总结的有机结合。本书作者的经历较为丰富，有些是理论工作者，长期以来对合作经济的理论进行探讨；有些则身体力行，从事合作经济实体的运行，具有良好的实践经验；有些在国外留学或者访学，具有良好的国际视野；有些具有实际部门的工作经历，并且长期以来对合作经济的从业者进行培训。本书作者经历的多重性，为编写组提供了宝贵的撰写经验。基于此，本书分为三个部分，即基础篇、实践篇及拓展篇。

　　第一部分基础篇，其内容主要是合作经济学的理论等基础知识，除了对合作经济学课程的特点进行介绍之外，还系统阐述了合作经济学的理论基础，表述了合作经济如何产生和发展，并对合作经济组织

---

　　① 新华社．习近平：在庆祝中华人民共和国成立 70 周年招待会上的讲话［N/OL］．（2019 - 9 - 30）［2021 - 5 - 18］. https：//baijiahao. baidu. com/s？ id =164610947240226506/&wfr = spider&for = pc.

进行了探讨。第二部分实践篇，包括了合作经济的主要领域，分别为生产合作、流通合作、信用合作，也包括了互助保障及其他合作。与此同时，也强调与时俱进和国际视野。第三部分拓展篇，包括合作经济统计、数字合作、国外合作经济发展，以及中外合作园区等内容。

本书由秦立建与中华全国供销合作总社的陈安宁先生共同构思，全体参编人员讨论，并且多次征求多位专家的意见和建议。本书的写作分工如下：第1章导论，西南大学的高静博士执笔；第2章合作经济理论基础，安徽财经大学的潘婷博士执笔；第3章合作经济的产生与发展，安徽财经大学的李想博士执笔；第4章合作经济组织，安徽财经大学的董晓波博士执笔；第5章生产合作，安徽农业大学的肖双喜博士执笔；第6章流通合作，安徽财经大学的刘永芳博士执笔；第7章信用合作，安徽财经大学的于志慧博士执笔；第8章互助保障，安徽财经大学的秦立建博士执笔；第9章其他合作，安徽财经大学的刘敏博士执笔；第10章合作经济统计，安徽财经大学的赵明涛博士执笔；第11章数字合作，安徽财经大学的李超博士执笔；第12章国外合作经济发展，安徽财经大学的孙迪博士执笔；第13章境外经贸合作区，安徽财经大学的周经博士执笔。

本教材不仅适用于农业经济管理专业、合作经济专业、农村发展专业、区域发展专业，公共管理以及其他经济管理学科的本科生、研究生和专业硕士，还适用于各级政府部门、事业单位、各类企业和合作经济的从业人员，以及广大对合作经济感兴趣的读者。

这部教材是编写组各位教师长期教学和科研积累的成果。虽然在撰写过程中编写组多次进行了讨论，但是难免存在值得进一步完善的地方，敬请各位读者不吝赐教！最后，对所有为本书的写作和出版提供帮助和指导的朋友，表示诚挚的谢意和崇高的敬意！

秦立建
2021 年 5 月 18 日于安徽财经大学

目　　录

第 1 章 导 论

1.1 合作经济学学科的特点

人类社会揭开现代化的篇章以来，竞争行为日益凸显，尤其是达尔文基于自然史的论证，让人们更多地看到了社会的竞争，以至于很少有人关注到另一种行为——合作。但随着后工业社会的到来和社会的开放，社会的高度不确定和高度复杂性预示着，合作行为将成为人们的理性选择。

经济活动是人的行为，从来都是人的联合或众人的集体行动。正如马克思所说：

> "时代越早，个人——因而也是先进生产的个人——越不是独立，越是从属于一个较大的整体。""人是最严格字义上的社会动物（zoon-politikon），不仅是一种合群的动物，并且是只有在社会中才能独立的动物。①"

无论经济活动还是社会活动，人都无法脱离社会，也离不开合作与互助。人类社会的存在、进步与繁荣均依赖于互助合作。现有的几大具有代表性的经济学体系都是以"竞争"为主线，是揭示或解释人类经济行为竞争性的经济学，是竞争的经济学。但是，无论经济学再怎样围绕"竞争"，也已经不可能再使其作为一门科学发生革命，因此经济学应该在研究对象上有根本性的转变，即转向合作。与此同时，在博弈论、信息经济学和行为经济学等学科逐步发展成熟的基础上，对合作行为的研究已经成为经济学研究的重点领域之一。

---

① 马克思. 政治学批判［M］. 北京：人民出版社，1961.

1.1.1 合作经济学的内涵

1.1.1.1 合作

合作，说文解字中"合"为"合口也，从口"，《新华字典》中解释为"互相配合做某事或共同完成某项任务"。在合作经济思想发展史中，各国学者也区分了广义合作与狭义合作：广义的合作是指共同劳动、联合起来工作的意思，是劳动者自觉的联合行为，即人类联合起来，为达到共同利益的集体行动，都称之为合作；狭义的合作仅指经济方面，是采用一定的联合劳动方式的一种特定的经济与社会的组织形式。由此可见，合作是个人或组织为达到共同的目标，通过自愿联合，有意识、有计划地共同协力与相互扶持，从而增强自己群体竞争力的过程和行为。因而本书研究的合作为"狭义合作"。

同时，我们还应当区别"合作"（cooperation）与"协作"（coordination）。合作是生产关系范畴，而协作则是生产力范畴。协作是指：许多人在同一生产过程中，或在不同的但相互联系的生产过程中，有计划地一起协同劳动。但是，这种协作劳动不一定是由合作关系形成的，由此产生的经济剩余也不一定为合作当事人分享。

1.1.1.2 合作社

合作社是近代社会的产物，是商品经济发展到一定阶段产生的一种特殊的生产和经营活动的组织形式。合作社不同于靠血缘关系或地缘关系形成的氏族公社或村社，它具备明确的目标和规章制度，是每个人都可以自由加入的、开放的经济组织。合作社形成一种制度并在世界各国普及之后，在不同国家和不同时期，具有不同的定义（见表 1-1）。

根据以上定义，合作社可以理解为：既是人们自愿结成的群众性社团组织，又是具有法人地位的生产和经营企业，其制度特征是人们自愿联合、共同所有和民主管理，其价值特征是满足共同的经济和社会需求。合作社可以帮助社会弱势群体增强其抵抗风险的能力。为了实现自己的社会和经济利益，合作社制定规范的合作原则和制度安排，形成了独特的运行机制。并且由于其具有经济和政治的双重性、适用的广泛性和在农村领域中的重要性，使合作社在世界各地得到了快速发展。

表 1-1　　　　　　　　　　　学界关于合作社的定义

作者/出处	定义
《简明不列颠百科全书》	由那些分享服务利益的人所拥有和经营的组织
埃文斯和斯托克迪克（1937）	农业合作社是一种企业组织，通常由农业生产者成立、拥有和控制，为成员或股东的共同利益服务，扣除允许用于运营、存续和其他经过认可的用于发展和必要积累之后，在成本基础上运作
国际合作社联盟	合作社是自愿联合起来的人们，通过联合所有与民主控制的企业来满足他们共同的经济、社会、文化的需求与抱负的自治联合体，他们按企业资本公平出资，公正地分担风险、分享利益，并主动参与企业民主管理
［德］汉斯·H.缪恩克勒	合作社是一种由利益相同的群体成员建立的，共同所有、共同出资、共同管理，以促进群体成员经济利益为主要目标的企业
美国农业部农村商业和合作社发展服务中心	用户所有、用户控制和用户受益的公司型企业

1.1.1.3　合作经济

人类一般意义的合作行为源远流长，但并不是有合作就是合作经济，合作不等于合作经济。合作经济在生产要素上具有特定的结合形式，在分配关系上也有自己的特点。《政治经济学辞典》提出："合作经济是劳动群众为改变生活条件或生产条件而联合建立的一种经济组织。"洪远朋认为："自有人类活动起，就存在人们相互的合作行动。但若作为一种特定的经济思想，是社会发展到一定时期的特定产物。"本书认为，合作经济是指劳动群众为达成并维护自身利益、改善生产条件和生活条件的目的，遵循自愿、民主、平等、互利等原则建立起来的一种经济形式。其内涵是合作制，外延是各种类型合作社的具体实践。

合作经济具有两重性，它既是具有法人地位的生产企业或经营企业，也是劳动群众组成的服务性社团组织。它作为经济组织和企业，以生产合作、消费合作和信用合作等形式，或者能减轻中间获利，缓和劳动者生活困难；或者以共同集资经营方式，筹集较多的资本，扩大生产规模，以获得生存和发展；或者在保存原有小生产经营单位的条件下，利用组织起来的力量，在技术设备上谋求改进、融资、共同批购原材料、搞集中运销等方式，以克服小生产者在市场对接中的弱势地位。合作经济作为群众性的社团组织，在集中力量从事商业、生产经营和教育福利等方面，起着积极的作用。

1.1.2　合作经济学的研究对象

现代汉语词典对"对象"的解释是："行动或思考时作为目标的人或事物"。合作经济学的研究对象是合作经济组织，主要为合作社。

合作经济组织是按照合作制原则组建的具体企业或社团，是具体的市场主体。从类型上看，合作经济组织的组织形式在不同国家、同一国家不同地区都有差异，但最通行的是合作社，因此合作经济也叫"合作社经济"。当前，全球范围内的合作经济蓬勃发展，就合作形式而言，大致可分为三类：一是以专业为主的欧洲模式，二是以综合性为主的日韩模式，三是以跨区合作为主的美加模式。

从其特点来看，合作经济是劳动群众联合起来，自愿结合、使用共同占有的生产资料、共同进行劳动的经济形式。根据以上定义，合作经济有其独特属性。首先，就所有制而言，合作经济的所有制与个体经济、资本主义经济和国有经济不同，为联合起来的劳动者个人共同所有，即马克思所说的"联合起来的社会的个人所有制"；其次，合作经济实行民主管理，劳动者在合作社中处于主人地位，人人平等并参与管理，行使民主权利。还需明确的是，合作经济与集体经济、股份经济存在差异：集体经济是一种集体无差别占有生产资料的经济形式，是财产的合并，否认私人产权；合作经济是承认其成员对生产资料占有的差别交易的联合，承认私人产权；合作经济内含多种产权，股份经济只是属于其中的一种。

1.1.3　合作经济学的研究内容

一切经济学科都是研究物质资料的生产和再生产过程中的各种活动及其相互联系，以揭示社会经济运动规律。合作经济学也是如此。但同时，合作经济学也有自己的研究领域，它的研究内容是从社会经济运动的总体联系中揭示合作经济运动所特有的规律。即研究和揭示联合劳动，互相合作，组织生产、分配和交换的规律。社会生产是生产资料同劳动力相互作用的过程。因此，也可以说，合作经济学的研究内容是：合作经济的生产资料和劳动产品的占有制度；劳动力和生产资料的结合方式；劳动的社会组织和劳动者在生产中的地位；人们在经济体系和经济活动中的经济关系。本书认为，可概括为以下四个方面：

（1）合作经济的产权结构。

马克思认为产权是具有多重内涵的权利束，包含：所有权、处置权、收益权与转让权等内涵。合作社的产权为典型的公有产权，其生产资料和劳动成果不归参加合作经济组织的联合劳动者集体所有，其产权主要体现为所有权、决策权与剩余利润分配权。关于合作社产权的研究，现多侧重于对合作社产权治理现状、存在问题进行分析的基础上，从决策权、激励机制与监管等方面进行结构调整提出规范合作社内部治理结构的建议。

（2）合作经济的合作内容。

合作社的组织形式是与社员进行交易合作的载体，不同类型的生产合作社隐含的生产和交易属性、社会关系网络，以及风险水平迥异，合作内容也大相径庭。根据合作经济组织在社会经济再生产不同阶段或环节的功能差别，其合作内容主要有信用合作、流通合作、服务合作及其他内容的合作。

（3）合作经济的内部治理。

国际合作社联盟（ICA）关于合作社七项原则的第二项——社员民主管理——目的是保证社员对合作社拥有所有权和保持有效的管理。合作经济组织以独立的法人主体自主经营、自负盈亏、自我约束、自我发展。合作经济组织的管理是民主的，即所有成员拥有平等参与管理的权利：合作经济不论入股多少，都是一人一票决策权，这是合作经济组织最重要的治理特点。现有研究主要使用契约治理和关系治理这两个概念与分析框架，社员类型与合作社发展不同，合作社的治理方式和程度相应也有差异。此外，合作经济组织治理机制选择的影响因素、合作经济组织内部治理机制对成员增收的影响、内部治理机制与风险防范等也是研究热点。

（4）合作经济的组织绩效。

关于合作经济组织绩效，国内外学者的研究主要集中于两大方面：一是合作社的绩效度量。国外学者倾向于从社会角度进行绩效测度，认为合作社兼具企业和社员共同体的双重属性，因此合作社的绩效既要关注组织层面的绩效，又要考虑社员层面的绩效。国内比较有代表性的研究多是从行为性绩效和产出绩效来考察合作社绩效。二是影响合作社组织绩效的因素，如组织类型、治理机制、资本存量、组织管理能力，以及人力资本资源等。

1.1.4　合作经济的功能

合作经济是社会经济发展到一定的阶段，劳动者自愿联合，实行民主管理，获得服务和利益的一种经济形式，其目标表现为既有经济内容，又有社会、政治内容的多重目标体系。因而，合作经济的功能主要体现为以下四点：

1.1.4.1　社会化服务功能

1995 年，曼彻斯特大会修改确立了合作社七项原则，其中包括"合作社是自愿的组织，对所有能够利用它们的服务和愿意承担社员义务的人开放"①。这表明合作社就是为了某种特殊需求组织起来的，需要为社员提供相应类型的服务，如渔业合作社为渔民服务，住房合作社为社员提供住房服务。服务是合作经济组织的宗旨，也是其内容的核心。一方面，合作社是具有社会功能的企业形态，兼具企业部门和社会部门功能，松散个体联合形成合作社可以增强谈判实力，改变弱势群体在市场交易谈判中的被动局面，获得较为平等的交易条件。另一方面，市场体系的发育要求建设社会化的服务体系，以进一步提高专业化水平和生产效率，合作经济组织能为弱势群体的审查和经营提供优质服务，如产前的物资供应、产中的信息和科技、产后的贮运和销售等。

1.1.4.2　增收益贫功能

作为社会弱势群体的联合体，合作社具有天然的扶弱性和广泛的群众性，是市场经济条件下贫困群体脱贫的理想组织。已有研究表明，合作社在凝聚个体反脆弱性、整合贫困对象、聚拢闲散资源、增强农民群体自我发展能力等方面成效突出。吴彬和徐旭（2009）初认为，合作社存在以下五个益贫机制：一是市场进入，对于缺乏人力资源和社会资本的贫困社员，可以卖出自己生产的产品或买入自己需要的生产资料，是头等重要的大事；二是价格改进，不仅包括支付或获得比较好的价格，也包括由此导致的经营成本或效益的改进；三是特殊服务，即只有社员才能获得这种服务，非社员不能获得；四是收益返还，合作社对于在营销交易中净收益的获取，一般包括惠顾返还和股息获得；五是通过民主管理而产生的主人翁的归属感。一方面，合作社能在一定程度上实现贫困弱势群体的规模生产和经营，打破平均化的生产资料分配形式，提高生产要素的综合利用效率，有利于现代化的技术组织方式和资金的注入；另一方面，也能引导弱势群体有组织地进入市场，有效对接小生产和大市场，节约了交易费用，提高了弱势群体在交易中的市场地位，使社员分享加工、流通领域的利润。

但是，以下三个误区必须澄清：误区一，合作社必须帮助贫困人口。合作社虽然有"天然"益贫性，但合作社并不是"必须"帮助贫困人口。误区二，合作社是反市场的。合作社只是在尊重外部环境的前提下，通过内部的组织机制来实现益贫。误区三，贫困群体组织合作社就一定能摆脱贫困。应该说，只有那些共同需要、有一定特长、遵守纪律、有能力管理自己事务的人，才能通过组建合作社改善自己的处境。

---

① 1995年，国际合作社联盟在国际合作社联盟100周年大会上修订确立合作社七项原则。

1.1.4.3　政治参与功能

合作经济组织的政治功能体现在政治协调与利益平衡、政治沟通与社会稳定、政治监督与制约等方面。从政府角度来看，如果说发端于欧洲启蒙运动时期的益贫型合作社，尚以"政治独立"面貌活跃于早期的合作主义运动中，那么20世纪以后的合作社就不再完全是社员互助合作的经济组织，而是逐渐被许多政府纳入旨在实现"国家意图"的经济战略中。作为一种制度资源，合作社在市场资源配置失败或者不完全有效的领域可以产生超越市场的潜在积极作用，在此意义上，合作社是与私营部门、公共部门并列的"第三部门"，是政府引导社会发展的"第三条路"。从合作社角度来看，与合作社经济利益同时出现的是，他们通过合作社联盟，结成在政治上有力量的一种新的利益集团的潜在可能性。实际上，在很多国家，合作社不仅履行一般的经济职能，同时还成为对政府部门行政决策有相当影响力的"利益集团"甚至"压力集团"。合作社成为弱势群体与政府之间交流的桥梁和纽带，增加与政府之间的对话渠道，通过组织争取政府在财税、税收、金融等方面的支持，提高其政治地位，获得平等的公民待遇。

1.1.4.4　教育功能

国际合作社联盟一向都把对社员的教育作为合作社原则的重要方面，在1995年国际合作联盟第31届大会上修订和重新确立的合作社七项基本原则中，第四项就是教育培训和信息服务原则[①]。在实践中，各国合作经济组织也都把教育培训和信息服务作为其工作的重要方面，经常组织短期培训班，提供技术、咨询服务，帮助其改进生产技能，普及推广新技术，借助科技力量，降低其面临的风险和损失。我国当前新发展起来的各种合作社、专业协会研究会等合作经济组织都已具有了引进、消化、传播、推广实用技术和最新科技成果的功能，还有许多合作经济组织与大专院校、科研机构合作，将相关的最新科技成果迅速传递给社员，一些地方还把原来由政府部门承担的相关技术推广工作委托给相应的合作经济组织来完成，并取得了良好的效果。合作经济组织的发展势，必会在提高弱势群体文化素质方面发挥巨大的作用。

1.1.5　合作经济分类

合作经济的形式丰富多样，随着生产力发展变化，客观要求经济组织形式与

---

① 秦愚，苗彤彤. 合作社的本质规定性［J］. 农业经济问题，2017，38（4）：4-13，110.

生产力发展的水平相适应。合作经济组织是按合作制原则组建的具体企业或社团，是具体的市场主体。在一定生产力发展水平上，合作经济的实现形式是多种多样的，除把生产合作作为主要形式之外，还有多种类型和多种所有制形式，如合作工厂、合作贸易、合作农业和股份有限公司等。表1-2按照合作经济组织在社会经济再生产不同阶段或环节的功能差别，将其分为不同的类型。

表 1-2　　　　　　　　　　　合作经济类型

分类标准	合作经济组织类型	从事内容
经营范围	综合性合作社	承担农村社区的合作生产、合作金融、共同运销、农技推广和社区教育、社会福利等多种活动功能，给农民实在的经济利益、维护农民的基本权利，改善农村公共服务，培育农民的自治机制，从而有效地保持农村社会秩序的稳定
	专业性合作社	在农村家庭承包经营的基础上，同类农产品的生产经营者或者同类农业生产经营服务的提供者、利用者，自愿联合、民主管理的互助性经济组织
合作化自身的功能	消费合作社	主要经营生活消费品
	供销合作社	购进各类生产资料出售给社员
	保险合作社	以社员为保险对象经营保险事业
	医疗合作社	对社会提供医疗保健服务
	劳务合作社	合作社承包业务，社员提供劳动力
	利用合作社	合作社置办各种生产资料供社员使用
	运销合作社	推销社员商品，兼产品分级、包装与加工
	公用合作社	置办仅供社员使用的、与日常生活有关的物品
生产、再生产环节	生产合作社	从事种植、采集、养殖、加工、建筑等生产活动，如农业生产合作社
	信用合作社	接受社员存款、贷款给社员，如城市信用合作社
	流通合作社	从事推销、购买、运输等业务，如供销合作社
	服务合作社	提供劳务、服务等，如租赁合作社
组织管理形式	松散型合作社	合作社与其社员之间关系松散。其特点是农民有很强的自主性，合作社只是一种辅助性组织，帮助农民开展生产经营
	半松散型合作社	往往是与普通农户关系松散，与主要社员关系紧密
	紧密型合作社	合作社的运营贯穿于农业生产的"产前—产中—产后"每一环节，合作社负责人能够充分发挥核心领导作用，充分协调合作社与小农户的利益，促进小农户与现代农业有效衔接

资料来源：本表关于合作经济组织类型系笔者根据相关书籍材料整理而得。

在中国，由于中国农业产业的基础性地位，合作经济组织主要在农村，主要对象是农民。当前，我国农村合作经济组织主要分为两种类别：一是专业性类别；二是综合性类别。专业性合作经济组织主要有农民专业协会、专业合作社、合作协会等。

案例 1-1

2017年7月，罗进受到"三变"现场观摩会的启发，成立了合胜种养殖合作社。合胜种养殖合作社依托农村"三变"改革，以"合作社+农户+园区"方式，打造美丽乡村、打造农业旅游观光的路线。启动资金方面，罗进等9人自筹资金200万元入股，24户贫困户以每户5万元（120万元）特惠贷入股。另外，104户以耕地40余公顷、山林26.67公顷入股实施种植养殖，打造将军谷田园综合体。如今，将军谷田园综合体初具规模，接待中心、田园观光步道、游人垂钓鱼塘、观光采摘园、林下养鸡场、优质红皮大蒜种植基地等均已建好，并向游人开放。合胜种养殖合作社实现了土地资源向市场资本的转变，实现传统农业向现代农业转变，同时帮助农民实现单一收入向多元收入转变，使乡村面貌发生质的变化。

（资料来源：笔者调研）

综合类合作经济组织，是随着市场经济发展而发展起来的新型农村合作经济组织，其特点是结构松散，但在组织农户生产，增加农民收入，甚至推动集体经济发展中起到重要作用，主要是社区的股份合作社，如伴随着农村集体产权制度改革，形成的村集体股份社，在盘活农村资源、发展乡村产业、壮大村集体经济中具有重要作用。

案例 1-2

城口县岚溪村位于大巴山深处，森林覆盖率达92.9%以上，负氧离子含量高达每立方厘米20 000个。虽坐拥绿水青山，集体经济发展却很薄弱、农民收入低。2018年，该村以改组织、改民房、改资产，促进资源变资产、资金变股金、农民变股东，有效激活了沉睡资源，促进了集体经济发展和农民增收。2018年2月，该村借助农村集体产权制度改革完成契机，组建了城口岚天乡岚溪村股份经济合作社，确认了集体经济组织成员222户927人。在此基础上，确权配股，将现有村集体资金、可经营性资产折股量化，配置股份859.5股，实现了"人人有股权"的改革效果。同时，选举产生理事、监事，推选理事长和监事长，建立完善相关制度等。

岚溪村清理确认集体资金50万元，完成对大巴山乡村欢乐谷、大巴山水上乐园、草籽沟休闲观光步道等8个可经营性资产的价值评估，作价439万元。引入工商企业，采用"村集体＋公司＋农民"的方式，合股联营。2018实现村级收入10多万元，率先消除空壳村。目前，岚溪村已成为"巴山乡村旅游特色小镇""一、二、三产业融合发展示范乡"，入选2020年中国美丽休闲乡村之列。

（资料来源：笔者调研）

1.2　合作经济学的研究方法

任何一项学术研究都离不开资料和方法论。方法的选择与合适使用是学术研究的核心所在，研究进程的有效推进、研究结论的可信性等都与研究方法的选择密不可分。本节主要介绍合作经济研究中使用的一些具有可推广性、有效性的一般性研究方法。

1.2.1　案例研究法

案例研究法又称个案研究法，指的是结合特定的合作经济行为实践或典型个案，以其为素材展开具体分析、解剖，探讨典型个案的特定情境和过程，进而得出新的假说和结论的研究方法。它在不脱离现实生活环境的情况下，研究当时当地正在进行的现象，根据理论假设来引导资料的收集和分析，是一种全面而完整的研究方法。案例研究法是用具体实践案例和经验证据来说明问题，既形象又容易被接受，通过"解剖麻雀"的方式，可以更好地深入具体的情境当中，以把握合作经济行为和实践的过程、机制、条件、问题等。

在合作经济学的具体研究过程中，案例研究法的应用可以从多个层面展开。既可以是现实中的案例，也可以是历史中的案例；研究内容既可以是一个具体的合作经济事件，也可以是某种组织经济行为；既可以是具体的合作经济制度，也可以是某个企业或集体的合作经济政策。既包括对微观机制的介绍，如《纵向协作程度对合作社收益及分配机制影响——基于4个案例的实证分析》；也包括对某一国家或区域的合作经济发展情况介绍，如《合作社：农民的公司——瑞典考察报告》。

1.2.2　实证研究法

实证研究是指从大量的经验事实中总结出具有普遍意义的结论或规律，然后通过科学的逻辑演绎方法推导出某些结论或规律，再将这些结论或规律拿到现实中进行检验。简言之，通过对合作经济行为事实信息和数据信息的搜集、整理和分析，得出"实际是什么，以及将会怎样"的结论。在合作经济学研究过程中，实证研究常常通过如下五种方式展开：一是案例分析。上面已做分析，这里不再赘述。二是访谈法，通过对现实的合作经济行为的理事长、入社成员或第三方相关者进行访谈，以获得他们对于相关问题的看法，理解相关问题的事实真相等。三是问卷调查，通过提出理论假设、设计问卷、发放问卷、回收分析问卷等过程，来获取相关事实信息，或者描述事实，或者依据问卷数据展开推断。四是统计数据分析，包括时间序列或面板数据，通过统计分析发现，合作经济的发展变化规律，既可以是全国性的整体性发展介绍，如借助农业农村部《中国农村经营管理统计年报》分析合作社的数量、类型、入社成员、运营情况及经营绩效等；也可以是合作经济组织本身发展影响因素，依此掌握合作经济组织的发展概况。五是数理模型，通过对相关关系的假设，建立数理模型，进而实施数学推断、预测未来。例如，《合作社类型、治理机制与经营绩效》《自生能力、交易环境与农民专业合作社绩效》，随着数理工具的应用深入，这一研究方法应用愈加广泛。

实证研究法能使研究结论得到确证（证实或证伪），也便于通过要素之间的相关关系来预测未来。这是实证研究法的优势。但是，实证研究存在两方面局限：一方面，是成本相对较高，实施难度相对较大；另一方面，是在研究过程中，往往会落入数字、模型的陷阱，通过复杂的公式、高深的模型要么得出外行人看不懂的结论，使研究成为"理论同行间的数字游戏"；要么得出一个大家都熟识的结论（不用数字证明也同样会得出这样的结论），使研究成为无意义的"理论家们的学术游戏"。

1.2.3　比较研究法

比较研究是合作经济学研究的重要方法之一，根据一定的标准，把彼此有某些联系的事物放在一起进行考察，寻找其异同，以把握研究对象所特有的质的规定性。比较研究法是确定对象间异同的一种逻辑思维方法，通过比较不同对象来获得一般结论的具体研究方法。一方面，利用"相对性"来鉴别事物的异同，探析一般属性与个别属性、普遍规律与特殊规律之间的联系；另一方面，比较研究可以弥补案例分析法的缺陷，超越特定案例或事件的局限，只有将案例分析法与比较研究法紧密结合才能得出具有启发价值的结论和概括。通常情况下，根据事物之间存在的差异性和同一性，分为同类比较研究和异类比较研究；根据比较对象历史发展和相互联系，分为纵向比较研究和横向比较研究；根据所有事物都是质和量的统一观点，分为定性分析比较和定量分析比较。

在合作经济学研究中，通过将美国的合作经济与法国的合作经济、德国的合作经济，以及荷兰、日本的合作经济进行对比，揭示西方合作经济发展的共同趋势及差异。在此基础上，又将中国合作经济与西方合作经济进行比较分析，找出其相同和不同之处。聚焦中国，可以将中国合作经济与其他经济模式进行比较，深入分析合作经济与集体经济、股份制经济、股份合作制经济、合伙经济的区别与联系，澄清人们在认识上的误区，如《社区型股份合作社与农民专业合作社的比较研究》。

1.3　合作经济学与相关学科的区别

合作经济学是一门交叉性的新兴学科，与家庭经济学、企业管理学和微观经济学等都有交叉。因此，这里对它们之间的区别进行简单分析。

1.3.1　合作经济学与家庭经济学

合作经济学与家庭经济学存在密切关联。首先，两学科都将经济学的概念，如生产、分工、分配和决策等，应用于各学科的研究中。其次，在着眼点上，都以追求合作价值为目的，目标指向一致，生产者跟其他理性的经济人一样，每天都要进行投入与产出相比较的生产决策，通过对相关资源进行合理的分配，试图达到最佳组合。最后，在学科体系上，合作经济学和家庭经济学均属于经济学，同时也可以说，合作经济学是家庭经济学新的发展阶段。

当然，合作经济学与家庭经济学也存在三个差异：一是研究范围上，合作经济学是指研究合作经济组织及其发展规律的科学；而家庭经济学是现代经济学研究深入微观，以家庭为研究对象的经济学分支。二是研究主题上，合作经济学主要研究合作社、股份合作、合作金融和供销合作等；而家庭经济学的研究主题主要包括：出生率、婚姻问题、就业决策、劳务分工等。三是在组织结构上，家庭的合作是基于情感基础、血缘关系与经济利益的合作，合作的目的是获得家庭效用最大化；在合作经济组织中，主要是基于契约合作，家庭是构成合作组织中的重要单位，组织合作的目的是获得最大盈余，家庭也因此获得更多的收益。

1.3.2　合作经济学与企业管理学

合作经济学与企业管理学有很多相似之处，一方面，合作经济学所关注的合作组织行为，往往被视为企业管理的手段、职能、任务之一；另一方面，合作经济学和企业管理学都是人们为了实现组织目标而有效地利用人力、物力、财力等资源的活动，协调内外关系，增强环境适应性。

但是，合作经济学与企业管理学也存在三个差异：一是在学科体系上，合作经济学更多偏向经济学；而企业管理学更多属于管理学。二是在发展历程上，合作经济是近代在罗虚代尔公平先锋社奠定了合作经济组织原则之后才产生和发展起来的，进而发展成为合作经济学学科；而企业管理是社会化大生产发展的客观要求和必然产物，是由人们在从事交换过程中的共同劳动所引起的。在社会生产发展的一定阶段，一切规模较大的共同劳动都或多或少地需要进行指挥，以协调个人的活动，通过对整个劳动过程的监督和调节，使单个劳动服从生产总体的要求，以保证整个劳动过程能按照人们预定的目的正常进行。三是利润分配上，合作经济学是参与人共同分享利润，通过组织优势获得竞争优势，而企业管理学是以提高经济效益，实现以营利为目的的活动，追求利润最大化，根据管理职能分配利润。

1.3.3　合作经济学与微观经济学

合作经济学与微观经济学有很多相似甚至是相同的地方。例如，在研究方法上基本一致，都以理性经济人假设为逻辑依据，对数理模型分析、博弈分析、边际分析等都推崇有加；在研究主题上都可被视为资源配置研究，具体包括生产什么、如何定价、为谁生产、如何生产等，也都包括需求、供给、价格等要素；在研究取向上，都强调"效率"问题，即资源配置的高效、最优配置等；在概念体系上，两者都认可生产可能曲线、消费可能曲线、边际技术替代率、消费者/生产者剩余等，并使用这些概念展开分析。

当然，合作经济学和微观经济学的区别是明显的。主要包括如下两方面：一是在资源配置的最终目的方面，合作经济学遵循合作理性，比较强调公平、参与等，而微观经济学则依据私人理性或个体理性，比较强调竞争、效率、参与者个体受益等；二是在研究对象方面，合作经济学以合作组织的经济行为为核心，是劳动群众联合起来结成一定的组织，进行自我服务，共同实现更大利益但承认私人产权及承认其成员对生产资料个人占有的一种经济形式，而微观经济学则是以生产厂商、消费者的经济行为为核心。

案例 1 - 3

罗虚代尔公平先锋社

英国是合作社的发源地,早在 1829 年就出现了多个合作团体。兰开夏州罗虚代尔镇的工人,从欧文及后来人试办合作社的失败中总结教训,认识到要办好合作社就一定要依靠劳动人民自己的力量,从当时的实际需要与可能出发,特别要从工人的切身利益出发,以限制中间商盘剥、方便群众需要、改善社员生活条件和社会地位为目的合作团体才能有前途。在这种思路引导下,由 28 名纺织工人经过长时间的酝酿和准备,以每周节省下来的两个便士为股金,于 1844 年 12 月在罗虚代尔镇建立了一个小合作社,取名为"罗虚代尔公平先锋社",实际上是一个日用品消费合作社。合作社建立之初就制定了社章:"本社以实现社员之经济利益与改善社员的社会地位及家庭境况为对象和目的""如事实许可,本社即当从事于生产、分配、教育以及自治诸工作"。可以说,罗虚代尔公平先锋社虽然没有完全摆脱空想社会主义的影响,但相对于以前的合作试验,主导思想还是从当时的实际情况出发,目的是减轻商业资本的中间盘剥、改善社员对日用品的供应状况、维护社员的根本利益,坚持了公平合理的办社原则,是当时最成功、最典型的合作社,被推崇为合作社的典范。

罗虚代尔公平先锋社的成功使它的办社原则受到广泛的推崇,产生了深远的影响。它把合作社的目标和性质定位于在社会生产的某个环节联合,解决具体的实际困难,谋取社员利益,而不是对整个社会进行改革的宏大理想。罗虚代尔公平先锋社抛弃了空想社会主义者把合作社作为社会改革工具的幻想,这使资本主义上层社会对合作社的敌视态度发生了根本性的变化,认为合作社可以缓和社会矛盾,转而对合作社给予支持。从一定意义上来说,罗虚代尔公平先锋社对空想社会主义的背离是它取得成功的一个重要原因。20 世纪 20 年代以来,在西方国家,合作社普遍被认为是资本主义体系的一个组成部分,是资本主义内部的进化因素,合作社从理想主义转向实用主义,成为西方国家合作社运动的主流。

(资料来源:周连云,耿建利. 罗虚代尔公平先锋社——对经典合作的历史回顾 [EB/OL]. (2008 - 8 - 29) [2021 - 1 - 10]. http://www. chinacoop. gov. cn/HTML/2008/08/29/15195. html)

阅读案例并回答以下问题：

1. 罗虚代尔公平先锋社产生的原因是什么？

2. 罗虚代尔公平先锋社对当前合作社的成立与治理有什么启示？

案例 1 - 4

重庆市巴南区众喜早熟梨专业合作社
——坚持绿色发展，种出好"风景"

重庆市巴南区众喜早熟梨专业合作社位于"全国现代生态农业创新示范基地""中国最美休闲乡村"的重庆市巴南区二圣镇集体村。合作社由村干部带头发起，于 2009 年 7 月联合当地梨子种植户成立，现有成员 202 户，梨子种植面积达 333.33 多公顷，带动本村 1 000 多个农户增收。2014 年，被评为国家示范社。

一、建章立制规范起步，民主决策筑牢根基

一是健全组织机构。合作社成立以来，按照《中华人民共和国农民专业合作社法》规范运行，成立了理事会、监事会、社员代表大会理，内设技术服务部、财务部、产品营销部。二是建立规章制度。合作社制定完善了章程、财务管理制度，理事会职责、监事会职责、社员大会（代表大会）职责和内设各部门职责，做到制度健全职责明确。三是落实民主管理。合作社根据章程按期进行换届选举，选举产生理事会、监事会、理事长和监事长。每年定期召开社员大会，理事长、监事长向大会作工作报告。财务对成员公开，年终决算分配方案等重大事项由社员投票表决通过。

二、立体绿色发展，生态梨园提质增效显著

一是与科研院校开展技术合作，引进新品种新技术。合作社与重庆南方水果研究所、西南大学开展技术合作，引进南方早熟梨新品种——"黄冠""翠玉"两个梨子新品种。2012 ~ 2015 年对合作社老化的梨子树进行嫁接改良，改良梨园 66.67 多公顷。二是推广科学种植，建设生态果园。合作社与巴南区农业技术部门合作，推广梨树非充分灌溉技术、营养诊断配方施肥技术、病虫害绿色防控，以及人工授粉、物理杀虫、棚架高产技术等梨子先进种植技术。建立梨园复合生态系统，实现"一控（水）""两减（减农药、化肥）""三基本（农膜、秸秆、畜肥基本资源化利用）"。通过推广应用新品种、新技术，使梨子品质得到提高，产量从以前的 4 500 公斤/公顷提高到 15 000 公斤/公顷，每公顷销售收入从以前的 2.7 万元提高到 21 万元。三是进行梨树药材共生种植，提高经济效益。2018 年，合作社在 10 多亩梨树上试验种植药材石斛并取得了成功，2019 年推广梨树石斛共生种植 8 公顷，在 5 000 多株梨树上种植石斛 30 000 多丛，每公顷梨园收获石斛 375 公斤，每公顷均增收 3 万多元。

三、增强服务能力，开启高质量发展之路

一是开展技术培训。合作社与巴南区农业农村委共建"巴南区农民田间学校"，聘请科研院校教授、市区专家任田间学校讲师和合作社技术顾问，对合作社社员进行生产技术培训。近 3 年来，举办技术培训班 15 期，培训成员 1 500 多人次。合作社培养了一批技术能手任生产技术管理人员，在各个生产季节到果园对社员进行技术指导。二是开展"四统一"服务。统一基础设施建设。合作社多方筹措资金，统一规划统一进行基础设施建设。近年来，合作社修建了 300 多平方米的产品交易市场，400 立方米冷藏库一座，能冷藏梨子 200 多吨，购置各类机具 20 余台，梨园内修建了 3 000 多米的人行便道，修建和整治灌溉蓄水池 14 口，安装太阳能杀虫灯 150 盏。统一病虫害防控。合作社组建专业的生产技术和植保队伍，购买低毒高效农药和绿色防控用的粘虫板、糖醋酒液，结合太阳能杀虫灯，统一对社员梨园进行绿色病虫防控。统一购买生产资料。合作社建有 200 平方米的生产资料配送中心，修建了生产资料库房 2 个，还引入中国供销合作社"三农"服务提供生产资料。2019 年，统一购买农药 1 060 公斤，高效复合肥、各类有机肥 30 吨。统一品牌包装和销售。合作社生产的梨子统一用"天坪山"牌商标，用合作社统一印制的包装进行销售。三是进行品牌打造。合作社请巴南区农业农村委、市场监管局技术和质量方面专家编写了合作社梨子生产"企业标准"，即《巴南区翠冠梨标准果园建设规范》，由专家、技术人员指导成员按标准进行生产。合作社注册了"天坪山高山梨"商标，通过了梨子绿色食品 A 级认证和"天坪山"牌高山梨地理标志认证。

四、实施产业融合，花果山成就最美乡村

合作社每年举办梨花节、采梨节，发展乡村旅游农业、采摘农业。至 2020 年，合作社成功举办了 12 届梨花节、11 届采梨节。合作社利用梨花节、采梨节和当地被誉为"中国最美休闲乡村""全国生态休闲旅游示范村"的旅游资源进行品牌联合推广，扩大合作社知名度，开展梨子现场采摘销售。合作社 66.67 公顷的梨子都是通过现场采摘进行销售，且供不应求，售价比批发销售高 40% 左右。

经过多年发展，2019 年合作社统一销售梨子 1 000 多吨，统一销售率 90% 以上，销售收入 1 300 余万元，成员户均收入近 7 万元。合作社在发展的同时不忘帮扶贫困户，对本村 3 个建卡贫困户进行精准帮扶，优惠提供肥料、农药等生产资料，派技术人员对贫困户进行梨子种植技术指导，提供梨子销售服务，帮扶的贫困户年均增收 3 000 元以上。

（资料来源：笔者调研）

阅读案例并回答以下问题：

1. 众喜早熟梨专业合作社属于什么类型的合作社，主要经营的模式是什么？

2. 众喜早熟梨专业合作社成功经验是什么，值得推广的价值是什么？

本 章 小 结

（1）合作经济的广义和狭义之分。广义的合作是指共同劳动、联合起来工作，是劳动者自觉的联合行为，即人类联合起来，为达到共同利益的集体行动，都称之为合作；狭义的合作仅指经济方面，是采用一定的联合劳动方式的一种特定的经济与社会的组织形式。本书研究主要是指狭义的合作。合作社可以理解为：既是人们自愿结成的群众性社团组织，又是具有法人地位的生产和经营企业，其制度特征是人们自愿联合、共同所有和民主管理，其价值特征是满足共同的经济和社会需求。

（2）合作经济的研究对象，主要是合作社。研究内容包括：合作经济的产权结构、合作内容、内部治理及其组织绩效。合作经济的功能主要包括社会化服务功能、增收益贫功能、政治参与功能和教育功能。合作经济的形式丰富多样，随着生产力发展变化，客观要求经济组织形式与生产力发展的水平相适应。根据不同的分类方法，可以将其划分为不同类型。如从经营范围上，可以将合作社分为：综合性合作社、专业性合作社；从合作化自身的功能可分为：消费合作社、供销合作社、保险合作社、医疗合作社、劳务合作社等。

（3）合作经济学的研究方法主要包括：案例研究法、实证研究法、比较研究法。案例研究法主要是针对合作经济的素材展开具体分析、解剖，探讨典型个案的特定情境和过程，以把握合作经济行为和实践的过程、机制、条件、问题等。如针对合作社内部治理机制的研究。实证研究法是通过对合作经济行为事实信息和数据信息的搜集、整理和分析，得出"实际是什么以及将会怎样"的结论。常用的方法包括：访谈法、问卷调查法、统计数据分析法、数理模型分析法。如合作社经营绩效的影响因素等。比较研究法是确定对象间异同的一种逻辑思维方法，通过比较不同对象来获得一般结论的具体研究方法。可利用"相对性"来鉴别事物的异和同，探析一般属性与个别属性、普遍规律与特殊规律之间的联系，如专业合作与社区股份社的比较，不同国家之间的合作社发展比较。

（4）合作经济与相关学科的关系。本书主要区别了合作经济学与家庭经济学、企业管理学、微观经济学的关系。

关键术语

合作经济的内涵　合作社　合作经济学研究内容　合作经济功能
合作经济分类　合作经济研究方法　合作经济学　家庭经济学
企业管理学　微观经济学

复习思考题

1. 合作经济的内涵是什么？本书所讲述的合作经济主要是指什么？
2. 合作经济的研究对象和研究内容主要包括哪些方面？
3. 合作经济的主要功能是什么？
4. 简单回答合作经济学与相关学科之间的区别。

CHAPTER 2

第 2 章 合作经济理论基础

以 1844 年建立的罗虚代尔公平先锋社的消费合作社为标志，合作社的发展在世界上已有 170 多年的历史。在这一进程中，尽管世界各国合作社产生的背景与所处的环境、发展的类型与规模各不相同，合作社运动却成为一种国际性的运动，各国的发展状况仍具有一定的共性，有规可循。1949 年以来，合作社运动一直不断发展，特别是自《中华人民共和国农民专业合作社法》实施以来，我国农民合作社呈现爆炸式发展态势，成为农村地区各类经济组织中发展最快的组织形式。正如我国 2013 年中央一号文件①指出，农民合作社已成为带动农户进入市场的基本主体。经济学家马歇尔在其著作《经济学原理》中指出：

> "我们有理由可以期望，合作运动之许多不同的形式，在将来比在过去会获得更大的成功，并对工人们在企业管理工作中锻炼自己、得到别人的推崇和信任及逐步提高到可发挥他们的经营能力之地位，会提供极好的机会。②"

本章将主要探讨合作经济在发展过程中的共性理论，主要包括集体行动理论、委托代理理论、产权理论。

2.1 集体行动理论

集体行动是自人类诞生以来就普遍存在的一种社会现象，但对集体行动问题的研究直至 20 世纪才有学者开始系统探讨。美国经济学家奥尔森于 1965 年发表

---

① 中共中央国务院. 关于加快发展现代农业进一步增强农村发展活力的若干意见 [N]. 人民日报，2013 – 2 – 1.

② [英] 阿尔弗雷德·马歇尔. 经济学原理 [M]. 朱志泰，陈良璧，译. 北京：商务印书馆，2019.

的《集体行动的逻辑》一书中首次明确表述了集体行动的问题，自此西方集体行动理论研究兴起。奥尔森所研究的集体主要是非社团性利益集团中的经济组织，共同利益是集体行动存在的目的，公共、宗教和慈善等类型的组织不在其研究的范围之内。本书重点关注的是"各类组织被期待会增进它们成员的利益"，即只要不同个体间具有共同利益，并为这一共同利益而共同行动，或是具有采取共同行动的"潜能"时，就形成了奥尔森所称的集体。

2.1.1 集体行动逻辑的内涵

奥尔森以抽象的理性"经济人"假设为研究起点，即个体以自身利益最大化为目标，其行为的最基本特征是成本与收益的核算。他认为具有共同利益的个体组成集体不会改变个体行为的理性特征，组成集体只是个体实现其利益最大化的一个特定行为选择策略。集体实质上是一种不同成分的"混合物"，集体行动本身只是个体行动的集合体，因此，集体行动的动力只能在支配个体行为的理性算计中去寻找。以此为研究起点，奥尔森提出集体行动的逻辑的基本含义，即除非一个集团中的人数很少，存在强制或其他某些特殊手段促使个人按照他们的共同利益行动，理性的、自利的个人将不会采取行动以实现他们共同的或集团的利益。

对集体行动的逻辑含义的理解可分解为四个要点。

2.1.1.1 个人理性与集体理性之间的冲突造成集体行动的困境

《集体行动的逻辑》指出组织（或集团）中成员有着两方面的利益：一是成员间的共同利益；二是不同于组织（或集团）中其他人的纯粹个人利益，但组织的主要功能是增进共同利益。在既定约束条件下，理性个人总会选择对自己最有利的方案以实现自身利益最大化。在组织（或集体）某项行动中，成本由成员个人承担，这是以个人成本付出为代价的个体行为，但这种个体行动带来的是具有公共物品属性的集体利益，是以集体收益为呈现的集体行为。然而，在分配集体利益时，并不能排除那些没有为集体收益采取行动（或付出成本）的人，付出和收益不对称的情况由此出现。因此，集体行动在《集体行动的逻辑》中的研究并非一种自然现象，在很多情境下，"集体不行动"才是自然的结果。所以说，集体行动的逻辑首先阐述的是"集体行动失败"，或者说"集体行动的困境"，而并非如何成功地采取集体行动。

2.1.1.2 "搭便车"是出现集体行动困境的主因

"搭便车"的基本含义是不付成本而坐享他人之利，这种现象缘于公共物品生产和消费的非排他性和非竞争性。"搭便车"行为往往导致公共物品供应不足。组织（或集体）行动的成果具有公共物品的属性，即所有的成员都能从中受益，不能排除未对集体成果采取行动的人。在理性人假设下，个人难以具有为争取集体利益作出贡献的积极性，在成本收益核算下，个人往往采取不行动，却享受集体收益的"搭便车"行为。因此，理性的个人行为一般不会导致理性的集体结果，集体行动困境显现。

2.1.1.3　成员数量对集体行动程度有重要影响

在奥尔森的研究中，小集团，尤其是存在明显异质性的小集团中，采取集体行动的可能性较高。换句话说，组织（或集团）成员数量是影响集体行动的重要因子。这是因为：

（1）小集团成员自发地具有参与集体行动的积极性。

在一个组织（或集体）中，成员总数量为 N，假定个体成员从集体获益为 $1/N$，对集体行动的贡献为 $1/N$，则个体成员的获益与成本付出的多少受制于组织成员数量 N 的大小。对成员数量多的组织来说，个体成员可能认为是否参与行动对集体影响较小，且同时个体成员收益占集体收益比例较低，个体参与集体行动激励较低，倾向于不积极参与集体行动。对成员数量少的组织来说，个体成员因收益占集体收益比例较高、个体是否参与行动对集体行动产生重大影响，甚至实质性影响而积极参与集体行动。

（2）小集团的低组织成本和强社会性激励有利于集体行动达成。

集体行动的组织成本主要由组织成员间的交往成本、讨价还价成本，以及建立和维持某种形式的组织成本所构成。成员通过讨价还价达成成本分担协议，但是维持组织的成本会随成员人数增加而提高。成员数量少的集团获取集体物品而采取行动的组织成本较小，成员之间也易于相互监督，更有利于集体行动的达成。相反地，成员越多，组织成本越大，即在获取相同集体物品前需要跨越的障碍就越大，集体行动将更加困难。此外，相较于大规模的集团，小集团成员之间的情感纽带较为深厚，受到社会认可、情感满足、责任压力等社会性因素的激励更强，成员参与集体行动的积极性更高。

2.1.1.4　向成员提供"选择性激励"是实现集体行动的手段

所谓选择性激励，即对成员有选择性地实施激励，激励可以正面，也可以负面，其本质特征是组织向成员提供不同于共同利益的独立激励。能够向成员提供选择性激励是组织存在的根本原因，而已经实现的集体目标其实是组织存在之后产生的副产品。积极的选择性激励能够增强集团对成员的吸引力，是促使集体行动达成以实现共同利益的重要手段之一。

2.1.2 集体行动达成的理论条件

2.1.2.1 奥尔森关于集体行动达成的条件

奥尔森探讨的集体行动的达成本质是个人与个人之间的"合作"达成，共同利益是人们采取一致行动的动因，但是否采取一致行动的决策则是建立在个人收益的计算、比较与选择上，主要取决于"合作收益大于不合作收益"能否实现。奥尔森认为，集体行动达成受制于两个因素：一是集团成员数量的多少；二是是否存在某种激励机制或强制性措施使集团的共同利益与个人的最优利益一致。具体来说：

（1）小集团有利于实现集体行动。

组织能否提供集体物品，取决于组织中至少有一名成员能否从集体物品中所获收益超过提供的成本。当从集体物品中所获收益低于所需提供的成本时，成员间可能普遍存在"搭便车"动机，则集体行动难以达成。因此，在既定合作收益条件下，组织成本的高低决定了集体行动的成败。显然，维持组织的成本会随组织成员人数增加而提高，则组织每一成员获得集体物品的份额主要取决于组织人数的多寡，即组织的大小。大集团难以采取集体行动的原因就在于大集团中成员数目众多，这使得协调各方利益的组织成本巨大。集团越大，单个成员能够获得的相对集体物品的份额越少，成员提供集体物品的动机就越小。一个成员少的集团或者小集团，即使其不采取选择性激励也有助于实现他们共同的或集团的利益。

但是，奥尔森对集团大小的划分并没有给一个确切的答案。大集团相对于更大的集体来说，可视为小集团。而小集团相对于更小的集团却可视为大集团。虽然对于集体规模的划分并没有一个统一的标准；但总体上讲，集体成员少，更倾向采取集体行动。

（2）强迫或选择性激励是集体行动达成的重要策略。

集体行动出现困境的主因在于"搭便车"，实施强迫或选择性激励能够有效促进组织共同目标的实现，是防止"搭便车"出现的重要手段。组织可以通过负激励来惩罚那些没有承担集体产品的成员，通过正激励对承担集体产品的成员进行奖励；即"区别对待、赏罚分明"是选择性激励的集中体现。事实上，如果不存在选择性激励，不要说大集团的行动，就连小的集团行动也不可能有效。只要是一个集体组织就会存在选择性激励问题，不存在没有选择性激励的集体组织。选择性激励促使集体成员个人理性与集体理性趋向一致，提高了集体行动的积极性。

2.1.2.2 奥尔森研究框架之外集体行动达成的条件

奥尔森对集体行动达成的分析是以"集体物品"的竞争性和非排他性为出发点的，从后期的学者研究分析来看，某些"集体物品"还具有非竞争性的属性，且从实践中来看，选择性激励的形式也并不仅限于经济形式。在奥尔森研究框架之外，如果满足一定的条件，集体行动也能达成。

（1）集体物品的非竞争性属性是促成集体行动达成的原因之一。

奥尔森研究中所定义的集体物品是指：任何物品，如果一个集团 x_1，…，x_i，…，x_n 中的任何个人 x_i 能够消费它，它就不能不被那一集团中的其他人所消费[①]。可以看出，奥尔森阐述的集体物品具有明显的竞争性和非排他性的特征。竞争性集体物品的总收益量一定，收益必须在集团成员间分割。成员在集团利益中拥有的份额直接影响个人是否参与集体行动，集团规模和个人自愿供给集体物品之间存在负相关。张伯伦（1974）则指出："集团规模和集体物品供给之间的关系比奥尔森声称的要复杂得多，很多情况下的结果与奥尔森的观点截然相反"。一些学者认为集体物品应分为竞争性集体物品与非竞争性集体物品，从这一视角出发，奥尔森没有阐述集体物品的非竞争性。

非竞争性集体物品的收益总量随集团规模的增加而自动增加，但供给成本不会随集团规模的扩大而增加（或迅速增加）。只要大集团中的部分成员（即大集体中形成子集团）能够从非竞争性集体物品中的获益大于付出，这部分成员即可促成集体行动达成，集体物品就可以供给集团所有成员。因此，如果集团供给的是非竞争性集体物品，且并非所有成员都必须参与集体行动，进而可知，个人在集团收益中的份额对个人决策并非至关重要。集体物品的非竞争性越强，相反地，集团规模就越能起到积极作用。因为规模大的集团中形成采取集体行动的子集团的可能性越大，这样，即使集团中其他成员采取"搭便车"，子集团也能够为所在集团供给集体物品并从中受益。

（2）非经济形式的选择性激励是可以促成集体行动达成的又一原因。

选择性激励对组织的稳定和发展发挥重要作用，罗必良教授直接指出，只要存在集体组织就会出现选择性激励。对于这一点，奥尔森持有相同的观点，他认为选择性激励是克服集体行动困境的一种动力机制。但奥尔森所探讨的选择性激励以经济激励为主要形式，事实上，经济激励并非唯一的形式，声誉、尊敬、友

① ［美］曼瑟尔·奥尔森. 集体行动的逻辑［M］. 陈郁，郭宇峰，李崇新，译. 上海：格致出版社，1995.

谊，以及其他社会和心理目标也可以成为选择性激励的形式之一。当不存在经济激励驱使个人为集体利益做贡献时，可能有一种社会激励会驱使他这么做，而且显然这是可能的。特别是在我国，基于血缘、地缘及业缘关系组成的经济组织，在经济激励不足的情况下，很可能出现社会性的选择性激励形式促使组织成员增加投入，同样可以实现集体行动的达成。

2.2 委托代理理论

20 世纪 60 年代末 70 年代初，一些经济学家在深入研究企业内部信息不对称和激励问题过程中，发展出一门崭新的理论，即委托代理理论，亦称完全契约理论。委托代理理论研究的核心是在利益相冲突和信息不对称的环境下，委托人如何设计最优契约激励代理人（Sappington，1991）。作为过去 40 多年中现代契约理论最重要的发展理论之一，委托代理理论的研究不断深入，学者们发现委托人和代理人的数量对委托代理关系的性质具有实质性影响，委托代理理论由传统双边委托代理理论，扩展出多委托人理论、多代理人理论、多任务委托代理理论。其中，多委托人的理论亦被称为共同代理理论。

2.2.1 委托代理理论的核心思想

委托代理体现的是一种经济利益关系，主要指一个人或一些人（委托人）委托其他人（代理人）根据委托人利益从事某些活动，并相应授予代理人某些决策权的契约关系。在经济组织中，委托代理关系是影响效率和福利的关键性制度安排。委托代理理论以理性人为基本假设，委托代理双方均追求自身利益最大化，即委托人期望其所拥有的资本能获取最大利润，代理人更关心的是自己的利益是否得到满足，比如，报酬、职位、地位、生活质量等。可见，委托代理关系之所以产生问题，主要源于委托人和代理人的效用函数不一致。

在经济组织内部，代理人与委托人之间经常存在信息不对称的情况，如工作的详细信息，代理人的能力、品德及偏好等。而多数情况下，这种信息不对称表现为委托人缺乏信息，而代理人拥有私人信息。若度量代理人业绩的成本昂贵，代理人可能拥有委托人不能直接控制的私人决策领域，所以，除非委托人能有效地约束代理人，否则代理人做出的决策通常不是最优的，这就有可能产生机会主义行为，即发生代理人道德风险。在这种信息不对称情况下，委托人为减少损失及最大化自身利益，就要通过契约的形式激励、监督代理人。因此，委托代理问题的解决原则是如何建立一种激励机制，使代理人的行为有利于委托人的利益。

2.2.2　存在道德风险的共同代理基本模型

在委托代理关系中，如果个人（代理人）的行为选择影响了不是一个人，而是多个参与人（委托人），且这些委托人对各种可能的行为偏好是相互冲突的，则这种情形被称为共同代理问题（Bernheim & Whinston，1985、1986）。为简化分析，假设共同代理关系中存在一名代理人，两名委托人，同时假设：（1）委托人风险中性，代理人风险厌恶。（2）两名委托人分别向一名代理人分配任务（两项任务不同），代理人在执行两项任务的努力是不可观测的。（3）委托人会向代理人要求不同的努力水平，并对最优的努力持有不同看法。（4）委托人无法观察到代理人在任务上的努力水平，只能观察到对应的业绩产出。

为了简化分析，我们假设存在两个委托人：甲和乙，分别向共同代理人分配任务，并根据观察到的代理人的业绩产出设计一个激励合约，影响代理人的努力分配。

代理人在委托人甲分配的任务 I 上努力水平为 $\phi(\phi \geq 0)$，对应产出水平为 $\mu_i(i=0, 1, \cdots, I)$（μ_i 随着 i 的增加而增加），由此不完全地推断 ϕ。当代理人表现出努力水平为 ϕ 时，观察到产出 μ_i 的概率为 $p_i(\phi)$。代理人在委托人乙分配的任务 Π 上的努力水平为 $\phi(\phi \geq 0)$，对应的产出水平 $\omega_j(j=0, 1, \cdots, J)$（$\omega_j$ 随着 j 的增加而增加），由此不完全地推断 φ。代理人在任务 Π 上表现出的努力水平为 φ 时，观察到产出 ω_i 的概率为 $q_j(\varphi)$。假设代理人工作越努力，产出越高，但努力的边际产出率是递减的，则表现为 $p_i(\phi)$ 和 $q_j(\varphi)$ 为正，且在 (ϕ, φ) 处二次连续可微的。同时，代理人风险厌恶，努力的边际负效用是递增的，则对于代理人的效用函数 u，$u' > 0$，$u'' < 0$。

委托人甲和委托人乙与代理人的利益冲突来自委托人甲、乙分别希望代理人在自己分配的任务上多努力，而代理人希望少努力。因此，除非委托人甲和委托人乙能对代理人提供足够的激励，否则，代理人不会如委托人甲、乙希望的那样努力工作。当代理人努力分配水平为 (ϕ, φ)，委托人甲和委托人乙分别提供的激励工资为 $W_{i,j}$ 和 $V_{i,j}$，代理人的期望效用为：

$$U(\phi, \varphi; W_{ij}, V_{ij}; u, c) = \sum_{ij} p_i(\phi) q_j(\varphi) u(W_{ij} + V_{ij}) - c_{(\phi, \varphi)} \quad (2-1)$$

式（2-1）中，$c_{(\phi, \varphi)}$ 代表代理人的努力成本，其中，下标 (ϕ, φ) 表示 $c_{(\phi, \varphi)}$ 对 ϕ，φ 值的偏导数。

假设 $c_{(\phi, \varphi)}$ 为正，严格凸的，二次连续可微，且对于 (ϕ, φ) 任何值，$c_{\phi\varphi} > 0$，因此，提高其中一项任务的努力水平则会增加另一项任务的努力边际成本。

委托人甲和委托人乙是风险中性的，他们的问题就是如何设计出提供给代理人的激励工资，从而最大化各自的期望效用函数。与此同时，还要满足来自代理人的两个约束条件，即参与约束和激励相容约束。给定委托人乙的激励工资 $V_{i,j}$，理性的委托人甲将会设置他的激励工资 $W_{i,j}$ 满足下式：

$$\max_{W_{ij},\phi,\varphi} \sum_{ij} p_i(\phi) q_j(\varphi) [\mu_i - W_{ij}]$$

服从 $(IC)(\phi, \varphi) \max U(\phi, \varphi; W_{ij}, V_{ij}; u, c)$ $(2-2)$

$(PC) U(\phi, \varphi; W_{ij}, V_{ij}; u, c) \geqslant U^*$

给定委托人甲的激励工资 $W_{i,j}$，理性的委托人乙将会设置他的激励工资 $V_{i,j}$ 满足下式：

$$\max_{V_{ij},\phi,\varphi} \sum_{ij} p_i(\phi) q_j(\varphi) [\omega_j - V_{ij}]$$

服从 $(IC)(\phi, \varphi) \max U(\phi, \varphi; W_{ij}, V_{ij}; u, c)$ $(2-3)$

$(PC) U(\phi, \varphi; W_{ij}, V_{ij}; u, c) \geqslant U^*$

式（2-2）和式（2-3）中，(IC) 是激励相容约束，即给定激励工资 $W_{i,j}$ 和 $V_{i,j}$，代理人将选择一个努力分配，从而最大化他的期望效用，委托人甲和委托人乙希望的努力水平都只能通过代理人效用的最大化来实现。(PC) 是所谓的参与约束，即代理人参与激励合约所获得收益不小于不接受激励合约时的最大期望效用，代理人愿意在工资 $W_{i,j}$ 和 $V_{i,j}$ 下工作，仅当他能实现他的保留效用 U^*，U^* 是代理人不接受合同时得到的最大期望效用，它由代理人面临的其他市场机会决定。

综上所述，委托人甲和委托人乙分别将某项任务授给与自己目标函数不一致的代理人，与代理人形成了委托代理关系，由于委托人与代理人的利益不一致，并且在委托代理过程中委托人甲和委托人乙与代理人之间信息不对称，由此带来"代理人问题"和代理成本。因此，委托人甲和委托人乙的问题就是如何设计各自给代理人的激励工资，从而最大化各自的期望效用函数，满足上述的参与约束条件和激励相容约束条件。

2.2.3 代理问题的激励设计

激励是经济学的核心。委托代理理论的核心是委托人如何设计一个考虑所有或然事件的完全契约来激励代理人。

2.2.3.1 显性激励

大多数现代经济组织实行两权分离，即所有权与经营权分离，若仅以佣金作为对代理人的激励，而将剩余全部归委托人所有，在一定程度上是不利于发挥代理人的积极性的。霍姆斯特姆和蒂罗尔（1982）在《企业理论》一文的综述中系统地阐述了剩余所有权在解决企业激励问题上的重要性。对代理人的激励措施主要是：委托人与代理人之间按一定的契约分配财产剩余索取权，将剩余分配与经营绩效挂钩。这种措施表明了两层含义：

（1）承担风险、享有风险报酬是代理人参与约束与激励相容约束的重要机制设计。

只有满足代理人参与约束及激励相容约束条件，才能够实现委托人预期效用最大化。激励机制或契约设计中，代理人承担部分风险是必要的组成部分。换句话说，经营者的报酬中一定含有风险收入，否则所有者的利益不可能达到最大。

（2）经营者完全享有的剩余索取权是最优的激励机制。

如果代理人是一个风险中性者，可通过使代理人承受完全风险的方法达到最优激励结果。即当经营者的报酬全部是风险收入时，则完全享有剩余索取权时（此时经营者所有者合二为一），激励机制最优，所有者的利益能保证达到最大。

2.2.3.2　隐性激励

（1）声誉激励。

20 世纪 80 年代以来，经济学将动态博弈理论引入委托代理关系的研究之中，论证了在多次重复代理关系情况下，竞争、声誉等隐性激励机制能够发挥激励代理人的作用。法玛（1980）从长期视角进行了研究探讨，他指出在竞争性的经理市场中，经理会积极努力工作以提高当下经营业绩来改进自身的声誉，从而提高其市场价值，亦即提高未来的收入。因此，即使没有显性激励合约，声誉的激励同样可以促进经理工作积极性。霍姆斯特姆（1982）建立代理人声誉模型，克瑞普斯等（1982）提出声誉模型、伦德纳（1981）和鲁宾斯坦（1982）利用重复博弈模型，分别论证了作为隐性激励的声誉机制的有效性，得出了较为一致性的结论。即在长期的委托代理关系中，为了获取长期的利益/未来事业的发展，代理人对自身的声誉较为重视，因而可以成为促进其努力工作的隐性激励。声誉是激励相容的重要机制之一。

（2）非货币收入激励。

非货币收入是指那些通常不以货币来进行买卖，但和那些能以货币买卖的物品一样可以给消费者带来效用的消费项目。许多代理人在取得一定的货币收入之后，往往更注重非货币收入，比如气派的办公室、漂亮的服装、到风景名胜地公务旅行或被授予某种荣誉称号，以及得到职位的提升。这些非货币收入，同样能使代理人的效用得到满足。

（3）对"社会人"的激励。

委托代理理论假设委托人和代理人全部为"经济人"，即其只顾及自身的利益最大化而不考虑其他。实际上，委托人和代理人除了是"经济人"之外，同样还是"社会人"。无论是委托人还是代理人，除了考虑自身的利益之外，还包括追求自身觉悟的提高、社会责任感的增强、奉献精神、事业心等。人类并不只是为追求自身的经济利益，经济激励并不是对代理人努力工作的唯一动因。在我国许多国有企业中、在众多农村经济组织中，负责人拿到的报酬相对很少，但他们为国家建设、为地方建设贡献了大量精力，仅从经济激励的视角是不足以解释这种现象的。

2.3 产 权 理 论

追求自身利益是人们建立组织从事经济活动的动因所在，组织的所有权或产权界定了利益所在，进而影响人们可能选择的经济活动。因此，产权制度的建立对人们或组织的行为有着举足轻重的作用。学者们为此展开了对产权理论的研究，从现有的研究成果来看，关于产权制度的讨论大多是在经济学产权理论框架下展开的，而对社会学制度学派的关系产权的探讨则相对较少。经济学产权理论认为"产权是一束权利"，即产权是指对于资产的剩余控制权，其界定了产权所有者对资产使用、资产带来的收入、资产转移诸方面的控制权，为人们的经济行为提供了相应的激励机制，从而保证了资源分配和使用的效率。社会学制度学派则提出"关系产权"的概念，用以强调"产权是一束关系"，即产权反映一个组织与其环境（即其他组织、制度环境，或者组织内部不同群体）之间稳定的交往关联。从对产权内涵的界定可以看出，经济学的产权主要反映企业的独立性，而关系产权则主要强调一个组织应对所处环境的适应机制。

我国合作经济组织的产权问题探讨一直备受关注，从现有的研究来看，仅从经济学视角分析产权制度的安排研究是不够充分的，亦稍欠缺解释力度。社会学制度学派的"关系产权"研究在一定程度上适时地补充解释了我国合作经济组织产权安排的实践。鉴于此，本章节的产权理论分别从经济学产权理论和关系产权理论两个视角分别予以综述。

2.3.1 经济学产权理论

2.3.1.1 产权理论的由来与思想

产权理论是不完全契约理论的重要组成内容，而理论界前期对契约理论的探讨均是以完全契约为假定的，上一节介绍的委托代理理论就是标准的完全契约理论。随着对契约理论研究的深入，以威廉森（Williamson）和哈特（Hart）为代表的经济学家认识到，由于某种程度的有限理性或者交易费用，现实中的契约是不完全的。契约的不完全会导致事前的最优契约失效，当事人在面临被"敲竹杠"的风险时，会做出无效率的专用性投资。经济学家们在研究如何最大限度地减少由于契约不完全所导致的效率损失时，发展了一个新兴的不完全契约理论。

不完全契约理论与完全契约理论的根本区别在于：前者的研究重心是对事前的权利（包括再谈判权利）进行机制设计或制度安排，主张当事人在自然状态实现后，通过谈判来解决事前不能规定的各种或然状态下的权责。相反地，由于后者假设在事前可以规定各种或然状态下当事人的权利和责任，因此，探讨的核心则是事后监督机制设计。

需要指出的是，事前不能规定的各种或然状态下的权责主要由三类成本造成：一是预见成本，即当事人由于某种程度的有限理性，不可能预见到所有的或然状态；二是缔约成本，即使当事人可以预见到或然状态，以一种双方没有争议的语言写入契约也很困难或者成本太高；三是证实成本，即关于契约的重要信息对双方是可观察的，但对第三方（如法庭）是不可证实的（Tirole，1999）。这种"可观察但不可证实"的信息结构是不完全契约理论的主要基础。契约不完全带来的事前无法规定的剩余权利就是剩余控制权，即相当于所有权，其直接来源于对物质资产的所有权。个人事前专用性投资的激励强度取决于剩余控制权的大小，控制权越大，其得到的剩余越多，这意味着个人在组织中拥有的资产越多，外部选择权越多，谈判力越强。但剩余控制权是 0/1 分布，得到剩余控制权的一方固然增加了投资激励，但失去的一方却因此减少了投资激励，所以社会最优的投资激励不可能实现，这就是一体化带来的收益和成本。

2.3.1.2　GHM 模型的基本思想与模型

（1）GHM 模型的思想。

早期的产权理论其实就是 GHM 模型。GHM 模型的基本思想是：由于当事人的有限理性，以及预见、缔约和执行契约的三类交易费用，导致当事人只能缔结一个无法包括所有可能情况的不完全契约。如果当事人在签约后进行了人力资本或者物质资本的专用性投资，那么他将面临被对方"敲竹杠"的风险，这会扭曲投资激励和降低总产出。在不完全契约中，专用性投资激励由事后谈判力（外部选择权）决定，而谈判力又取决于对物质资产的剩余控制权，这种权利天然地由资产的所有者拥有。因此，为了最大限度地减少"敲竹杠"风险，应该将物资资产的所有权配置给对投资重要的一方。GHM 模型的博弈时序如图 2－1 所示。

图 2 - 1　GHM 模型博弈时序图

资料来源：杨瑞龙，聂辉华．不完全契约理论：一个综述［J］．经济研究，2006（2）：108 - 110.

从图 2 - 1 来看，GHM 模型的基本内容可理解为：

①在日期 0，双方当事人签订某种产品的交易契约。由于双方无法预见自然状态，或者即便预见到也难以写入契约并且不能被第三方（如法庭）证实，因此初始契约是不完全的。

②在日期 0 和日期 1 之间，当事人中的一方或双方进行关系专用性投资，这种投资通常包括人力资本。

③在日期 1，双方投资的成本和收益实现了，并且成为可证实的公开信息，因此双方当事人无成本地根据科斯定理对初始契约进行再谈判，即根据最大化总产出的原则来配置产权。

GHM 模型认为，通过产权的配置来激励当事人的事前专用性投资激励，因此称为"产权理论"。也就是说，通过资产所有权或者剩余控制权的配置，确保在次优条件下实现最大化总剩余的最佳（optimal）所有权结构，这就要求把所有权安排给投资重要的一方或者不可或缺的一方。

（2）GHM 的基本模型。

对买方 P 与卖方 Q 的假设如下：

①最初买方 P 拥有资产 Z_1，并做出关系型专用性投资 θ，在关系内的支付为 $x(\theta)$，关系外支付为 $x(\theta; Z)$；

②卖方拥有资产 Z_2，Q 在关系内的支付为 $Y(\eta)$，关系外为 $y(\eta; Z')$；

其中，Z 和 Z' 表示资产集。

则 P 和 Q 的净收益函数可表示为：

$$W_P = -\bar{p} + \frac{1}{2x(\theta)} + \frac{1}{2x(\theta; Z)} - \frac{1}{2}Y(\eta) + \frac{1}{2}y(\eta; Z) - \theta \qquad (2-4)$$

$$W_Q = \bar{p} - \frac{1}{2}Y(\eta) - \frac{1}{2}y(\eta; Z') + \frac{1}{2}x(\theta) - \frac{1}{2}x(\theta; Z) - \eta \qquad (2-5)$$

另外，假定关系内交易的收益在平均上和边际上都严格优于关系外的收益，并且拥有更多资产，至少不劣于较少资产。

考虑三种主要的所有权结构：非合并；1 类合并（P 兼并 Q）；2 类合并（Q 兼并 P）。P、Q 的净收益函数分别对 θ、η 求导（θ、η 的下标表示结构类型，φ 表示空集）：

非合并：

$$\frac{1}{2}X'(\theta_0) + \frac{1}{2}x'(\theta_0; Z_1) = 1, \quad \frac{1}{2}|Y'(\eta_0)| + \frac{1}{2}|y'(\eta_0; Z_2)| = 1 \qquad (2-6)$$

1 类合并：

$$\frac{1}{2}X'(\theta_1) + \frac{1}{2}x'(\theta_1; Z_1, Z_2) = 1, \quad \frac{1}{2}|Y'(\eta_1)| + \frac{1}{2}|y'(\eta_1; \varphi)| = 1$$

$$(2-7)$$

2 类合并：

$$\frac{1}{2}X'(\theta_2) + \frac{1}{2}x'(\theta_2; \varphi) = 1, \quad \frac{1}{2}|Y'(\eta_2)| + \frac{1}{2}|y'(\eta_2; Z_1, Z_2)| = 1$$

$$(2-8)$$

根据上述一阶条件，可以得到四个基本命题：

①假如 Q 的投资决策是无弹性的，或者相对缺乏生产力的，那么 1 类合并是最佳的。背后的直觉是，如果给予 Q 更多的剩余也不会影响它的投资决策，或者它的投资对于总剩余的影响可以忽略不计，那应该把所有权给 P，因为 P 得到了更多资产后投资激励至少不会变弱。

②假如资产 Z_1 和 Z_2 是相互独立的，那么非合并就是最佳的；反之，如果是严格互补的，那么某种形式的合并就是最佳的。显然，如果资产是独立的，P 在式（2-7）中的边际激励条件与式（2-6）中一样没有改进，但是 Q 却将减少激励，所以合并只有坏处没有好处。相反，如果资产是严格互补的，那么任何一种合并都是在改善兼并方激励的同时，不会弱化被兼并方的激励，所以合并总是优于非合并。

③如果 Q 的人力资本是关键，那么 2 类合并就是最佳的。因为此时 P 在式（2-8）中的边际激励条件与式（2-6）中一样，但是 Q 的激励却增强了，所以 2 类合并是最佳的。

④如果双方的人力资本都是重要的，那么所有的所有权结构都同样的好，因为上面 3 个式子都相等。

以上分析表明，GHM 模型强调物质资产的所有权对投资激励的决定性作用。GHM 的分析指出了组织中权力的来源，相对于以前的理论而言，这是一个进步；但因为有时更多的物质资产却并不意味着更多投资激励，有时权力又不仅仅来源于物质资产。

2.3.1.3 对 GHM 的修正

GHM 模型指出了组织中权力的来源，相对于以前的理论是一重大进步。然而，需要指出的是，在 GHM 模型的所有文献中，"资本强权观"都表现为一个先验性假设，在资本相对稀缺并且相对重要的环境中，尤其是在古典资本主义企业中，这一假设与现实情况显得比较和谐。一旦以所有权和经营权相分离的经济组织作为研究对象，特别是那些以人力资本为关键要素的新型经济组织，GHM的资本强权观假设就变得难以自圆其说。在这些组织中，有时更多物质支撑却并不意味着更多投资激励，有时权力也不仅仅来源于物质资产。

（1）资产越多，投资激励并非越强。

赵等（Chiu et al.，1998）和洛克伍德（Lockwood，1998）的研究指出，一定条件下损失资产反而可能增强代理人的投资激励。这一研究与 GHM 模型结论截然相反，主要原因在于赵等（Chiu et al.，1998）和洛克伍德（Lockwood，1998）的研究采取了不同的博弈解。GHM 模型采取合作博弈方法，将外部选择权当作"现状点"，即当事人一旦合作就不再行使关系外的权利；赵等（Chiu et al.，1998）采取非合作博弈方法，将外部选择权视为一种"威胁点"，即当事人在谈判过程中随时可能行使关系外的权利。他们采取罗宾斯泰英（Rubinstein，1982）的轮流出价解，证明在当事人的外部选择权起约束作用时，没有资产的一方具有更强的投资激励。要明白这一点，我们只需对比一下合作博弈和非合作博弈下 Q 的净收益函数。根据前面的 GHM 模型，Q 的净收益函数为：

$$W_Q = \bar{p} - \frac{1}{2}Y(\eta) - \frac{1}{2}y(\eta; Z') + \frac{1}{2}X(\theta) - \frac{1}{2}x(\theta; Z) - \eta \qquad (2-9)$$

Q 在边际上会投资不足。在非合作博弈下，当 P 的外部选择权起约束作用时，Q 的净收益函数：$V(\theta) - Y(\eta) - x(\theta; Z) + \bar{p} - \eta$，因为 $-Y'(\eta) = 1$，所以 Q 成了实际上的剩余索取者，在边际上具有最优的投资激励。

（2）物质资产也并非唯一的权力来源。

物质资产并不是经济组织唯一的关键资源，或者说权力不仅仅来自物质资产所有权。拉詹和津加莱斯（Rajan & Zingales，1998）指出"对任何关键性资源的控制权都是权力的一个来源"，其中的"关键资源"可以是非人力资本，也可以是人力资本，比如，天才、创意等。津加莱斯（Zingales，2000）指出经济组织的本质是"围绕关键性资源而生成的专用性投资的网络"。从这一视角来说，企业存在的意义在于能够通过这些关系专用性投资而产生某种准租金或组织盈余，并且作为某种增长机会继而存在和发展（Zingales，2000）。这是因为，由于技术条件和市场环境的差异或变化，那些决定企业存在和发展的关键性资源的种类和分布也就不同，因此，企业的性质、组织结构和边界也将不同，特别是以人力资本为核心资源的新型企业与以物质资本为核心资源的现代商业企业（MBE）之间存在巨大差异。

因此，经济组织并不是一个简单的物质资产集，而是这样一个集合——不仅包括那些被共同所有的关键要素、天才和创意，还包括那些获得这些关键要素使用权并且为之进行了相应的专用性人力资本投资的人们（Rajan & Zin-gales，

1997）。因此，经济组织并不能够完全由非人力资产所规定。在新型经济组织中，决定其存在和发展的关键要素是具有不可让渡性的人力资本，这就决定物质资本所有者不再居于主导地位，因此，不能简单地用物质资本来定义经济组织。

2.3.2　关系产权理论

产权安排的探讨一直以来是合作经济研究领域的重要课题。尤其是对于我国合作经济组织来说，发展的初始条件与新古典经济学的"自然经济"起点存在差异，这就使得近年来的蓬勃发展与其产权"残缺"（或不清晰）的现象及结果难以单一地从经济学框架下的"产权"得到充分解释。周雪光（2005）创新性地从"关系产权"的视角论证了经济组织产权安排的合理性。他认为产权结构与一个领域或行业的资源分布状况，以及资源分配机制息息相关。如果不同领域或行业间资源分布的状况不同，那么，这些领域或行业中的企业关系产权的分布特点也应该是不同的。市场化程度与关系产权的显著性有着互为替代的关系。市场化程度越高的领域或行业，其所在经济组织越有条件通过市场机制来获取生产要素资源或推销产品。

合作经济组织大多分布于农业产业，而我国农业市场化的程度相对较低，关系产权可解释的广度与深度都有着更大的发挥空间。从现有的研究来看，关于"关系产权"及其应用的探讨并不够充分，也并未建立出被广泛接受的理论模型。但对关系产权探讨的思路与逻辑借鉴，有助于我们对我国合作经济组织发展脉络的理解与分析。

2.3.2.1　关系产权的思想

20 世纪 80 ~ 90 年代是我国经济转型期，相当多的经济组织的产权是不明确的（张静，2003）、象征性的（张小军，2004）、被弱化或扭曲的（周雪光，2005），或者在博弈过程中被反复界定的（折晓叶、陈婴婴，2005）。乡镇集体企业正是在"产权模糊"的条件下取得了成功，而 90 年代后期的产权清晰化（例如承包制、股份制）并没能从根本上解决企业改制的诸多难题。张小军（2004）指出模糊的产权在适宜的制度环境下具有一定的比较优势，倪志伟（Nee，1992）总结了企业混合型产权在中国转型经济过程中的意义。

周雪光（2005）提出了"关系产权"的概念，第一次对我国经济组织中存在的模糊/残缺产权进行明确的界定，其主要从社会学制度学派的视角尝试解释中国经济组织现实中的产权安排。所谓"关系产权"，即一个组织的产权结构和形式是该组织与其他组织建立长期稳定关系、适应其所处环境的结果。如果说，经济学框架下的"产权是一束权利",则周雪光探讨的产权则表现为"产权是一束关系"。"权利产权"的结构和形式反映的是企业的独立性;而"关系产权"则反映了一个组织与其环境,即其他组织、制度环境,或者组织内部不同群体之间稳定的交往关联。从这个角度来看,关系产权是一个组织应对所处环境的适应机制。周雪光总结了关系产权的两个特点:

(1)关系产权的微观层次含义指其结构形式是企业适应特定环境的战略对称结果。社会学制度学派关注企业对其所处环境、特别是非经济环境的依赖,强调制度环境对组织行为的制约,从这个意义上说,经济学意义上的"产权残缺"恰恰是企业适应环境的战略选择。

(2)关系产权的宏观层次含义指其结构形式是制度环境对企业的组织制度加以制约的结果。既然关系产权体现了组织对环境的适应机制,那么它的结构和形式必然取决于环境的宏观条件。主要表现在两个方面:一方面,一个经济体系中信息、资源、机会的分布状况影响了关系产权的形式;另一方面,已有的制度设施也影响了产权在实际生活中的运行。

关系产权中的"关系"建立在产权安排的基础之上,强调制度层面的稳定性和持续性,不会随着某项交易的完成或失败而结束;强调双边性或多边性,会由此形成更为对称的交互关系;强调认同性,会由此形成有关制度或规则的共同认知;强调类亲缘性,会使权利主体由产权相对独立转换为基于产权融合的类亲缘的"圈子"。

2.3.2.2 关系产权理论对企业行为的分析

组织间的"关系产权"实质是关键资源和产权控制权的交换。在关键资源追逐者和持有者的双重角色情境下,组织不仅要考虑构建圈子的成本和收益,还要考虑被归为其他组织圈子的得失。作为关键资源的追逐者,尽管组织有和外部环境维系稳定关系的必要,但这种圈子并非无限扩大的,其均衡点在于自身获得的资源边际收益等于付出的产权边际成本;同理,作为关键资源的持有者,组织也不会无限制地融入其他组织的圈子,其均衡点在于其获得的产权边际收益等于付出的资源边际成本。在均衡之前,组织有构建和被纳入圈子的动力,这也正是周雪光(2005)所关注的组织发展阶段。在此过程中,组织会以实现综合效用最大化为目标,选择所处资源网络中的最优圈子。关系产权应用于经济组织行为的分析可分为以下三点:

(1)关系产权是组织为获取资源而伸向不同领域方位的触角和稳定可靠的渠道。

农村地区是合作经济组织发展的主战场,但我国农业经济发展环境较为复杂特殊，一方面，联产承包制度下的土地细碎化与提升农业生产力发展所需的产业化、规模化在自然条件下难以兼容；另一方面，"小农"生产模式带来的"大市场"对接能力的匮乏。因此，合作经济组织的生产与发展不仅需要通过效率生产取得市场竞争优势，更为重要的是要得到生存所必需的资源和商机。这些资源可能不是通过价格来配置的，这些商机可能也不是出现在市场上的。在这个背景下，组织与重要资源的持有者或地方政治权力之间，借此关系产权可以建立一种长期稳定的关系，即组织通过出让产权、弱化产权、融合产权等做法来将关键资源的渠道纳入自己的"圈内归属"，从而为组织获得资源和政治保护提供渠道。

周雪光（2005）提出，在那些产权不明晰、残缺或弱化的领域，可以预测在组织和主要资源提供者之间，通常有着长期稳定的关系。也就是说，在产权明晰度和长期稳定的组织间的关系中有着一个互为替代的关系。

（2）关系产权所决定的制度逻辑很大程度上界定了组织对外和对内的行为方式。

一定的关系产权决定了相应的制度逻辑，而这些制度逻辑在很大程度上界定了一个组织与其他组织的交往方式或者内部运行的方式，从而限制了企业相应的行为。这种制度逻辑使得产权基础上的关系具有"圈内归属"的稳定性，为组织提供了一个明确的身份和可信的承诺，成为该组织与其他组织或环境建立各种关系的基础。

（3）关系产权界定了一个组织和其他组织之间，特别是和制度环境之间的稳定关系。

制度环境既包括法律和政府管制方面的制度设施，也包括约束企业行为的文化观念和社会期待。组织的关系产权因其所处环境的千变万化而每每不同，但同一制度环境下的组织面临着类似的政府管制、类似的社会期待，不同的关系产权把企业引入不同的制度环境中，从而诱发了不同的企业行为模式。

2.3.2.3　关系产权理论的评价

周雪光（2005）提出的"关系产权"认为：对产权的认识不能脱离组织与环境（包括其他组织、制度环境、组织内部不同群体）之间的关系；组织的市场竞争优势不是单纯地来自生产效率，还来自与重要资源持有者之间建立的一种长期稳定的关系。关系产权的概念告诉我们，在市场制度不完善的情况下，产权存在被社会关系网络非正式界定的可能性。周雪光（2005）强调的产权是组织为维系与所处环境的稳定关系所做出的最终权衡妥协的选择结果。而现实情况是，由于组织资源禀赋的差异性，组织常常扮演着关键资源追逐者和持有者的双重角色，因此，嵌于资源网络中的组织在关系产权上并非总是处于劣势，组织在致力于建立自己"圈内归属"的同时，也可能是其他组织"圈内归属"的寻求对象。

此外，周雪光（2005）探讨的是组织整体产权的弱化，其并未涉及产权稀释在组织内部产权主体间的分配问题，而组织内不同群体对产权的剩余控制权和剩余索取权的控制经常是非均匀的。结合组织和环境资源交互关系的双向性，由此带来的问题是：作为资源的追逐者，产权的损失最终由组织内哪些成员来承担？作为资源持有者，资源收益又如何在组织内不同群体间分配？只有在综合考虑以上问题的情况下，才能发挥关系产权的最大效能。综上所述，周雪光（2005）探讨的关系产权是对以往产权稀释问题解释的总结和升华，但却集中关注于组织作为产权受损方的角色定位，而忽略了组织与环境之间的双向交往联系。这就无法对一些经济现象作出解释，如某些缺乏盈利能力，但受国家扶持的企业依靠政府财政拨款或优惠政策反而在市场机制下表现出勃勃生机。

案例 2 - 1

从 JHT 有机蔬菜种植合作社案例看集体行动的逻辑

JHT 有机蔬菜种植合作社位于山东省肥城市东南部，由村支部书记牵头，11 名发起人共同发起设立，每人出资 4 000 元，注册资金 4.4 万元。全村共有耕地面积 132.33 公顷，305 户农户均以土地入股方式入社，1 公顷土地计 15 股，土地折合资金 130 万元，合作社资金总额为 134.4 万元。合作社建成有机蔬菜基地，是国家环保局和农业部确立的生态农业、有机农业发展典型村，国家级出口农产品标准化示范区，面积共有 106.67 公顷，该有机蔬菜基地的产品先后通过了国家环境保护局有机食品发展中心（OFDC）、国际有机作物改良协会（OCIA）、欧盟有机食品检验认证机构（BCS）和日本有机和自然食品协会（JONA）等有机食品权威机构的认证，并在工商局注册了"JHT"牌有机蔬菜商标。

合作社采取"公司 + 合作社 + 社员"的模式进行运作，即合作社与合作公司（泰安 YXY 食品有限公司）签订种植收购合同，与社员之间签订有机蔬菜安全生产管理合同和收购合同的形式运作。种植收购合同规定订单种植的要求，确定作物品种、种植面积、收购总量、交付时间和单价。有机蔬菜安全生产管理合同规定，合作社根据"六统一"对土地统筹安排生产管理，社员需服从安排。收购合同书主要是对有机农产品的外流进行控制管理，防止社员私下种植、私自外卖产品（见图 2 - 2）。

JHT 村农耕历史悠久，自 20 世纪 90 年代开始探索新的发展之路。有机蔬菜基地于 1998 年建成，是国内第一个有机蔬菜基地，该村因此而获得"中国有机蔬菜第一村"的称号。2008年1月，该村组建合作社，成立"肥城市JHT有机蔬菜专业合作社"。经过十几年的发展，逐步建立起有机蔬菜种植的优势，社员增收显著。

图2-2 JHT有机蔬菜种植合作社运行模式

合作社社员的收益来自两个部分：一部分是种植有机蔬菜所获利润；另一部分是合作社盈余分红。社员亩产收入8 000~10 000元，亩产纯收益5 000~6 000元，社员比同类经营非社员农民人均增收30%左右。同时，合作社采取的订单式种植和最低收购价保护，降低了社员的生产经营风险。合作社的盈余将集体服务性收入扣除公积金后，按交易量将盈余分配给社员。

2011年，合作社年产量848万斤，占社员生产品总量的95%，经营收入869.37万元，经营收益58.31万元，服务性收入58.24万元，社员盈余分配达52万元。合作社逐渐吸收周边村庄加入合作社，现已带动非成员户282户，带动全镇发展有机蔬菜4万亩。

（资料来源：笔者调研）

阅读案例并回答以下问题：

1. JHT村村民建立蔬菜种植合作社，是什么促成了集体行动的达成？

2. JHT有机蔬菜种植合作社取得良好经济效益的关键是什么？

案例2-2

从平原县HF农机作业合作社看产权安排与委托代理机制

平原县HF农机合作社位于桃园街道办事处蔻坊社区西杨村民小组，于2011年由村支书牵头成立。合作社建设占地17亩含农机大院一处，全村129户村民以资金、土地、农业机械设备三种方式入社，其中，全部村民将46.67公顷土地流转入合作社，73户以现金方式入社，56户以农机设备方式入社。合作社投资230万元，现有机械设备83台，其中，60台由村民自有以折价入股加入，23台由合作社共同出资购买；现有技术服务人员12名，机械操作能手38名，大中型拖拉机13

台，小麦收割机 8 台，玉米收割机 15 台，深松机 4 台，播种机 4 台，灌溉水泵等配套设备 39 台。2012 年，合作社先后被评为德州市和山东省农机专业合作社示范社。

HF 农机作业合作社是一家提供专业农业生产服务的合作社，其外部的作业服务分为全托管和半托管两种作业方式，其运行模式如图 2-3 所示。

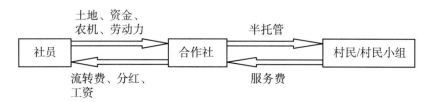

图 2-3 HF 农机合作社运行模式

全托管当前只在本社所在地西杨村村内实施，主要是合作社统一生产经营全村流转入社的 46.67 公顷土地，用于种植玉米小麦制种，预计总收入在 1 400 万元左右，每公顷年产约 3 万元。这部分所获利润首先支付社员每年 66.67 元/公顷的流转费用，剩余部分进行二次分配，其中 80% 的剩余部分按照社员流转入社的土地面积进行分配，另外 20% 提作公积金和公益金，公积金用于合作社日常运转，公益金用于帮助合作社内部遭遇困难的社员。

半托管是合作社以菜单形式将生产过程中的作业项目分段打包，以供选择。合作社统一安排机械作业、机油和维修，机械操作手为本社社员，凭作业量获取工资收入。就已签订的作业订单合同来看，合作社既有与整村村民小组签订，也有与单个农户签订，作业的种类不同，订单价格不同，如机收作业服务 3 元/公顷，拖拉机和收割服务 4.67 元/公顷等，根据价格与作业面积计算总价。2012 年 1~10 月，此项作业收入达 60 万元左右。这部分所获利润首先用于支付合作社内机械操作手的工资，余下部分 80% 用于分配给社员，按照农机折价和出资所计算的股份，余下 20% 用作公积金和公益金，收益分配方式如图 2-4 所示。

目前，合作社服务覆盖 27 个村庄、1 333.33 公顷耕地，其中，土地托管服务面积 140 公顷，全年服务农户 5 000 余户，社员平均纯收入达 3.8 万元。截至 2012 年 7 月 30 日，合作社经营收入 130 万元，经营支出 50.3 万元，管理费用 4.5 万元，利润为 75.2 万元（经营收入减去经营支出和管理费用所得），提取盈余公积 18.8 万元，提取现金股利 56.4 万元。

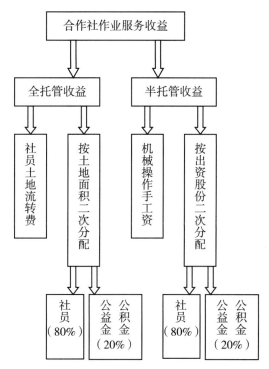

图 2-4　HF 农机作业合作社收益分配

（资料来源：笔者调研）

阅读案例并回答以下问题：

1. 如何评价 HF 农机作业合作社的产权安排？

2. HF 农机作业合作社的委托代理关系如何？

本 章 小 结

（1）奥尔森探讨的集体行动达成的本质是个人与个人之间的"合作"达成，共同利益是人们采取一致行动的动因，但是否采取一致行动的决策则是建立在个人收益的计算、比较与选择上，主要取决于"合作收益大于不合作收益"能否实现。集体行动达成受制于两个因素：一是集团成员数量的多少；二是是否存在某种激励机制或强制性措施使集团的共同利益与个人的最优利益一致。奥尔森研究框架之外探讨的集体物品的非竞争性属性与非经济形式的选择性激励也是集体行动达成的主要原因。

（2）委托代理体现的是一种经济利益关系，在信息不对称情况下，委托人为减少损失及最大化自身利益，就要建立一种激励机制，使代理人的行为有利于委托人的利益。对代理人的激励包括显性激励和隐性激励，前者主要是指在委托人与代理人之间按一定的契约分配财产剩余索取权，将剩余分配与经营绩效挂钩，以此激励代理人，而后者主要包括声誉激励、非货币收入激励、对"社会人"的激励等。

（3）经济学产权理论认为"产权是一束权利"，即产权是指对于资产的剩余控制权，其界定了产权所有者对资产使用、资产带来的收入、资产转移诸方面的控制权，为人们的经济行为提供了相应的激励机制，从而保证了资源分配和使用的效率。社会学制度学派则提出"关系产权"的概念，认为"产权是一束关系"，即产权反映一个组织与其环境（即其他组织、制度环境，或者组织内部不同群体）之间稳定的交往关联。

关键术语

集体行动　集体行动的逻辑　经济组织　个人理性　集体理性　"搭便车"　激励　委托代理　信息不对称　产权关系　产权剩余　控制权　所有权　不完全契约 GHM 模型

复习思考题

1. 集体行动逻辑的内涵是什么？
2. 集体行动达成的理论条件是什么？
3. 委托代理的核心思想是什么？产生问题的根源是什么？
4. 对代理人的激励包括哪些类型？
5. 经济学产权理论的核心思想是什么？
6. 关系产权的分析是如何解释模糊/残缺产权合理性的？

第3章　合作经济的产生与发展

　　现代社会的形成，历经了无数的革命与运动，也少不了合作运动的贡献。马克思（1867）曾这样评价：

> "我们认为，合作运动是改造以阶级对抗为基础的现代社会的各种力量之一。这个运动的重大功绩在于：它用事实证明了那种专制的、产生赤贫现象的、使劳动附属于资本的现代制度将被共和的、带来繁荣的、自由平等的生产者联合的制度所代替的可能性。[①]"

　　合作作为人类生活的一般组织现象，具有普遍性。而合作经济，是社会发展到资本主义阶段时，人们自愿联合起来的一种特殊的社会经济现象和方式，是近代社会的产物。合作经济思想由空想社会主义衍生而来。空想社会主义代表人物：克劳德·昂利·圣西门（Claude Henri Saint - Simon，1760～1825）、弗朗斯瓦沙利·马利·傅立叶（Charles Fourier，1772～1837）、罗伯特·欧文（Robert Owen，1771～1858）。19世纪初期，资本主义制度逐渐暴露出自身的弊病，空想社会主义就此提出了一个"人人平等，个个幸福"，没有剥削和压迫的理想社会，合作社就是在这个理想社会的基础上建成的。空想社会主义把合作社作为清除资本主义制度障碍的工具，他们反对阶级斗争，否认革命，寄希望得到统治阶级的认可，渴望通过示范来解放人们的理性，征服并改造世界。

　　空想社会主义的主张曾受到马克思和恩格斯的高度评价，尤其是欧文等人的合作社实践活动，开创了合作经济实践的先河。但同时马克思指出，空想社会主义者没有真正认识到资本主义社会的根本矛盾，仅仅只是揭露和批判了不合理性，并没有找到推翻资本主义的力量，没能掌握社会发展的客观规律，企图通过和平的途径去改造世界，所以他们的理想只能是空想，他们的实践注定是要失败的。

　　[①]　中共中央马克思恩格斯列宁斯大林著作编译局. 马克思恩格斯全集（第16卷）[M]. 北京：人民出版社，2006.

3.1 空想社会主义者的合作运动试验

3.1.1 空想社会主义思想

16 世纪到 19 世纪初，欧洲逐渐由封建社会主义过渡到资本主义，资本主义的生产方式带来了生产力的较大发展，经济基础迅速积累，但对当时的无产者而言却意味着剥削和压迫。当时部分优秀的思想家，对深陷苦海的无产者表示出了同情，严厉地揭露和批判资本主义的弊端，主张建立一个不存在剥削和压迫的理想社会。因此，空想社会主义作为一种进步的社会思潮应运而生。空想社会主义的流行反映了资本主义阶级下的无产者的思想和需求。

早期的空想社会主义的开端是在 16 世纪的欧洲，资本主义生产方式从简单协作进入分工阶段，资本原始积累正在迅速聚拢。新兴资本家通过各种剥削手段剥夺农民手中的财产，压榨工厂工人利益，侵略海外殖民地，采取一切可利用的手段聚集资金和扩大规模。空想社会主义就是出现在这个时期，由英国人托马斯·莫尔在 1516 年出版的《乌托邦》一书中提出，而后在欧洲流行起来，这本书因此也成为空想社会主义的开山之作。意大利的康帕内拉是早期空想社会主义的另一位主要代表人物，他的代表作《太阳城》一书是他在监狱中所创作的，同样也产生了很大的影响。在空想社会主义运动史上，1524 年德国闵采尔带领的农民进行起义，开创了早期空想社会主义运动的先河；同样还有 17 世纪中叶，英国人温斯坦莱领导的掘地派运动。

18 世纪，是空想社会主义的中期。此时的工厂手工业已经到达鼎盛阶段，18世纪 60 年代的英国开始传统手工业向机器大工业方式过渡。在这之后，分别有美国在 1775 年爆发了独立战争和法国在 1789 年发生的法国大革命。这个时期的无产阶级已经与一般劳动者有了界限，他们虽无能力进行独立的政治活动，但已被卷入资产阶级革命之中。中期的空想社会主义在理论方面主要代表人物有法国的摩莱里和马布利。摩莱里的代表作有《巴齐里阿达》和《自然法典》，马布利的代表作有《马布利全集》。法国启蒙思想对他们的著作都有着深刻的影响，他们的作品中体现出了直接的理论形态。两者在表达形式上略有差别，马布利主要采取论战的形式来表达自己的观点，而摩莱里则采用法典形式。他们的空想社会主义思想都普遍偏向平均主义和禁欲主义。中期空想社会主义在实际斗争方面的主要代表人物是巴贝夫，他企图通过革命的手段来推翻资产阶级的统治，并在 1796 年 3 月组织了"平等派密谋委员会"，计划发起武装革命，但以失败告终。这个时期的空想主义打破了以往传统文学游记形式，通过资产阶级理性主义和人性论，用论证的方式，阐述了社会主义的合理性，同时，也将矛头指向了资本主义的制度问题。

19 世纪初，空想社会主义发展到第三阶段。在经过英国产业革命和法国大革命之后，欧洲的阶级关系出现大变动，资产阶级迅速发展，对无产阶级进行进一步剥削，使得社会内部矛盾日益锐化，资本主义弊端逐渐显露。在此背景下，空想社会主义得以发展，以圣西门、傅立叶、欧文为代表的三大空想社会主义就出现在这个时期，三个空想社会主义将空想社会主义思想提升到了最高层。他们继承了前人在理论和实践中获得的成果，又进一步提出了自己对理想社会的主张，明确了对资本主义的批判，赋予了空想社会主义新的内容。

3.1.2　三大空想社会主义思想与合作运动

3.1.2.1　圣西门的空想社会主义思想

克劳德·昂利·圣西门出生于法国贵族家庭，接受过良好的思想教育，崇尚科学反对迷信。在受到空想社会主义的影响下，他一直渴望能创造一个平等的理想世界，并倾尽一生为之奋斗。1789 年，法国大革命爆发，圣西门义无反顾地加入革命中。在法国大革命的后期，资本主义社会建立，圣西门目睹了无产阶级和劳动人民所受到的苦难后，揭露了资本主义对下层人民的压迫和剥削，批判资本主义政治体系的弊端。

圣西门的空想社会主义理论观点，对后世有着深刻影响和启示，其中最重要的是他提出的"实业制度"。实业制度是指发展实业是社会运行的必要阶段，实业阶级是关乎推动社会发展的最重要的阶级，因此，社会的统治权应该掌握在实业家的手上。在圣西门的实业制度理想社会中，所有人都是平等的，资源由所有人共同管理和分配。圣西门主张：（1）实现差异化分配，但差距不能太悬殊。对于资源的分配，圣西门的观点是反对平均分配，平均主义虽然可以短时间保障社会的稳定，但从长期来看，会打击人们的积极性，有碍社会的进步。因此，圣西门承认差异化分配，他认为一个人的收入水平应当由其对社会的贡献来决定，打破了以往空想社会主义一贯的平均主义思想，提出了更加公平的，更符合社会发展规律的分配方式，其中就包含了按劳分配的思想。同时他也强调在分配上的差距不能太过悬殊，以防两极分化会导致阶级性矛盾。（2）实行计划经济。资本主义经济体制下，大量生产资料被少量的资产阶级所占有，社会生产关系得不到平衡，一定程度上是对社会生产力的极大浪费。圣西门主张由政府对市场进行直接干预，明确分工和合作，废除旧制度下混乱无序的生产方式。将各部门联系在一起，让所有人能够协同生产，社会井然有序地向着目标发展，经济达到最优水平。

在空想社会主义思想史上，圣西门突破了前人对历史偶然性的观点，首次将社会科学与自然科学同等看待，认为社会的发展必定有其规律性。恩格斯对其具有高度评价"我们在圣西门那里发现了天才的、远大的眼光，由于他有这种眼光，后来的社会主义者的几乎所有并非严格意义上的经济学思想，都以萌芽状态包含在他的思想中"。马克思和恩格斯在继承和完善他的思想后，创立了历史唯物主义。

3.1.2.2 傅立叶的空想社会主义思想

傅立叶与圣西门是同一时代的空想社会主义者，1772年出生于法国中产家庭。同样受到法国大革命的影响，傅立叶的空想社会主义思想和圣西门的思想产生的历史条件相同，但自成一派。傅立叶、圣西门、欧文等人的空想社会主义思想，为后来马克思科学社会主义的诞生，起到了启示作用。恩格斯对傅立叶这样评价："傅立叶不仅是批评家，他的永远开朗的性格还使他成为一个讽刺家，而且是自古以来最伟大的讽刺家之一[①]"。傅立叶著作中几乎每一页都放射出对资本主义社会的辛辣讽刺和无情批判的火花，他想通过这种方式来开辟通往社会主义的道路。

傅立叶主张保留私有制，并主张建立一种农业工业相结合的基层组织，这个组织被其称为"法郎吉"。并且，他还阐述了他所要构建的和谐社会是由"法郎吉"所组成。这是一个由农民和工人联合起来的生产、消费协作组织，以劳动进行入股，人人都参与到劳动中。为了实现心中的理想，傅立叶曾进行多次实践。他邀请统治阶级和资产阶级来赞助他的实验，结果却并不理想，一直到他临终，都没有人愿意对他的实验提供资金支持。尽管傅立叶的理想社会破灭了，但他关于构建未来社会的设想，却对马克思创立科学社会主义产生了启发作用。傅立叶设想通过"法郎吉"这种社会组织形式来缓和资本与劳动之间的矛盾，从而形成一个和谐社会。他的思想中已经具备了如何解决资产阶级与无产阶级之间矛盾的思想萌芽。

3.1.2.3 欧文的思想与合作运动

罗伯特·欧文出生于19世纪的英国，三大空想社会主义代表人之一。合作运动是依照合作制设想所开展的社会实践活动。作为现代合作运动的先锋，欧文曾在美国进行过合作公社的实验，同时这也是合作运动的开端。欧文所处的年代

---

① 恩格斯. 反杜林论［M］//马克思，恩格斯. 马克思恩格斯选集（第3卷，第2版）. 北京：人民出版社，1995：610.

是工业革命期间，当时的英国资本主义盛行，欧文虽然作为上层人士，但受到早期空想社会主义思想的启蒙，深刻地同情下层人民所遭受到的疾苦，想要通过建立一个和谐社会来改变下层劳苦人民的命运，为此，欧文经历了多次实验。

1800 年，欧文接管新拉纳克的企业，从此开始了他的实验。实验经历了一个艰难的过程，不仅要饱受质疑还要让愿意投资他理想的商人从中获取到足够的利润。因此，在实验的初期，欧文不得不对企业业务进行调整，改变工厂布局更换机器设备，即使是一些对工人有利的举措，仍然会遭到反对，想要得到信任十分困难。这种状态一直持续到 1806 年，美国对英国港口实施禁令，限制了棉花的对外出口，棉纺厂被迫关停，欧文并没有辞退工人而是选择继续保留工资，直至禁令结束。这件事打破了僵局，欧文获得了信任，才让实验得以顺利进行。

1812 年，欧文加大了对教育事业和工人福利的投入，他希望借此能够改善儿童的生活环境，但随之而来的是以下的各种异议：第一，所需要付出的成本过高；第二，家长不愿意送他们的孩子上学；第三，侵犯了合伙人的利益。尽管欧文向他们解释了他的设想和预期，但没人能够认同他。欧文改变策略，计划购买下新拉纳克的企业，并寻求新的合伙人。但结果并不乐观，合伙人与其分道扬镳，支持者肯特公爵逝世，种种原因让欧文在新拉纳克的实验走向失败。

1825 年，欧文又在美国开启了他的新和谐村实验。1824 年，欧文变卖家产来到美国，在印第安纳州购置了一块地，准备重启他的理想社会。1825 年 5 月，新和谐公社正式启动，社区制定了全体成员权利，以及对财产分配的规定，所有个体均享受平等的权利。个体所有的牲畜由社区所有，以牲畜的价格换算为社区对所有者的赊购。因为完善的财务制度并没有建立，所以，建筑物及土地的所有权仍然归欧文所有，交由管理委员会统一管理。根据制度决定，在建成伊始之初，欧文所任命的管理委员会具有公社的控制权。第二年，可以推选 3 名代表进入政府。按照规划，完整独立的社会将会在年底或者第三年初建成。所有成员一律平等，处于同一个阶级；但根据年龄和经验的不同，部分成员享有优先权；当社区成员具备足够的能力时，同样有机会能够进政府。管理委员会统一安排社员的住宿，社区为孩童提供教育，为病患免费提供医疗，宗教信仰完全自由。成员应当尽其所能为社区的生产提供贡献，成员对于社区的贡献都将被记录下来，用于抵扣购买社区商店的食品和衣物。但新和谐公社的制造业并不发达，技术人员少和劳动资源匮乏，成员管理方面也缺乏经验，没有有效的监督能力。成员的贡献度与消费差距逐渐拉大，成为管理委员会无法解决的问题，甚至引起一些人的不满。由于消费超过产出，新和谐公社财务开始出现赤字。尽管欧文投资了 3 万美元，但也只是维持了 9 个月的运行，这对新和谐公社的发展状况而言是微不足道的。

此时，欧文目睹了新和谐公社的状况，他决定对其进行一些必要的改革。1926 年 1 月 12 日，欧文宣布初级社区的结束。他宣称，尽管公社内工业制造相对落后并且希望构建理想社会的人们并没有真正的社区意识，但社区在这一阶段所取得的成绩还是可观的，也为下一步提供了条件。但在 25 日，初级社区的管理委员会成员要求立即改革，成立平等社区，他们成立议会政党，并将欧文和他的支持者排除在外，但他们的财产归社区所拥有。他们制定了一系列原则：（1）演讲自由；（2）社区财产共同所有；（3）以平等为原则，按个体差异承担义务；（4）所有人权利平等，并将之前社员所欠债务都清空。但产出明显跟不上消费，之后平等社区的存在依然短促。实际意义上来说，它并没有真正地建立起来。在新政党成立两周后，他们要求欧文至少领导社区工作一年，因此，直到 1827 年，欧文都留在社区工作。尽管公社生产进度缓慢且频繁出现分裂，但教育和科研方面终于有所成绩。在麦克卢尔影响下，300 多名孩子能够受到很好的教育，并且职业教育同样也受到了重视。成人也可以从公开演讲等活动中受到教育。但欧文与麦克卢尔的矛盾持续加深，使得教育和科研方面的发展无法推进。尽管欧文曾邀请麦克卢尔来到这里，但由于他的成就也很显著，所以不会完全接受欧文的领导；且麦克卢尔投资了很大一部分资金，具有一定的决策权，他发现欧文作为管理者并不合格。同时，他也为公社中体力和脑力劳动者之间的矛盾而感到困扰，认为两者在社会运行中都是必不可少的组成部分。总体来说，两位在改革方面的主张有所差别，麦克卢尔重视教育，认为教育能够最终改善环境；而欧文认为教育不过是改革的一个手段。

欧文付出了巨大的成本来实施这次实验，使他不得不严谨对待社区的财政安排。欧文在新和谐公社的实验已经消耗了他 3/5 的资产，总共 25 万美元，不仅如此，他还欠下了 4 万美元的负债。1826 年 3 月，欧文计划将其在新和谐公社的财产转让出去，以获得每年的利息，新和谐公社最后的估值仅 12.6 万美元。这个消息一出，便引发了骚乱，在还没出让之前，社区便被一分为二。第一个称为麦克卢里亚，是由麦克卢尔的名字命名而来，尽管他并没有参与。该公社主要由农民组成，其中不乏在欧文建设新和谐公社之前就已经生活在印第安纳州。与现在的公社相比，更多人对宗教保持传统观点。但麦克卢里亚存在的时间也并不久，到 1826 年底就已经宣布解体了。第二个称为菲巴·佩文，由英国农民组建而成，其中至少一半的成员曾与麦克卢尔有过合作。随着时间的推移，土地所有权逐渐由公有变为私有。除此之外，还有第三个公社想要分裂出去，这是由年轻学者促成的社区，他们大多都受到过良好的教育，并且都大致了解欧文对新和谐公社的设想和目标。他们在学术方面都有所成就，对于物质财富来说，他们更倾向于精神财富，对其他追求物质条件的人保持鄙夷的态度。即使是欧文的儿子威廉和戴尔仍然在公社之中，但欧文感觉到了第三公社的分崩离析导致新和谐公社计划破灭。欧文给予他们一个区域去尽情发挥他们的想法，这个做法虽然暂时延缓了公社的分离，但体力与脑力劳动者之间的矛盾似乎无法缓解。

新和谐公社实验的一年里，欧文曾尝试对公社重新洗牌。但麦克卢尔依然坚持分离来保证教育。1826 年 7 月，欧文发表了一篇关于精神独立的宣言，他对于新和谐公社依然保持乐观态度。即使他所成立的社区最终失败了，欧文依然对分裂的公社表示出了致敬，他认为至少可以证明他所提出的改革观点是正确的。数月之后，欧文和麦克卢尔的关系进一步激化，最终因为欧文和麦克卢尔在教育上的分歧，导致分裂。

在 1829 年 5 月下旬，欧文向新和谐公社做了告别，并于 6 月 1 日返回苏格兰，而大多数美国新闻媒体并没有提及此事。虽然欧文没有公开表示新和谐公社的失败，但他自己清楚新和谐公社没能成功。

欧文的空想社会主义虽然以失败结尾，但是这项实验对当时的社会产生剧烈的反响，欧文等空想社会主义家主张的"生产资料公有制"和"各尽所能，按需分配"等理论成为马克思科学社会主义的重要依据。恩格斯给予了欧文高度评价："当时英国的有利于工人的一切社会运动、一切实际成就，都是同欧文的名字联系在一起的。[①]"欧文回到英国以后，又转向了工人阶级，参与到蓬勃发展的工人运动中，并引导了全国性的合作社运动，开展了将近 30 年的活动。

3.2　罗虚代尔公平先锋社与合作社原则框架

3.2.1　第一个合作社的诞生

作为一名空想社会主义者，欧文的合作社尝试虽然没有成功，但却在那个时代爆发了极大的影响。其失败告诫人们，只有依赖自身的力量才能够成功地办好合作组织，并且需要适应当前的经济和社会条件，改良组织成员的利益。1830 ~ 1940 年，在欧洲建立合作社是一种非常流行的社会现象。虽然大部分合作社都以失败告终，但也发展起来了部分优秀的合作社，罗虚代尔公平先锋社就是当时最为成功的一个例子。

罗虚代尔镇是英国的纺织业核心地区，该小镇位于兰克夏和约克夏的边缘地区，距离重要的工业城市曼彻斯特大概约为 40 公里。在当时，该小镇周边有 4 万多人，镇上有大约 2 万多人口。这里生产毛纺织产品已有数百年的历史，手工的纺织业非常发达，在英国声名显著。

---

① 恩格斯. 社会主义从空想到科学的发展［M］. 北京：人民出版社，1997.

1820 年，该镇的工厂主引入了第一个用于纺织业的棉纺织机，从那以后陆陆续续地买入了许多其他种类的机器。从事手工业的劳动者生产被资本主义的机器工业化生产所替代，那些以手工工艺谋生的小作坊生产者无法与资本家工厂去抗衡，都相继破产失业。这些手工业者发动过一些破坏生产机械等暴乱的活动，以求得正常生存的权利，但毫无意外都受到了政府军队的严厉打击。为了维持日常的生存条件，这些手工业者不得不到资本家的工场里劳动，成为工厂制度下的"奴隶"。伴随着失业人口数目的不断增加，涌入劳动力市场的人数越来越多，劳动力市场的供给与需求关系发生了非常显著的变化，进而让劳动力的价格每天都在下降。

在纺织厂从事纺织工作的工人工资起初大约为 1 英镑，在 1840 年下降到 7 先令左右，并且女工只有男工的 1/3。同时，工厂招收了许多价格低廉的童工，这些童工每个星期只有 1 便士的薪水。不仅如此，这些黑心的工厂主常常用指定的商铺购物券去代替工钱，这些商店的商品不仅质量劣等，并且其商品价格也较高的，这样就使得工厂劳动者获取的实际工资更加低廉。劳动者在工厂受到工厂主及资本家的盘剥，他们的生存环境也在这种沉重的剥削下每况愈下。因此，罗虚代尔镇也被当时一位英国的议员称为"饥饿之城"。

针对这种情况，罗虚代尔镇工人开展了许多次有组织的罢工行动，来推动关于工厂法案的建立。但是，由于当时的工人阶级正处于自发的经济斗争阶段，科学社会主义作为工人阶级争取彻底解放的政治思想武器，并没有产生多大成效。这时，合作社的领导阶级为了改善工人的生存环境，决定通过利用他们自身力量去组建消费合作社这一组织。

1843 年，罗虚代尔公平先锋社这一合作组织由 13 名工人共同建立。他们经过了长时间的思考与辩论，提出了一套建立合作社这一社会组织的方案，并决定通过志愿者筹集股本，每名志愿者 1 英镑。1844 年为止，参加合作社的人口数量增加到了 28 人，总共股本数为 28 英镑。成立大会于 1844 年 8 月 11 日召开，并且合作社章程一致通过。该合作社于同年的 10 月 24 日批准注册，开放时间是 12 月 21 日的夜晚。

罗虚代尔公平先锋社制定了一整套章程，明确了两个建社目标：一是不断扩大合作社成员的经济利益；二是持续改进社员的家庭条件，以及其社会地位。同时制订了发展计划：

（1）设立食品、服装等商店一所。

（2）依托在自愿互助的原则上，为合作社成员购置或建设住宅。

（3）建立工厂，制造社员所需物品。

（4）合作社为其社员购置或者租赁土地，来提供给失业社员或者入不敷出的成员耕作。

（5）合作社自主创办合作新村，从事于教育、生产、自治及分配等工作。

（6）在合作社内建立一所禁酒食堂来倡导勤俭节约。

为了达成上述的目标，合作社领导人员相应地制定了关于管理经营层面的原则：

（1）对于合作社社员的表决权一视同仁，每个成员都只有 1 票，不会根据成员的出资多少而有差别对待。

（2）对于政治宗教，保持中立地位。

（3）合作社的盈余根据各个成员购买额比例来分配。

（4）从社里的盈余中提出 2.5% 作为成员的教育经费。

（5）按照市价出售货物。

（6）实行现金交易，不赊购赊销。

（7）合作社所有成员都遵从交易公平，保证质量和数量的原则。

罗虚代尔公平先锋社所制定的一系列原则，经过了详细地修订与整理后，成为国际合作社的准则，从而作为各种类型合作社的经营原则。

罗虚代尔公平先锋社从其所处的真实境况开始，保障了组织成员的个人收益，孕育出了一套切合实际、公平公正的办社原则。正因如此，它受到了全部成员的爱戴，被后人视作合作社的经典范例。罗奇代尔公平先锋社制定的合作社运行准则为合作组织的持久发展奠定了思想基石。在这些原则的指导下，合作社运动逐渐成为一种新类型的世界经济形态。

3.2.2　合作社原则框架

作为当时合作社的典型范例，罗虚代尔公平先锋社提出了非常直接的经营目标：一是为其社里的成员提供生活所必需的物资，减少资本家对成员的剥削；二是改善社里成员的家庭状况。并且，在成立的初始阶段，它就颁布了一套切实可行的办社准则：

（1）自愿。群众自由地参加罗虚代尔社，且社员享有自愿退社的权利。这一准则随着该社的建立就已经被证实。在当时那个时代，合作社被资本主义大肆批评与攻击。罗虚代尔工人生活境遇极其糟糕，对于创办合作社来说根本没有多余的资金，但是这些工人勤俭节约，充分发挥自己的主观能动性，每个工人都想尽办法自愿的集资入股。这种自愿的集体行为，是因为这些工人想要提高自己的社会条件，以及社会地位，维护劳动者们的共同利益，反抗这些沉重的剥削。每一个社员的利益关系都与合作社的成败直接地联系在了一起。从这可以看见，合作社成功的准则之一就是自愿，且自愿的基石就是互惠互利。

（2）一人一票。这就是民主管理的体现。社里的章程规定了社员大会是其最高的权力机关，并且社员大会要经过系统的思考来决定社里的全部重大事件，最后，社员大会经过选举确定社里的领导人员。每个成员在行使表决权时，不管其占有多少股份，都只拥有一票的权利。这样就保障了社员彼此间的权利是平等的，从而可以防止少数几个人利用较多的股份来操纵合作社，保证了民主的充分发挥。

（3）现金交易。社里的准则规定：在任何情况下，社里员工都不允许进行无现金交易。不允许赊销进出口货物。如果有任何违规行为，不仅会被罚款，还将被视为不称职。

作这一规定，当时是出于两方面的考量。从经济方面考量：对于社里来说，其股本占有很少，如果允许赊欠，会造成资金链的断裂从而造成破产；从道义方面考量：在当时，赊欠行为会被社会视作一种弊病，需要想尽办法消除。对于这一点，随着信贷行业的兴起，后来已及时修正。

（4）按市价出售。在这个问题上有两种意见：一种是以略高的价格出售商品，以支付红利为上限，让社里会员从购买商品中获得优惠。这样，合作社能发展到多大的规模完全取决于其股份的增加量。另一种想法是以市场价格出售，以获得一定的利润。其中，获得的利润分配原则为：首先，将营业费用与红利扣掉；其次，抽取一些利润作为社里的教育资金，以及公积金；最后，剩下的利润按照成员购买的金额数量比例来进行分配。这个方案加大了合作社的发展规模，给社里的成员增加了实际利益，并且促进了福利事业的推进。同时，也有利于未来的合作经营型社会。因此，罗切代尔采纳了后者的观点。

（5）如实介绍商品。这条准则是为限制当时盛行的机会主义而设定。其规定：对于商品的实际情况，合作社要毫无保留地介绍给会员。不允许出现弄虚作假等不道德行为，要保障商品的质量。这与资本主义的商业风格形成了鲜明的对比。

（6）根据剩余金额分配。会员通常用购货簿购买商品，由销售人员登记，在某一阶段结算一次。剩余款项经过所必需的扣除，按照社里成员购买的商品总额比来进行配比。即：成员应得 =（盈余 - 必要扣除）÷ 总销售额 × 会员购买金额。这是一项重大举措，因为当时所处的社会是资本主义，盈余全部都是按照资本量来进行分发的。而这种新的分配方式表明，作为劳动者也能够参与到利润的分发中。从此角度来看，这无疑是革命性的。并且，此种分配方式将合作社与社员的利益融合到了一起，使得每个社员对于合作社的运行情况更加的关注，这种方式展现了其旺盛的生命力。

（7）重视对社员的教育。罗虚代尔社依据社里的经济情况，平稳地推进了教育与文化产业的发展，提升了社员的道德素养及文化水平。在创办初始阶段，社员探讨问题的地点被设立在了合作社所在的地方。1849 年，社里经过讨论一致同意成立教育委员会，并且花费 1375 单位货币购书。1853 年，合作社决定单独列教育经费这一章程，将每一年剩余利润的 25% 注入其中。1850 年建立了一所儿童学校。1855 年，成立了一个成人班，招收 20 ~ 30 名 14 ~ 40 岁的学生。1862 年，随着书籍的不断增加，安排人员管理，每天的开放时间为 7 小时。正规学校于 1873 年开办，每年拨款约 25 000 法郎。由此可见，罗虚代尔社不仅在文化方面，还有在教育方面都做出了突出的成就与贡献。因此，它在世界上赢得了很高的声誉。

（8）对政治和宗教保持中立。这是当时社会条件下必须采取的立场。这表示对于政治层面，合作社没有任何想要介入的想法。它是一个不涉及宗教与政治的经济组织。一方面，需要想尽一切办法避免资本主义政治的扰乱；另一方面，也可以打消一些人对于合作社联合社会主义者的怀疑。对宗教保持中立的原因在于：排除掉当时庞大的宗教势力的干扰，这表明合作社自身是拒绝宗教势力的拉拢，也不会参加其他相关的宗教行动。这也表明，合作社的大门一直都会向来源于不同信仰与政见的人敞开。

罗虚代尔公平先锋社获得了巨大的成功，也因此许多人都认可了其一系列运行准则。国际联盟合作社于 1895 年创立，并且协定好了合作社组织需要共同遵守的准则，被称为"罗虚代尔原则"。合作社聚焦于社会生产的某一项环节，打破具体的困难局面，以便使成员的福利最大化，而不是为了改革整个社会。罗虚代尔社去除了关于"以合作社作为工具来变革社会"的幻想，从本质上消除了资产阶级对于合作组织的敌意。反而，他们觉得合作组织可以作为缓解社会矛盾的一种工具，于是大力扶助合作组织的发展。从某种层面上看，罗虚代尔公平先锋社成功的重要原因可能是其完全走上了一条"不空想"的道路。除此之外，该社也对合作组织的改革影响巨大。从那时起，许多合作组织都掀起了改革的狂潮。1920 年，合作社在西方国家被视为资本主义制度的一个补充，是其内部的一个升级因子。目前，合作组织发展的方向渐渐转入了实用主义，逐渐成为西方发达国家的主流。

3.3　国际合作社联盟与合作社原则

3.3.1　国际合作社联盟的诞生

1895 年，在英国的首都伦敦，有一个联盟在此成立，即国际合作社联盟（ICA），这个联盟成立的目标，就是把全世界的合作社组织团结起来，并服务于他们。与此同时，国际合作社联盟的出现，对世界的合作社团体的发展起到了巨大的促进作用，使人类社会的经济得到了显著发展，也对世界和平的维护做出了一定的贡献。现在有来自 96 个国家的 258 个会员组织，涵盖工业、农业、旅游、金融、卫生等各个领域，代表着全世界 10 亿多个合作公司的员工。世界上有许多独立的国际组织，而最大的就是国际合作社联盟，且其具有非政府性。联合国经济和社会理事会中具有第一咨询地位的有 41 个机构中，国际合作社联盟就是其中之一。另外，国际合作社的联合本部坐落于瑞士的日内瓦。

多年来，国际合作社联盟在农业方面与各国政府开展了一系列的合作，联合国与世界银行同时也有一定参与，通过支持发展合作社促进就业、增加弱势群体收入和提高人民生活水平，开展一系列社会和经济发展项目，特别是在发展中国家。国际合作社节日选定在每年 7 月的第一个周六。

2009 年 12 月 18 日，经过了国际合作社联盟和各国政府的共同努力，第 64/136 号决议终于被联合国大会所批准通过，由于国际合作社联盟对经济发展做出的贡献，决议中对国际合作社联盟予以高度肯定，2012 年为"国际合作社年"也在同一时间被宣布，这也是联合国成立以来的第一个"国际合作社年"。

3.3.2 合作社原则的演变

3.3.2.1 传统合作社原则

罗虚代尔公平先锋社建立了一个十分经典的原则："罗虚代尔原则"（1844），它作为传统的国际合作原则，在国际合作社联盟于 1895 年建立时被公认为其基本原则。此后，由于该原则中的一些条目与当今的社会发展已经不相适应，国际合作社联盟在 1921 年、1937 年、1966 年和 1995 年对该原则进行了 4 次修订，但一直坚持罗切代尔原则的基本精神。合作社运动经过了漫长的发展过程，在其早期发展中，"罗虚代尔原则"是被世界所公认的一种相对标准的合作社原则。公平先锋社，这个建立于 1844 年的世界上第一个现代合作社，是罗虚代尔原则建立的基础。在上述经典原则中，他们的本质特征可以通过以下有三个思想原则体现出来：（1）自愿原则。合作社并不对是否参加做出强硬的要求，完全取决于民众自己的意愿。（2）民主原则。合作社并不是一个专断的组织，并不是由某一个人来做根本的决定，任何决策都要由所有社员通过投票的方式来做出，"一人一票"制充分体现了合作社是一个十分民主的组织。（3）共享和公平原则。合作社原则中有一个明确的规定，叫作"按业务交易量分配盈余"，这一原则实际上就是按劳分配的体现，干得多则拿到较多报酬，干得少则拿较少报酬。

"罗虚代尔原则"在 1985 年得到确立，这个基本规则从实质上来说，是为了面向消费合作社而确立的，由联盟代表开展了越来越多的合作社运动之后，世界上产生了更多不同种类的合作社类型。这样一来，合作社发展的需求越来越丰富多样，就造成以前一些较老的原则无法适应。如"罗虚代尔原则"规定要按业务交易量分配盈余，但在某些场合下并不适用，信用合作社就是其中之一，在信用合作社下，该原则显得有些格格不入。因此，联盟需要一个统一适用于各种情况的普遍原则。罗虚代尔原则的出现解决了这一问题，它与先前的原则存在主要 5 个方面的不同之处：（1）从强调"一人一票"转为"平等投票"。因为在实践中人们发现，要完全做到"一人一票"的话基本上无法实现，所以新修订的合作社原则从实践出发，更加合理。（2）分配从"交易量"转为"交易额"。随着合作社的不断发展，所销售的商品种类越来越丰富，仅仅用交易量已经无法满足日常计算的需要，便转化为交易额。（3）"合作社事业以自有资金经营，社员投资按普通利率分红"。合作社的独立性以及民主性由这样的原则得到了充分的体现。由于合作社自有资金的运作，导致合作社不会受到外部控制，对合作社的投资应按照普通利率支付股息，这表明合作社的目的并不是单纯地追求资本回报，而是为了整个集体共同的长远利益。（4）"盈余的一部分应该用于发展教育"，合作社的公益性由此得到了充分体现。合作社不单单追求经济利益，更是把社员的素质培养视为重要一环。（5）放弃了"入社自愿"的原则，这样一来，合作社便可以按照自身的要求，设置一些入社门槛，合作社的民主性和共享性将会由此受到损害。事实证明，之后的合作社原则对此进行了修正。

3.3.2.2　统一的合作社原则

1937 年，国际合作社联盟第十五次代表大会在巴黎召开，此次大会十分明确地提出了建立合作社组织的国际标准的必要性。会上确定了一系列新的合作原则，这些原则不仅继承了罗虚代尔原则的基本核心思想，同时也与时代背景相结合。在会议上，联盟确立了合作社组织的新国际标准，这相当于是对合作社原则的基本框架的一种总结，它同时也成为世界合作社运动前行的新里程碑。此外，巴黎协定还对合作组织这一概念做出了定义：现金交易、民主控制、门户开放、按交易量分配盈余，符合这四项原则的组织即为合作组织。这一合作社原则与前一版本的变化之处在于：（1）恢复了"门户开放"的原则。这一原则表明，如果要想加入合作社，对出身，宗教信仰方面没有严格的要求，需要的仅仅只是遵循合作社的规定并且承担起社员的责任和义务，这样一来就把合作社与其他组织在入门门槛这方面区分开来，如企业、政府等的核心条件。（2）将"民主投票"改为了"民主控制"。控制一词比起投票，更能说明组织的民主性，这代表社员不仅仅通过投票，还同时可以通过参与管理的方式来共同做出决策。（3）省去了"按市场价格出售商品"原则。这一改变丰富了合作社的内涵，也促进了国际合作社发展的具体实践。（4）新的合作社原则中的一些条款，标出了合作社要提取公积金这一原则，这是提取公积金这一概念第一次在合作社中被提出，大力促进了合作社日后的发展。

3.3.2.3 合作原则

第二次世界大战后，整个世界的政治和经济的走势发生了显著的改变，世界上的合作社组织形式也出现了新的态势。1966年，国际合作社联盟第23次代表大会举办，国际合作社原则在这时被归纳为6项，称之为"合作原则"。1966年的原则增加了一些新的改变，具体有以下三点：（1）放弃了政治和宗教保持中立的原则。由于资本主义经济危机的发生，在凯恩斯主义的政策下，政府对合作社进行了一定程度上的干预，合作社也迫切需要政府给予一定程度的支持，在不断的实践中发现，真正的政治中立根本无法实现，故直接取消了政治中立这一说法，从另一种角度来说，这也称得上是一种突破。（2）资本报酬适度原则的提出。为了使合作社的发展顺应时代的潮流，故提出这一原则。在之前的原则中，合作社对资本这一范畴从来都是控制甚至是限制的态度，而如今则是适度使用资本，这样做的含义在于：第一，允许资本在合作项目中获取报酬；第二，资本报酬要适度，这项原则的意义在于并不是完全的没有报酬也不是大额的给予报酬，这样就不违背与合作社最初的原则。（3）可以开展"合作社之间的合作"，因为随着合作社的发展壮大，合作社之间的相互合作是必然之势。另外，又将合作社区分为基层和非基层，基层的坚持一人一票制，而非基层的则没有硬性要求。

3.3.2.4 现行的合作社原则

1995年9月，国际合作社联盟100周年大会正式举行，地点位于英国的曼彻斯特。合作社的性质、价值和基本原则通过在此发布的"国家合作社身份"文件得到了具体的规定。合作社是由人们自行管理的组织，只要企业是民主控制的，合作社就会与其联合，共同为了自身的需求而奋斗。合作社的基本价值观是：自助、民主、平等、公平和团结。参加合作社的人们，都有着诚信，自愿去承担社会责任的价值观。合作社有以下七条基本原则：第一，自愿、公开的会员制。合作社是一个十分民主，自由的组织，对成员的宗教信仰，性别，出身等并没有要求，只需要成员承担起自身的责任和义务。第二，民主成员控制。合作社是由成员控制的民主组织，合作社做各种决策及选举代表都是以民主的方式进行，以"一人一票"制，成员每人都享有平等的投票权利。第三，成员的经济参与。不仅管理是民主的，合作社的资本也是根据社员所做的贡献，被民主地控制着的，在资本中会有一部分是属于成员共同拥有的。成员要想获得持有资本的资格，就必须先出资，合作社的盈余分配将按照成员与合作社之间的交易金额返还给成员，用于支持成员认可的其他项目。第四，自主独立。自主独立是合作社一直以来的基本原则，确立内部的自主管理和主导权是合作社与政府等各种机构合作的前提，只有这样才能更好地从外部筹集资金。第五，教育、培训、信息。合作社定期会对内部人员进行培训和教育，这样使成员能更好地为合作社做出贡献。另外，加强信息方面的传播，宣传合作社的优势，以便于吸引更多年轻人加入进来。第六，合作社之间的合作。合作社应开展地方、区域、国家甚至国际合作，以便最有效地为成员服务，并加强合作社实力。第七，关心社区。通过其成员商定的政策，合作社可以为其社区的可持续发展做出贡献。

如今，社会政治及经济环境瞬息万变，为了适应不断变化的当今世界，1921年、1937年、1966年和1995年，合作社联盟对原则进行了4次修订。与前三次制定的合作社原则相比，国际合作社联盟1995年修订的基本合作社原则的重点已经不再是"一人一票"制，而是放在社员一起所共同努力积攒下来的成果上。大多数合作社表面上虽然表明坚持罗虚代尔原则，但是实际实践出来与这一原则并不完全一致。主要表现在以下五个方面：（1）"一人一票"制向"一人多票"制的发展；（2）合作社赚取利润的能力越来越强；（3）以成员参股为主的融资方式向大部分的外部融资方式进行转变；（4）员工和职业经理人的管理；（5）合作社不可分割的公共资源按一定比例有效地分配给成员。上述变化削弱甚至失去了合作社所有者、工人、经营者和赞助人的统一特征，影响了合作社的民主性质和成员的主导地位。但合作社在以下几个方面与普通企业还是有区别的：第一，合作社的所有者往往是其客户，而普通企业的所有者与客户是分离的。第二，合作社的目标是业主和客户双方的利益，而普通企业的目的是业主的利益。第三，"一人一票"制仍然是合作决策的主要原则，"一人多票"制受到严格限制。第四，惠顾返还仍然是剩余分配最重要的方式。

案例 3 – 1

中华全国供销合作总社

1949年11月，为促进农村经济发展成立了中央合作事业管理局。1950年7月，中华全国合作社联合总社成立，对全国的合作社进行统一领导和管理。1954年7月，召开了中华全国合作社第一次代表大会，对合作社章程进行了修改，中华全国合作社联合总社更名，自此中华全国供销合作总社建成。从1949～1957年，供销合作社经历了一个黄金发展时期，这期间供销合作社势如破竹，在农村全面铺开。在恢复经济、促进发展和改善农村环境上产生了很大的影响。

1958 年开始，供销合作社进入了曲折发展阶段，受到"左"倾思想的影响，中华全国供销合作总社与国营商业经历了两轮合并与分离。1982 年，供销合作总社再次和商业部合并。在汲取了过去的经验后，中华全国供销合作社保留了自主独立的组织系统。

1982～1994 年，供销合作社处在一个探索阶段。1982～1988 年，先后进行了恢复"三性"（群众性、民主性、灵活性）、"五突破"（劳动制度、农民入股、经营范围、内部分配、价格管理）、"六个发展"（发展系列化服务、横向联合、农副产品加工、多种经营方式、农村商业网点、科技教育）三个阶段性改革。20 世纪 90 年代以后，供销合作社开始朝着一体化发展，将生产、加工、运输和供销融为一体，进一步向综合服务组织推进。

党的十八大以来，党中央、国务院对供销合作社综合改革高度重视与支持。2015 年，党中央、国务院出台了《关于深化供销合作社综合改革的决定》，完成了供销合作社综合改革顶层设计，发出了深化综合改革的动员令。现阶段，中国全国供销合作总社持续深化综合改革，在促进现代农业建设、农民增收致富、城乡融合发展等方面做了大量工作，成为推动我国农业农村发展的一支重要力量，进入一个全新的发展时期。

（资料来源：360 百科. 中华全国供销合作总社［EB/OL］［2020 - 11 - 20］. https：//baike. so. com/doc/2645963 - 2793988. html）

阅读案例并回答以下问题：

1. 中华全国供销合作总社为什么出现？

2. 中华供销合作总社有哪些性质、职能和任务？

案例 3 - 2

中国第一个合作社——北京大学消费公社

北京大学消费公社成立于 1981 年 3 月 30 日，是我国第一个合作社。北京大学作为新文化的发源地，早在清朝末年就开设了有关合作社的课程。1917 年北京大学法科教授胡钧在校刊发表的《论合作社利益》一文中提到建立合作组织，之后各科师生 60 余人共同组织发起消费公社。同年 12 月 29 日，首次筹委会召开，本次会议制定了章程。1918 年 1 月 8 日，消费公社选址景山东街 42 号，15 日便开始招股集资，一直到 3 月 8 日，招股 438 股，每股 5 元，银币 2 190 元。3 月 30 日举行大会，自此北京大学消费公社宣告正式成立，并开始营业。

按社章规定，社员可以凭借凭证购货，享受优惠，并且社员可以通过记账的方式支取物品，每名社员限额 2 元，一个月内归还。公社每半年进行一次结算，将净利的 30% 作为公积金，20% 发放给办事员作为酬劳金，50% 交由社员进行分红。北京大学消费公社虽存在时间较短，但作为全国第一家合作社，开创了中国合作运动史的先河。

（资料来源：佚名．中国第一个合作社——北京大学消费公社 ［J］．中国供销合作经济，2021（1）：18）

阅读案例并回答以下问题：

1. 北京大学消费公社的出现有什么意义？

2. 北京大学消费公社又为什么会消失？

本　章　小　结

（1）最早的空想主义起源于 16 世纪的欧洲，资本主义的剥削迫使人们寻求新的出路，"乌托邦"一词因此被首次提出，并流行于欧洲。19 世纪，以圣西门、傅立叶和欧文为代表的三大空想社会主义出现，圣西门提出"实业制度"，主张政府对市场进行干预，实行计划经济；傅立叶主张保留私有制，并提出了建立名为"法郎吉"的基层组织；欧文先后进行了多次合作运动实验。

（2）第一个合作社罗虚代尔先锋社诞生，并制定了一系列合作社原则，以保障社员的利益。罗虚代尔先锋社取得了成功，其合作社原则获得了广泛认可，并称为罗虚代尔原则。

（3）国际合作社联盟成立，旨在将合作社组织全部团结起来。随着社会的变动，合作社原则在不断演变，并形成了现在所通用的合作社原则。

关键术语

空想社会主义　合作运动　罗虚代尔先锋社　合作社原则　国际合作社联盟

复习思考题

1. 什么是合作经济？

2. 简述合作经济出现的时代背景。

3. 什么是实业制度？

4. 欧文为合作运动做出了哪些贡献？

5. 什么是罗虚代尔原则？

6. 现行的合作社原则有哪些？

CHAPTER 4

第4章　合作经济组织

合作经济组织是市场经济的重要组成部分。正如恰亚诺夫（Chayanov）所说：

> "合作经济组织通常是从小生产者采购农业生产资料方面的联合开始的，然后迅速地发展为农产品的合作销售组织，包含有成千上万个小生产者的大联合组织于是便出现了。当这种类似中间商的经营活动达到一定的广度并具有一定的稳定性后，一个运转协调的、强大的合作组织便会形成。并且，尤为重要的是，与资本主义的发展相似，合作资本的原始积累这时会随之发生。在市场的影响下，处于这一阶段的农业合作社将合乎历史必然性地向建立产品销售一体化的农业原料初步加工业的方向发展。①"

组织是有意识地协调两个或两个以上的人的活动或力量的一种系统（Barnard，2013）。组织的构成要素主要有 3 个，即沟通交流；做出贡献的意愿；共同的目标。合作经济组织是一种特殊的经济组织形式，农业是合作经济组织最为活跃的领域之一。以农业合作社为代表的农业合作经济组织，是农业合作经济的具体组织方式，是农民提高组织化程度的有效形式之一。

4.1　合作经济组织的内涵

4.1.1　合作经济组织的含义

合作经济组织是个体为了共同的经济目标，遵守自愿、互利、合作、民主等组织原则，获得服务和利益的一种经济单位。合作经济组织一般包含以下五个方

---

① ［俄］恰亚诺夫. 农民经济组织［M］. 萧正洪，译. 北京：中央编译出版社，1996.

面的规定性。

第一，合作经济组织的成员是具有独立财产所有权的劳动者，按自愿的原则组织起来，对合作经济组织的盈亏负无限或有限责任。合作经济组织成员的独立财产所有权并不会因为他们加入合作经济组织而消失。合作经济组织是个体为自身利益需要而进行的自愿选择，或为了增强讨价还价能力，或为了降低交易费用。

第二，合作经济组织的成员之间是平等互利的关系，组织内部实行民主管理，合作经济组织的工作人员可以在其成员内聘任，也可以聘请非成员担任。合作经济组织突出特点是强调"人合"，这也是它与其他经济组织的重要区别。不论要素投入多少，成员间的关系都是平等的，没有等级差别。

第三，合作经济组织是具有独立财产的经济实体，并实行联合占有，其独立的财产包括成员投资入股的财产和经营积累的财产。合作经济组织是共同经营、自负盈亏、实行独立核算的经济组织。独立财产权是合作经济组织行使权利、履行义务的经济基础。有些不以营利为目的、无实质经营内容、不实行独立核算的组织，如农民技术协会，则不属合作经济组织的范畴。

第四，合作经济组织实行合作积累制，需要具备资产积累职能，将经营收入的一部分留作组织成员共有的积累基金，用于扩大和改善合作事业，开拓市场，提升组织竞争能力，不断增加全体成员的利益。该积累资金一般不做分配，属于留存收益，是成员共有资产。这也是合作经济组织作为经济实体想要发展的经济基础，如若所有收益分配净尽，则合作经济就失去了进一步发展的动力源泉。

第五，合作经济组织的盈余分配以成员与合作经济组织的交易额（量）比例返还为主。分配制度是组织重要管理制度之一，也是组织间差异的体现。合作经济组织重在"人合"，分配制度也体现了这一点。成员与合作经济组织交易，体现了成员对合作经济组织的贡献，按交易额（量）返还本质上也是按贡献大小分配。但与投资者所有的经济组织不同，合作经济组织不完全以资本投入、股权大小为分配依据。

4.1.2　合作经济组织运行的特征

合作目标的双重性，即合作经济组织既具有营利性也具有服务性。合作经济组织的"合作"属性主要体现在组织对成员的服务上，组织与成员是互利关系，组织向成员提供服务，成员向组织提供产品或要素。而合作经济组织作为经济实体，需要存续和发展，因此也需要盈利。服务性与营利性并不矛盾，向成员提供服务是合作经济组织的经营宗旨，盈利是为了更好地为成员服务。与公司制企业不同，公司的目标是追求利润最大化，合作经济组织的目标是追求成员利益最大化。合作经济为成员提供各方面的服务，是合作经济组织存在的前提。

合作经营结构的双层次性，即统一经营与分散经营相结合。公司制企业是将各要素统一纳入公司内部，以等级制的行政命令替代市场价格机制，使各要素实现最大产出。合作经济组织则与公司制企业不同，合作经济组织成员可以独立经营，在某些环节上通过合作经济组织完成，合作经济组织并不完全取代成员经营，而是与成员经营形成相互补充，成员仍保持独立性，合作经济组织更多地完成单个成员无法完成的任务和生产环节。

合作经济组织的民主性，即自愿基础上的有效合作。合作经济组织按照自愿的原则，通过民主协商制定一系列章程和制度，是成员在自愿基础上形成的合作组织。各成员有着共同的愿景和目标，有合作的意愿。在合作经济组织经营过程中，各成员仍有继续选择的权利，可以选择退出，也可以继续留在该组织，不强迫成员进行选择。这样自愿合作与自愿分离两种机制的交互作用，是合作经济组织运行中非常重要的特征之一。

4.2 合作经济组织产生的原因

4.2.1 社会分工与生产专业化需要合作经济组织

社会分工是商品生产存在的基本条件之一，生产越专业化、商品化，就越要求进行各种形式的合作或联合。我国合作经济组织最活跃的领域是农业，如果农业生产是建立在自给自足的自然经济基础之上，各个农户生产出来的农产品除了满足自给性需求外，基本上没有什么剩余，那么农户之间就没有实行合作的必要。如果利用非经济手段强行地把不同的农户组合到一起，就会阻碍生产力的发展。只有在各个农户之间，出现相当的社会分工和专业化，且生产的各个不同环节、阶段由不同的生产组织去完成的情况下，彼此之间才有合作的必要。

4.2.2 为了抵御市场风险和自然风险需要合作经济组织

市场经济的发展是合作经济组织发展的前提和基础，市场经济的扩张是合作经济组织产生的土壤，而合作经济组织是市场经济发展到一定阶段的产物，并为它的进一步协调发展起推动作用。农业合作经济组织作为连接农民与市场的中介，对于推动市场经济的发展，维持农产品市场和农业要素市场的稳定与均衡，改善农民的社会与经济地位起到了极其重要的作用。市场经济的发展，把众多的农户推向市场，而市场则由经济规律这只看不见的手来进行资源配置。分散的农户面对变幻莫测的市场，风险骤增；农业还是受自然灾害影响最严重的产业，单家独户无力抗御自然灾害。为了减少和避免市场与自然所带来的风险，农民迫切需要合作经济组织，来完成单个农户所不能完成的经济目标。尤其我国农户数量多，经营规模小，面对市场时的讨价还价能力较弱，需要将各农户力量集中在一起，增强对市场的影响，提升讨价还价能力。

4.2.3　农产品的易腐性和农业资产的专用性使农民需要合作经济组织

合作经济组织之所以在农业领域比较活跃，与农产品的特性是息息相关的。大部分农产品具有易腐性，特别是蔬菜、水果、畜产品等，这些产品一旦成熟或采摘以后，如果不进行储存或加工，就必须马上卖掉，否则就会腐烂，农户会因此蒙受损失。因而农户自然会有合作的愿望，以解决农产品不耐储存的难题。农业生产中所购买或建设的许多生产资料具有专用性，若放弃该项经营的话，处理这些资产的价格将非常低廉。为了减少由此带来的损失，农户也在寻求长期的合作。所以，合作经济组织除了横向联合之外，还有农户与企业的纵向联合。合作经济组织是纵向一体化的重要组织形式，在完善供应链和产业融合发展中起着重要作用。

4.2.4　在激烈的市场竞争中，小规模经营农户需要合作经济组织

一般来说，农户的经营规模比较狭小，单独采购生产资料难以获得价格优惠和运输费用的折扣，单独出售农产品也难以卖得好价钱。在生产中，单独使用某些大型农业机械或先进的农业科学技术也可能变得不经济。农户在激烈的市场竞争中，为了降低成本，提高盈利，就需要通过合作经济组织联合起来，借助外部交易规模的扩大来节约交易成本，提高在市场竞争中的地位，寻求规模经济。当然，合作经济成员数也不是越多越好，也受到规模经济递减和边际成本上升规律的制约。当合作经济成员数量达到一定规模时，成员数量再增加就会导致效率下降。

4.2.5　在开拓市场中，为弥补要素不足，经营者需要合作经济组织

合作经济组织也出现在其他领域，如乡镇企业中的股份合作制企业。这种合

作经济组织产生的主要原因是生产要素不足，不仅是劳动要素不足，资本要素也缺乏，所以采取了"人合"与"资合"并存的股份合作制。合作经济组织能够在平等自愿基础上整合资源，吸纳各种生产要素加入，短时间内可以弥补经营者要素不足，特别适合于创业阶段的经营者，也适合于快速成长期想要拓展市场的经营者。合作经济组织成员共同向组织提供资源，彼此相互依赖、相互合作。当某成员要素和资源积累达到一定程度后，且满足其自身需求时，可以退出合作经济组织，所以合作经济组织也是一种动态的组织形式，不是一成不变的。

4.3 合作经济组织的类型

我国在合作经济发展中探索出了多种组织形式，在不同历史阶段、不同生产领域合作经济组织的形式不同，所发挥的功能不同。它们虽有各自的特殊性，也具有合作经济组织的一般规定性。在探索中国特色社会主义市场经济发展的道路中，合作经济发挥着独有的作用，是其他合作经济组织所不能替代的。

4.3.1 集体经济组织

农村集体经济组织是在原来"三级所有，队为基础"的人民公社体制基础上，经过推行家庭联产承包制一系列改革，以土地为中心，以农业生产为主要内容，以原来生产队（或联队大队）自然村为单位设置的社区性合作经济组织。以家庭承包经营为基础，统分结合的双层经营体制，是我国农村经济的一项基本制度，也是党在农村的一项基本政策。按照有关法律和政策规定：农村集体经济组织的职能是管理集体资产、协调成员利益关系、组织生产服务和集体资源开发，壮大集体经济实力；组织成员享有财产所有权，承包经营权，合作经济组织统一经营部分的收益分配权，自主经营、自负盈亏权，参与集体经济组织领导班子的选举或被选举权，对集体事务的民主决策、民主管理、民主监督权，享受集体经济组织内部公共文化福利事业利益权利、国家宪法和法律规定的其他权利。

农村集体经济组织作为我国农村一种最普遍的合作经济组织，在保障农民家庭经营发展和促进农业发展方面做出了巨大的贡献。但由于传统计划经济的影响，农村集体经济组织具有一定的行政特性：农民没有选择进入和退出的自由，因为土地是集体所有；管理缺乏民主，乡镇人民政府对集体经济组织存在较多的干预；管理水平较低，在带领农民共同致富方面没有起到应有的作用。从本质上讲，现在的农村集体经济组织不算真正意义上的合作经济组织，关键问题在于现行外部体制导致内部没有民主管理体制，但随着《中华人民共和国村民委员会组织法》和新的《村民自治条例》的贯彻和实施，农业集体经济组织的合作性质逐步深化。我们可以预见，在不断完善的市场经济体制下，农村集体经济组织仍然是最基本和最主要的农业合作经济组织，也必然会成为其他农业合作经济组织发展的基础。

4.3.2　合作社

合作社是自愿联合起来的人们通过联合所有民主控制的企业来满足他们共同的经济、社会、文化的需求和愿望的自治组织。我国在长期实践中探索出了多种形式的合作社，包括：供销合作社、信用合作社、消费合作社、农民专业合作社、农机合作社、土地流转合作社、社区合作社、旅游合作社、劳务合作社等。可以看出，我国合作社形式多种多样，遍布很多领域，包括：生产、流通、金融、养老、旅游等。这些合作社按照生产环节为标准可进行以下分类。

（1）生产合作社。即从事种植、采集、养殖、渔猎、牧养、加工、建筑等生产活动的各类合作社。如农业生产合作社、手工业生产合作社、建筑合作社等。

（2）流通合作社。从事推销、购买、运输等流通领域服务业务的合作社。如供销合作社、运输合作社、消费合作社、购买合作社等。

（3）信用合作社。即接受社员存款和贷款给社员的合作社。如农村信用合作社、城市信用合作社等。

（4）服务合作社。即通过各种劳务、服务等方式，给社员生产生活提供一定便利条件的合作社。如租赁合作社、劳务合作社、医疗合作社、保险合作社、利用合作社、社区合作社等。

以合作社是否发行股票为标准分可将合作社分为股份合作社和非股份合作社两种。

（1）股份合作社。股份合作社是国外一种发行股票的合作社，它与非股份合作社相对应。股票的持有人就是合作社的股东和所有者，股票是股东股份所有权证明，可以买卖、转让或继承。股份合作社成员不能退出合作社，只能通过出售其所持有的股票的办法与合作社脱离关系。实质上，股份合作社只不过是以发行股票的办法筹集资金，其他方面仍与一般合作社无异。

（2）非股份合作社。非股份合作社是指不发行股票，而通过发给社员入股证书以证明他们在合作社中权利的合作社的总称。

集体经济组织与合作社有所不同（如表 4-1 所示）。集体经济组织是在我国生产队、自然村基础上形成的经济组织，合作社需依法申请成立；集体经济组织成员以户籍关系和婚姻关系为基础，自动加入集体经济组织，成员资格具有封闭性，合作社成员需申请加入，成员资格具有开放性；集体经济组织成员不能同时加入两个以上的集体经济组织，有严格的地域限制，合作社既可以服务社内成员，也可以服务社外农户。

表 4 - 1 集体经济组织与合作社的区别

区别	集体经济组织	合作社
设立方式	依历史渊源和法律确认成立	依法登记成立
成员身份	以户籍关系和婚姻关系为基础（成员资格封闭）	申请取得（成员资格开放）
地域限制	有地域限制	没有地域限制
服务范围	服务于村集体经济组织全体成员	服务于村集体经济组织部分成员

资料来源：任大鹏. 推动农民合作社与集体经济组织融合发展的意义与路径 [J]. 中国农民合作社，2021（2）：38 - 39.

4.3.3 股份合作制企业

股份合作制是在农村原有合作制基础上，实行劳动者的资本联合，把合作制与股份制结合起来的具有中国特色的生产组织制度。股份合作制组织中的成员具有双重身份，既是劳动者又是股东，因而既能实现劳动合作与资本合作的有机结合，又能实现劳动集体的共同占有和劳动者的个人占有的有机结合；既能继承合作制优点，实现规模经济，又能融入股份制长处，调动各方面积极性。股份合作制企业在乡镇企业中较为常见，这是广大农村干部与农民十分关注与支持建立农村股份合作制组织的根本原因。

股份合作制既不完全等同于股份制，也不完全等同于合作制，而是以劳动合作为基础，吸收了股份制的一些做法，使劳动合作与资本合作有机结合。从形式上看，股份合作制由于实行全员入股、合资合劳，同我国解放初期农村和城市中的初级合作社很类似。即参加合作社的劳动者带着土地和其他生产资料入社，并在按劳取酬的同时，还取得以土地和其他生产资料入股的报偿。但从内容上看，股份合作制不是原来初级合作社的简单重复，而是一种新型合作制。比较规范的股份合作制企业一般具有如下特征：（1）企业职工既是出资者又是劳动者，共同出资、共同劳动、共担风险；（2）企业实行民主管理，最高权力机构是职工股东会，采取一人一票为主的投票决策制，保证职工股东享有平等的表决权；（3）同股份制一样实行资本保全原则，股东以其出资额为限对企业承担责任，企业以其全部资产对企业债务承担责任，股东不得退股，以保证企业正常的经营运转和对社会承担相应的义务；（4）企业内部实行按劳分配与按资分配相结合的分配制度，由全体职工共同分享劳动成果，共享税后利润。目前，城乡大量出现的股份合作制，有多种形式，还不够规范，应积极支持其发展，并在实践中加以正确引导，使之逐步完善。其中，以劳动者的劳动联合和劳动者的资本联合为主的集体经济，尤其要提倡和鼓励。

合作行为不一定只出现在合作经济组织中，其他经济组织也有合作行为。有些互助合作行为在不建立合作经济组织的情况下也可发生，并且很有效率。建立合作经济组织需要满足一些基本条件：首先，其他条件相同的情况下，且产出相同，合作经济组织比其他组织形式更能降低交易成本；其次，有规范的内部组织体系和治理结构保持合作经济组织运行的独立性，使成员能够真正受益；最后，有完善的法律法规作为合作经济组织建立和运行的制度保证。

4.4 合作经济组织运行机制

合作经济组织运行的核心是利益分配与利益保障，集中表现在管理原则、产权制度和收入分配制度三个方面。

4.4.1 管理原则

（1）组织结构。合作经济组织的最高权力机构是社员大会（如图 4 - 1 所示）。社员人数过多而不便设立社员大会开会议事的组织，可以选出代表组成社员代表大会，作为合作经济组织的最高权力机构。社员大会或社员代表大会的职权是通过与修改农业合作经济组织的章程；选举或罢免农业合作经济组织的董事会（理事会）和监察委员会（监事会）的成员；讨论确定重大经济决策及章程规定的其他重要事项。

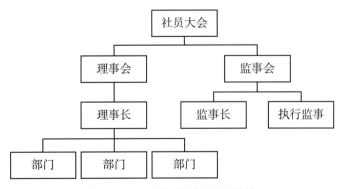

图 4 - 1 合作经济组织结构

资料来源：笔者根据《农民专业合作社法》整理而得。

合作经济组织的董事会（理事会）由社员大会或社员代表大会选举产生，大会休会期间依照章程和社员大会或社员代表大会的决议，处理农业合作经济组织的重大事务，选择聘任农业合作经济组织的高级管理人员。高级管理人员负责处理农业合作经济组织的日常经济管理工作，并对董事会负责。

合作经济组必须设立监察机构，例如，监察委员会或监事会，由社员大会或社员代表大会决定并选举产生。监察机构根据章程及各种法律法规进行各种监督工作，并有权检查农业合作经济组织的财务收支。

（2）民主管理。合作经济组织实行民主管理。社员大会或社员代表大会议事实行民主制，少数服从多数，一般事项须半数以上成员通过，事关企业投资、分配、合并、分立、解体等重大事项须 2/3 以上成员通过。合作经济组织的管理机关及监察机关议事实行协商一致的原则，如果协商不能解决再实行民主表决，少数服从多数。农业合作经济组织实行民主理财、财务公开、群众监督，监察机构和检查小组有权依照法律和章程对农业合作经济组织的财务状况进行审计，对存在问题提出处理意见。合作经济组织各项资金按章程规定和权力机构决定的用途专款专用，不得任意挪作他用。

4.4.2 产权制度

合作经济组织采用分散经营和统一经营相结合的双层经营体制，成员个人产权关系不变。合作经济成员对属于个人的生产资料拥有完全的产权。以土地流转合作社为例，农民对土地的承包权保持不变，经营权和使用权流转给了合作社，合作社通过将成员土地资源再整合，实施规模化、机械化经营，提高生产效率。合作经济组织以成员证、股金证等形式明确成员在合作经济组织内的产权，建立成员账户。所以，成员与合作经济组织间的产权是明晰的，关于成员的股权转让、馈赠、继承都有明确规定。

产权明晰是新型合作经济组织取得竞争优势和较高绩效的制度基础。它的保障功能、配置功能、激励功能、约束功能和收入分配功能是合作经济组织成员确立市场主体地位，作为"理性人"进行高效的生产经营活动的重要依据，是各生产要素实现资源优化配置、提高劳动生产率和投资收益率的基本前提。

4.4.3 收入分配制度

合作经济组织建立起了具有自身特色的收入分配制度。除留下必要的开支和公共积累外，其余都按照一定的原则返还给合作经济组织成员，保障了成员的利益。这种利益激励机制是合作经济组织成功运行的核心内容。

在实践中，合作经济组织主要有 3 种利益分配办法：

股金分红。成员可凭股金多少取得合作经济组织的分红，但合作经济组织身份股的分红率一般不得高于银行的同期存款利率，投资股可以根据盈利情况由社员代表大会确定。

利润按交易额（量）返还给成员。这是合作经济组织利益激励的主要办法。合作经济组织一般不强调资本的贡献，而是体现成员对合作经济组织的交易额（量）贡献大小。这是合作经济组织特色所在。成员与合作经济组织先按照市场价格交易，合作经济组织利润按照成员与合作经济组织交易额（量）返还。

股金分红加利润返还。这种分配方式就是将上述两种形式结合起来，利润中的一部分按照股金分红，剩余部分按照交易额（量）返还。这同时体现了各要素贡献大小。

4.5　合作经济组织的建设路径

4.5.1　发展合作经济组织的重要意义

4.5.1.1　有利于提高市场竞争力

合作经济组织在农业经济领域作用尤为突出。随着中国社会主义市场经济体制的逐步建立，一家一户分散的小规模农业生产与大市场之间的矛盾逐渐突出，由于信息不对称，以及各个农户在生产和经营水平上存在差异，从而导致农户与市场的交易费用较大。另外，一家一户的小生产也很难逾越自然风险和市场风险，并往往导致农业再生产的中断，出现一哄而上，又一哄而下的局面，使农业生产发生大起大落的周期性变动，给国民经济及农民自身带来危害。根据一些市场经济国家的经验和中国的实际，在不改变农户作为基本生产单位的前提下，将分散的农户组织起来建立农业合作经济组织，就能降低单个农户与市场的交易成本，从而能有效改善农业的微观经济基础，进而促进中国农业健康的发展态势。

4.5.1.2　有利于农业产业化经营

在进入市场参与竞争的过程中，农民的劣势主要表现在三个方面，即信息、技术和资金的严重匮乏。在解决这些问题时，单个农户会显得心有余而力不足，政府也往往不能提供及时的和全面的帮助，而农业合作经济组织则可以发挥巨大作用。例如，处于农业流通领域的农业合作经济组织，可以为农户提供产前、产中、产后的一系列信息服务，包括：市场需求、生产资料供应、产品价格、市场变化、进出口等方面的信息。相对于单个农户而言，农业合作经济组织拥有较为广泛的信息来源渠道，能在较大程度上改变农户与其他市场主体信息不对称的局面，帮助农户适应市场竞争。农业合作经济组织通过对农业生产技术和管理技术的推广，可以促进农民生产水平的提高。作为具有准企业性质的农业合作经济组织，在资金筹集上较单个的农户更有优势，因此，农业合作经济组织可以为一些农户在资金筹集上提供帮助。另外，农业合作经济组织还可以为农民提供各种农业生产保险业务，提高它们抵御自然灾害的能力等。

4.5.1.3 有利于提供混合公共产品

公共产品是相对于私人产品而言的，具有非竞争性和非排他性的社会产品。农村的公共产品包括两类：一是纯公共产品，指农村基层政府行政管理、社会治安、计划生育、农业基础科研、农村环保、卫生、义务教育和社会救济等；二是混合公共产品，包括：江河治理、防洪防涝设施建设、水库及灌溉工程、村路建设、电网建设、医疗、社会保险、科技成果推广、职业教育等。农村是否存在充足的公共产品供应，将直接影响到农民的生活水平和农村经济、社会的发展程度。中国长期以来的城乡二元经济结构使政府对农村的投入不足，农村公共产品供应严重匮乏。一般说来，在农村，纯公共产品基本由政府免费供应，不适宜由私人或私人组织提供；而对混合公共产品的供应来说，除政府之外，私人和农业合作经济组织，以及市场机制都可发挥一定作用。农业合作经济组织可以在力所能及的范围内，为农民提供混合公共产品。这些混合公共产品包括职业技术教育、各种农业生产保险、农业生产和农民生活的公共设施、文化娱乐、扶贫救济，甚至包括基础设施建设等。通过农业合作经济组织，农民自己投入、自己管理、自己受益。通过提供各类混合公共产品，农业合作经济组织可以为农业再生产提供必需的外部条件，从而能促进农业的发展，提高农民的生活水平，促进农村精神文明的建设和社会的全面进步等。

4.5.2 合作经济组织建设路径

根据合作经济组织的建立原则，该组织形式在中国的建立应该采取诱致性制度变迁路径。但由于完全靠农民自身的力量自发地把分散的农民个体组织成一个有凝聚力的团体，难度非常大。因此，很有必要由政府出面，扶持并引导农民组建农业合作经济组织。

4.5.2.1　提供法律保障

作为一种具有准企业性质的合作经济组织，必须具有独立的法人资格，其经济活动应与其他企业法人具有同样的权利和义务。因此，政府应通过立法的形式确立农业合作经济组织的法人地位。确立农业合作经济组织的自愿、自治、民主管理的组织原则。确立农业合作经济组织不隶属于任何政府部门、所在社区党政和经济组织；确立合作经济组织的领导成员必须通过全体社员民主选举产生，即农业合作经济组织领导成员只能选举和聘任，不能由任何单位任命和委派等。从而为农业合作经济组织的建立和发展提供法律上的保证。

4.5.2.2　提供政府援助

为了引导农民走向合作，政府还可以采取一系列有利于农业合作经济组织建立和发展的具体措施。如政府可以为农业合作经济组织的成立提供一定的启动资金，为农业合作经济组织提供一定额度的贴息贷款，优先购买合作经济组织的农产品，以及给予合作经济组织一定程度的税收优惠，促进农村信用合作社和农业供销合作社为农业合作经济组织提供资金、技术、物质支持等。

4.5.2.3　对农民进行培训

合作社的教育是国际合作社联盟提出的合作社运动指南的 7 条原则之一。为了引导农民走农业合作的道路，对他们进行农业合作经济组织方面知识的教育是十分必要的。各级政府特别是县、乡政府应利用所有可利用的手段和力量，对农民、农业院校的学生，以及政府有关部门的工作人员进行合作社运动的教育和培训，向他们介绍国外合作社运动的发展情况；分析中国农业合作经济组织应有的内涵；分析该组织与过去的人民公社、社区合作经济组织，以及股份公司的区别，从而提高他们对农业合作经济组织的认识水平。

案例 4-1

富有实效的探索——股份合作制经济

改革开放以后，台州市开始实现从传统农业社会向现代工业社会的转变。台州市人民发扬了敢想敢干的精神，创造了中国经济新的发展模式——股份合作制经济。

1981 年,临海县双港区创办金属薄膜厂,因资金不足,由中共双港区委书记带头,以股份制形式向社会筹集资金 2 万元,每股 500 元,入股者参加企业分红。这是台州市股份合作制的雏形,对此《浙江日报》曾作专题报道,并展开讨论。同年,温岭县牧屿公社青年农民陈华根与朋友合股,筹集资金 9 000 元,创办了一家只有 10 多人的小企业。1982 年冬,陈华根和几个合伙人来到温岭县工商局,找到分管工商企业登记人员要求办集体企业的执照。他们的心情十分矛盾,不戴集体企业这顶"红帽子"怕不能注册;戴上"红帽子",又怕企业产权不明晰,不利于自主经营。他们希望先领到工商执照,戴上"集体企业"的"红帽子",以后再择机应变。1982 年 12 月 18 日,温岭县工商局经过慎重研究,并征求温岭县乡镇企业局、牧屿公社党委的意见,为陈华根等颁发了〔1982〕74 号文件:"同意建办温岭县牧屿牧南工艺美术厂,企业性质属社员联营(集体)"。温岭县牧南工艺美术厂成为全国第一家有据可考、经过工商注册的股份合作企业,这本营业执照作为第一家股份合作制企业的合法"出生证",载入中国民营经济发展的历史。

1986 年 10 月 23 日,中共黄岩县委《关于合股企业的若干政策意见》的文件经过多次修改,正式出台,成为全国第一个鼓励、支持股份合作经济发展的官方文件。这个政策性文件明确了股份合作企业的性质、地位,对股份合作企业的人员组成、注册登记、财务制度、资金来源、利润分配、组织机构,以及集资者和劳动者的权益均做了明确的规定。随后,黄岩县委、县政府又出台了配套的财税改革方案。台州市地委也相继出台了一系列政策措施,有力地推动了全区股份合作制企业的发展。到 1988 年底,台州市共有同类企业 9 000 多家,创产值 37 亿多元。为了鼓励、支持、领导、提高股份合作制经济,台州地区先后颁发了《关于进一步完善股份合作企业的通知(试行)》《台州地区股份企业试点实施意见(试行)》《中共台州地委办公室、台州地区行署办公室关于扶持挂牌乡(镇)村集体企业原有性质的若干意见》《台州地区行政公署关于加快企业产权制度改革的若干意见》《台州地区行政公署关于企业产权制度改革中几个问题的意见》等文件,全力扶持民营经济发展。

1997 年 8 月 24 日,《人民日报》头版头条发表了《富有实效的探索——台州市发展股份合作制纪实》,第一次向全国推介台州市股份合作制的经验。1997 年 9 月,党的十五大召开,江泽民同志在政治报告中指出:"目前城乡大量出现的多种多样的股份合作制经济,是改革中的新事物,要支持和引导,不断总结经验,使之逐步完善。劳动者的劳动联合和劳动者的资本联合为主的集体经济,尤其要提倡和鼓励。"发端于台州市的股份合作制被写入中央文件,获得了应有的地位,也为台州市自 20 世纪 90 年代以来的工业化、现代化的进程奠定了基础。

(资料来源:李兆建. 台州人民的创举——股份合作制经济 [N].
台州日报,2016 - 6 - 14)

阅读案例并回答以下问题:

1. 股份合作制的优势体现在哪些方面?

2. 股份合作制为什么适合于乡镇企业?

案例 4 - 2

党建引领"三变"改革 推动乡村焕发新活力

近年来,广西壮族自治区来宾市武宣县桐岭镇和律村坚持党建引领,积极探索出了一条"支部建在产业链上,党员聚在产业链上,群众富在产业链上"的"三链模式"发展方式,并通过开展资源变资产、资金变股金、农民变股东的"三变"改革,盘活"三资",惠及"三农",激发了农村发展新动能,实现乡村产业振兴。2018 年,和律村摘掉了"贫困帽",先后荣获"全国一村一品示范村""全国乡村特色产业亿元村"、自治区级示范性农村集体经济组织、来宾市"幸福乡村"综合示范村等称号。

资源变资产,建立"村社合作"机制,激活农村沉睡资源。和律村积极发展哈密瓜产业项目,通过发展产业激活土地资源。2016 年 5 月村集体牵头注册成立兴农哈密瓜种植专业合作社,创新实施"党支部 +党员 + 贫困户 + 合作社 + 集体经济"股东负责制的产业发展模式,通过"土地确权 + 土地流转",盘活土地资源,发展哈密瓜产业,让沉睡的土地资源变成活资产。目前,哈密瓜核心示范区共流转土地 17.33 公顷,并辐射带动周边建成"千亩瓜果飘香"现代农业核心示范区。不仅土地资源被盘活了,村集体闲置资源也以租赁经营的形式被盘活。和律村"两委"积极整合现有经营性、资源性资产和闲置资源,采取承包等方式,提高经营效益,积极推进光伏、出租闲置房屋等项目,这些项目实现村集体经济年收入 5 万元以上。和律村还以提供服务创收的方式拓宽融资渠道,主要有村集体经济控股的武宣县第一书记农产品直营超市,开设直营店或加盟店,与各贫困村、贫困户签订产销合同,推进扶贫产业"产供销一体化"经营模式,使村集体经济每年获得分红收入 1.2 万元以上。和律村积极探索，不断壮大"村社合作"力量，将资源优势发挥到最大化。

资金变股金，壮大"空壳村"集体经济，夯实基层党组织凝聚力。和律村党总支部书记担任合作社理事长，选举村"两委"成员、产业能人担任合作社经营管理人员，聘请专业人才作为技术指导，使合作社班子强、人才尖、运行机制健全。和律村将争取到的扶贫资金转为村集体经济发展的股金，以 166 万元入股哈密瓜合作社，占股 72.46%。同时吸纳 57 户农户"带资入股"，参股资金 381 万元，每户每年可分红 3 000～4 000 元。明确集体经济合作组织总股本、个人资金入股股本、土地量化入股股本和转让、变更、分红记录等信息，专业合作社财务人员由村委财务人员兼任，确保集体经济股本股金资金安全，让村民吃下定心丸。2020 年 1～10 月，集体经济营收 80.3 万元，纯收入 17.16 万元。

农民变股东，增加村民收入，拓宽扶贫渠道。和律村坚持打造"一个基地"、实施"两大举措"（搭建一个村集体经济发展平台、领办一个股份合作社），通过对合作社实施规范化管理，制定章程和管理制度，建立健全收益分配办法，鼓励和引导有土地、有资金、有技术的村民以土地、资金、技术等多种方式入股，吸收贫困户参与经营分红，成为合作社的股东，探索建立促进农户增收和集体经济发展的长效机制，推动形成农村产业升级、合作社发展壮大、农户收入增加、集体经济发展、基层组织加强的五位一体共赢局面。

（资料来源：赵芳．桐岭镇：党建引领"三变"改革　推动乡村焕发新活力［N/OL］．（2020－12－11）［2021－1－15］. https：//m. thepaper. cn/newsDetail_forward_10370461）

1. 农村集体经济组织"三变"改革的具体内容是什么？
2. 合作经济在农村集体经济组织"三变"改革中发挥了怎样的作用？

本 章 小 结

（1）合作经济组织的成员是具有独立财产所有权的劳动者，按自愿的原则组织起来，对合作经济组织的盈亏负无限或有限责任。合作经济组织的成员之间是平等互利的关系，组织内部实行民主管理，合作经济组织是共同经营、自负盈亏、实行独立核算的经济组织，合作经济组织实行合作积累制，合作经济组织的盈余分配以成员与合作经济组织的交易额（量）比例返还为主。

（2）合作经济组织有多种类型，主要包括：集体经济组织、合作社、股份合作制企业等。它们虽有各自的特殊性，也具有合作经济组织的一般规定性。在探索中国特色社会主义市场经济发展的道路中，合作经济发挥着独有的作用，是其他合作经济组织所不能替代的。

（3）合作经济组织运行的核心是利益分配与利益保障，集中表现在管理原则、产权制度和收入分配制度 3 个方面。

关键术语

合作经济组织　集体经济组织　股份合作制　民主控制　分配制度
产权制度

复习思考题

1. 合作经济组织的规定性体现在哪些方面？
2. 发展合作经济组织有哪些重要意义？
3. 合作经济组织分为哪些类型？
4. 合作经济组织的运行机制是怎样的？
5. 合作经济组织的分配制度有哪些特点？
6. 合作经济组织如何建设？

CHAPTER 5

第5章 生产合作

法国的空想社会主义家沙利·傅立叶（Charles Fourier）指出：

> "在法郎吉内，人人劳动，男女平等，工农结合，没有城乡差别、脑力劳动和体力劳动的差别。法郎吉是以农业生产为主，同时兼办工业、工农业的组织，是一种各尽所能参加劳动、全部收入平均分配给成员的合作经济组织。[①]"

生产合作是空想社会主义者设想的最原始合作形式，从罗伯特·欧文（Robert Owen）到傅立叶，再到当代的先贤，他们都做出了不同的论述与探索，尤其是法朗吉，更是现代集体经济组织生产合作的起点。那么到底什么是生产合作呢？这是本章要重点介绍的内容。

5.1 生产合作的含义及范畴

合作经济思想最早源自 16 世纪的空想社会主义思想，英国空想社会主义者罗伯特·欧文（Robert Owen）在 1817 年率先提出了"合作公社"思想，这种"合作公社"思想在他的《职工业贫民救济委员会的报告》中被提到，并在《新世界道德书》中对合作社的定义做了更充分、完整的阐述。他指出："合作社是集体劳动的生产单位和消费单位，由 500 ~ 1 500 人或 300 ~ 2 000 人组成，是建立在生产资料公有制基础上的"。生产型合作社在中国的发展经历了多年起伏，直到 2007 年我国正式颁布《中华人民共和国农民专业合作社法》，生产型合作

---

① 汤艳红. 社会主义新农村建设中的新型合作经济——村级经济的理论界定与现实探寻 [J]. 中国集体经济，2008 (18)：145 - 146.

社才正式发展起来。

生产合作是指两个或两个以上的组织，以合作经营的方式，充分发挥合作各方的有利条件，共同生产产品，并按照约定契约分享劳动成果的一种特殊生产方式。合作生产是契约式经营在生产领域的具体表现。在生产合作中，可再分为农业生产合作、工业生产合作、服务生产合作、建筑生产合作等。其中，农业生产合作是目前生产合作中最重要的组成部分，故本章主要介绍农业生产合作。

农业是利用土地、日光、水、温度、湿度等自然资源，依靠各种生物生产供人类所需产品的产业。在传统上，我们把土地、劳动和资本列为生产的三大因素，而在这三大因素中，土地是固定不变的，尤其在私有财产制国家，土地属于私有，农民可采取家庭农场方式经营农场，也可以组建公司成为公司农场，但不论采取哪种农场经营形式，农业生产都有一定的程序。就农作物生产来讲，从播种起，要经过整地、控草、施肥、灌溉、病虫害防治等过程，而且需要经过一段生长及成熟的时间之后，才有收获。

所谓农业生产合作，是指上述生产过程中的某一环节、某些环节或者全部环节以合作的方式经营，以实现扩大经营规模、获取规模经济利益的目的。换言之，农业生产合作就是同一农产品或者同类农产品的生产者结合起来，共同作业，以期在团队行动中，提高工作效率，降低成本，从而增加彼此利益。农业生产合作社的社员可以共同作业的过程包括：整地、育苗、灌溉、耕地、病虫害防治、收获及农产品仓储等，每一项作业都可用共同经营方式完成。比如，就整地来讲，生产合作社可以把社员的农地并成一个大农场，雇佣专人或交由持有大农机的社员负责完成，因为大面积使用机械整地，工作效率高，而且时限上容易控制。

我国生产合作最早是互助组，也就是农民家庭之间的相互帮助；然后是初级社，是几十户农民家庭之间的相互合作，也就是生产队，类似于现在的村民小组；生产队再联合起来，形成生产大队，就是现在的行政村；生产大队再次联合，就是高级社，类似于现在的乡镇。生产合作因为存在监督成本高，合作收益小等缺陷，我国 1980 年以后已经逐渐停止，仅在华西村、南街村等少数村庄保留。由于，生产技术再次发展，大宗农产品综合机械化率已经达到 80% 以上，所以生产合作有再次回归的趋势。

5.2 生产合作的目的及功能

5.2.1 生产合作的目的

5.2.1.1 降低生产成本，提升农业竞争力

发挥最大规模经济效用是农业生产合作最重要的目的。由于小农国家的农民耕地面积普遍较小，经营成本偏高，如能组织合作社则可以扩大经营规模，不但可以充分利用家庭劳动力提升效率，而且可以增加市场议价力，降低农产品的购买成本。尤其是经济自由化及国际化后，农业生产的竞争更是成本面上的竞争，生产成本低就代表着竞争力强，竞争力大小和合作社规模呈正向相关关系。又因为合作社是以单一窗口与外界洽商、议价和谈判，所以除可增强市场议价力外，也可以影响贸易条件，包括价格、交易时限、产品形式，以及品质等。原本在小规模农场无法实现的农机机械作业，在生产合作实施后，都可以成功实施，从而使小农户可以享受到西方大农场的农机规模效应，从农机、购买、销售等多方面降低成本。

以色列作为中东一个没有任何自然资源优势的国家，农产品不但自给有余，还成为欧洲的菜篮子。以色列农业竞争力提升的重要原因就是其国内的生产合作比较发达，基布兹①、莫沙夫②在生产中有效地降低了生产成本，同时还能降低营销成本。

5.2.1.2 形成社会合力，消除市场失灵

生产合作可以将分散的农民组织，形成一定的社会力量，共同完成一些分散的小农户无法完成的公共产品供给任务。生产合作稳定以后，合作社可以根据农民生产需要进行水利设施修建、机耕路建设、土地平整等各项准公共产品供给。同时，合作社还可以完成文化传承等社会职责。除了为提高生产效率及增强市场竞争力之外，成立农业生产合作社的另一个目的就是据以解决市场失灵问题。市

---

① 基布兹源于希伯来语，原意为"集体""聚合"。是以色列的一种集体社区，过去主要从事农业生产，现在也从事工业和高科技产业。

② 莫沙夫是以色列最流行的农业社区模式，它给该国的农民带来丰厚的收入和较高的生活水平。

场失灵多半是发生在生产过剩导致价格狂跌的时候，这时候的产品分配不可能全为消费者的利益着想，因为生产量太大，导致价格暴跌，生产者遭受损失，消费者也没有得到好处。相反，在歉收时，产品价格暴涨，生产者因为没有产品可供销售，无法获得高价利益，产销双方都受损，而消费者要付高价才能获得所需要的产品。如果有合作社组织，就可以避免这种情况发生，也可以预先采取防患措施，调节供给，稳定价格。

日本农协作为具有生产合作功能的综合性农业组织，在消除市场失灵方面具有重要的功能。当农产品因为供求弹性小，而导致供求失衡时，农协会将及时进行收购与销售，尽量减少市场失灵带来的损害。我国由于生产合作组织不发达，政府专门成立了中储粮、郑州期货市场等多类型机构，共同调节市场供求，也有效解决了市场失灵问题。

5.2.1.3　发展生态农业，实现乡村可持续发展

我国生态农业发展遇到了营销难与成本过高等问题。农民组织起来以后，可以在合作社内部通过合作方式完成生态化生产，全面实现种、养、加、游结合。生态农业发展最先遇到的是成本过高问题。而降低成本的主要方法就是实现种养循环与工农循环。但对于一个独立的小农户或者农场来说，这样的任务是无法完成的。在农民合作社组织起来以后，可以在合作社内部实现分工，将种植农场、养殖农场、初加工作坊分别建立起来，然后在它们之间合作生产，进而实现种养循环与工农循环，快速降低生态农业发展的成本。同时，生态农产品在营销过程中最艰难的部分是获得消费者信任，而建立信任最佳方式是实际体验。所以乡村旅游不仅是一个产业，更是农产品营销的基本方式。当农民通过合作方式将农家乐、民宿、研学等发展起来之后，城市消费者会有更多理由到农场参观访问，进而与生产者建立良好的合作关系。当农民通过合作降低了生产成本，同时，也建立了生产者与消费者的信任之后，生态农业就可以顺利发展；生态农业建设成功之后，农业与农村都可以实现可持续发展。

作为生产合作最重要的组织，农民集体经济组织，是发展生态农业的最佳载体。虽然近几年我国农业生产合作发展速度偏慢，但是部分行政村的集体经济组织已经发挥了巨大作用。以潜山市黄铺村为例，他们将全村的土地进行了整理，创建了一个个生态农场，再将农场发包给不同的农场主，共同进行生产，带动村组织经济发展。黄铺村集体经济组织不仅在生产合作上进行了全面探索与创新，还在营销、乡村旅游上进行了突破，相信以生产合作为基础的村级集体经济组织会在村级振兴中作出更大的成就。

5.2.2　生产合作的功能

5.2.2.1　调节劳动力余缺

小农户由于业务单一，经常出现劳动力季节性闲置现象。生产合作可以创建更多业态，可以调节劳动力余缺。如果生产合作组织中的乡村旅游项目可以在农忙时将劳动力从其他项目转移到农业项目中，而在农闲时再将劳动力调配到紧缺劳动力项目，这时合作组织就可以实现劳动力余缺调配。

5.2.2.2　提升农民综合能力

我国传统小农，一般仅局限于生产环节。而对于需要更多知识与文化的营销环节、研发环节，农民往往是拒绝进入的。而在生产合作发展后，农民必须要由生产环节进入营销与加工环节，这样农民的综合能力就会得到锻炼，进而起到提升农民整体素质的作用。除此之外，农业生产合作可以促进农民生产方式和思想观念的转变。农业生产合作可以改变传统农业生产活动的孤立状态，增强农民的合作精神和主体意识，劳动细分化在一定程度上减轻了农民生产劳动力度，能够培养农民的市场意识、科技意识和营销能力，增进农民的市场参与度，提高农民自我组织、自我服务、自我管理、自我教育的能力。

5.2.2.3　提升产业竞争力

农业竞争力主要体现在成本与质量上。生产合作以后，可以提升农业机械化率，降低农机成本、农资采购成本、人工成本、肥料与饲料成本等，从而可以有效提升竞争力。从质量角度来看，生产合作也具有强大的功能。生产合作以后，可以在合作社内部实现种养循环，增加有机肥使用，减少化肥与农药使用，快速提升农产品质量，进而从另一个层面提升农业竞争力。

5.2.2.4　促进农业产业化发展

农业产业化是指农业各个环节的一体化。没有生产合作，农民无法联合起来，也就无法进入生产之外的营销与加工环节。生产合作组织在生产合作成功后，会很快进入加工与营销环节，甚至还可进入生产性服务业与生活性服务业环节，使原本分裂的农业各环节再次连接，促进农业产业化再次发展。

5.2.2.5　增加农民收益，减少贫困

在传统农业生产过程中，农民面临着产前的供应垄断，产后的销售垄断，农民生产工作繁重但只能获得较少经济利益。生产合作方式能够打破这一局面，提高农民在交易中的地位，调节农民与供应商和销售商之间的买卖关系，既能保持农民家庭的独立经营，又能克服单家独户在经营中的局限性，从而有力地保障农民的利益，维护农村社会和谐。此外，生产合作是在自愿原则前提下的农民劳动力联合，可以对低收入家庭和弱势群体提供直接或间接帮扶。将低收入家庭和弱势群体纳入生产合作中，有着积极的减贫作用。因此，生产合作可以进一步促进农村社会和谐发展，提高农村精神文明水平，增强了农民的凝聚力和社会认同感，同时也增进了社会整体的安定团结。

5.3　生产合作的分类及区别

5.3.1　农业生产合作的分类

农业生产包括耕作、施肥、播种、灌溉、病虫害防治等一系列生产活动，生产合作是指生产同一产品或者同类相似产品的不同生产者自愿联合、民主管理、共同经营、降低成本、提高农业生产效率，从而形成规模效益。农业生产合作在不同国家有着不同的组织形态和表现特征，而且各个国家的农业生产合作组织形态也在不断发展演变（见图 5 - 1）。

5.3.1.1　发达国家的农业合作社

（1）以美国为代表的跨区域农业合作社。美国的农业合作社按照功能划分，可以分为供给合作社、销售合作社、服务合作社这样的专业性合作社，以及将三者互相结合起来的综合性合作社。农业合作组织经历了从零星、松散分布的小型合作社，到使用大型机械提高生产效率，推进合作社走向联盟；再到机械化、电气化推动农业合作组织走向农工商一体化发展道路。目前，主要以跨区域的联合与合作为主，建立在大规模农场、大土地所有制基础上，此类合作社在加拿大、巴西等国家也有发展。正是因为美国跨区域合作社的发展，大大降低了美国农业的生产机械成本，有效提升了美国农业竞争力，使之在世界范围内获得了极高的市场地位。

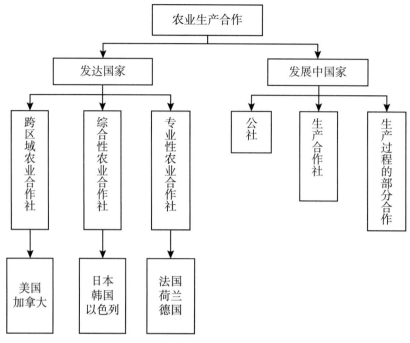

图 5 - 1 农业生产合作的分类

资料来源：笔者根据资料整理而得。

（2）以日、韩两国为代表的综合性农业合作社。综合性农业合作社主要是在土地私有和分散经营的基础上，将分散经营的私有农户联合起来，统一开展生产、供销、信贷、保险、医疗等生产与生活方面的全方位服务。日本、韩国、以色列等国家均属于这一类型。在日本有综合性农协，根据会员的需要开展多种多样的服务，主要有农产品销售服务、信用服务等。它是在政府的积极倡导、大力扶持下发展起来的，是上联国家、下联农民的合作组织，具有严密组织性、广泛参与性和服务全面性的特点。既是农民经济利益的代表，也是其政治利益的代表，具有半官半民的性质，不是完全的集体或民办组织。基本上所有的日本农户都加入了农协。20 世纪 20 年代，以色列迅速发展出一种基于小农的垦殖合作组织。这是一种共产程度较浅、自主性较高的合作农场。第一个莫沙夫创立于1921 年，一直蓬勃发展至 1936 年，至今仍然是以色列农业合作社的主流。这种小农垦殖合作农场的发展，主要是欧洲各国回来的犹太人，大多数仍希望维持私有财产及家庭生活有较多的自由，故不愿参与基布兹式的合作农垦组织，于是新的组合改为莫沙夫式，且发展迅速，有后来居上之势，至 1990 年代初期还有300 多家，其除经营农业生产外，也从事制造业和服务业。

（3）欧洲各国的专业性农业合作社。农业专业合作社的主要特点是专业性强，即以某一产品或某种功能为对象组成合作社，法国、荷兰、德国等欧洲许多国家属于这种合作模式。由于欧洲各国的农业中，养殖业和养殖加工业特别发达，因此，合作社多为肉类及乳品的生产合作社和加工合作社。合作社的规模较大，具有规模效应。涉及农业产、供、销、信贷、保险和社会服务等各个环节，不仅大多数农户和农业企业进入了不同类型的合作社，许多城镇居民也加入了合作社，形成了比较完整的合作社体系。如法国农村合作经济包括农业互助组织、农业合作社和信贷合作三方面。法国的农业合作社对于增加农民收入、提高农民素质、实现农业现代化、推动农村经济的发展等起着巨大的促进作用。荷兰的鲜花拍卖主要是通过合作社完成的，这对于一国家的产业发展有着非常重要的支撑作用。总体来看，欧洲农民专业合作社没有日韩式的政治势力，却具有非常大的经济作用。

5.3.1.2 发展中国家的农业生产合作社

（1）公社。公社是完全共产式的集体农场。土地等生产资料全部是公社所有，公社成员共同生产、共同生活、共同消费，收入实行平均分配。公社成员的生产生活主动性较低，有人称之为纯社会主义社会的集团农场。大家一起工作，就都有饭吃，是和平共处的社区。我国的人民公社建立初期也属于这一类，强制合作，存在严重的平均主义。墨西哥的合作农场（Ejido）是由政府提供公有土地，由农民合作组织耕种，也可称之为合耕合营的集团农场。这种农场是由原来的集体式管理的农场演变而来的。因为墨西哥政府在 1915 年革命完成后，极力推行土地改革，希望借农村合作制，以扩大经营规模，增加粮食生产。Ejido 合作农场的建立主要是为矫正过去许多社会不公平行为，土地是属于国有，并指定专业特殊银行对开垦土地、农地改良、整地播种等费用给予资金融通。至于在合作农场工作的劳动者，则按照其工作时数单位支付报酬。Ejido 可以看作是一种特殊的土地权保有制度。按照法律，个别社员有权开垦某一区域的土地使用，但此权利不等于拥有土地所有权，它只含有土地使用权，参加 Ejido 的农民不能出售土地，也不能出租或者设定抵押。这种合耕合营的农场虽然倡导多年，但是因为缺乏诱因，不受农民欢迎。还有印度的集体农场合作社，以及非洲的一些国家也曾组成过类似的生产合作农场，但由于缺少适当的经营管理和效率低下，大多数农场都以失败而告终。

（2）生产合作社。在生产合作社模式下，成员共同组织劳动，生产所得按照成员所提供劳动量进行分配。我国的人民公社从集体所有制调整到"三级所有、队为基础"，这个时期属于这类生产合作社，承认差别的存在，尝试采取按劳分配的分配制度。但后来因反右倾运动致使调整中断，最终使我国农业生产力遭受严重破坏。苏联的村庄型的小集体农场，其生产资料私有，按照成员所贡献的土地、劳动和资本的数量进行分配，是一种自主性较高的集体农场，也是一种公有化程度较低的生产合作社。

（3）生产过程中的部分合作组织。在这种合作组织内，仅部分生产资料归属于合作社，而其他生产资料的所有权还是归属于生产者，生产者拥有足够的经营自主权和分配权，他们自愿结合起来，一起进行合作生产、合作销售等。这类合作社的产生一般在吸取了公社经验教训之后，既保留了生产者对生产资料的所有权，也达到了共同生产、合作经营的目的。这类合作社越来越受农民的欢迎，因为它帮助农民解决单个农户办不了、办不好和不愿办的事情。随着农产品日趋商品化、专业化，这类合作社的合作经济范围、合作程度也日趋在扩大，发展越来越好。

5.3.1.3 我国的农业生产合作组织

我国的农业合作性组织有很多种形式，诸如集体经济组织、专业协会、专业合作社、研究会、产业协会等，可见农业合作组织种类繁多且各有特色，但是总体而言可以分成三种组织类型。

（1）集体经济组织。经历了人民公社时期的发展，我国农村集体经济组织逐步形成了"三级所有，队为基础"的体制框架，随后在农村一系列改革的过程中，以土地为中心，又逐步形成了以家庭承包经营为基础，以统分结合为方式的双层经营体制框架，这一组织架构是我国集体经济组织在农村探索出的一种多元化的实现形式，一度成为我国农村最普遍的一种合作经济组织。经过70年多的发展，我国农村集体经济组织逐渐具备以下主要特征：一是集体经济组织以土地集体所有为基本核心，在此基础之上，集体经济组织利用集体共同所有财产，通过集体从事农业生产、与第二产业和第三产业融合发展，最终形成经济积累。二是集体经济组织的组织成员界定较为清晰。大多数农村集体经济组织都能够通过集体章程、集体决议或者村规民约等形式实现组织成员界定。集体经济组织中的管理人员基本是组织内部成员，但组织成员缺乏选择自由进出的权利，这难免导致集体经济组织管理难度大、水平低。三是集体经济组织承担管理集体资产、组织公共服务、协调组织成员关系、乡村治理等多项职能。总结而言，集体经济组织既有经营职责，也有保障职责，但目前而言，经营职能仍未能充分发挥，集体经济实力仍然不强。且一定程度上，集体经济组织的部分职能与农村村委会形成了交叉，村委会或者上级政府干预较多，对于集体经济组织履行职能造成不利影响。

随着我国扶贫事业发展，党中央对集体经济重视程度越来越高，行政村级的集体经济组织发展也必将越来越完善。目前，我国通过扶贫，将大量资金注入农村与农业,形成了海量集体资产,这将是我国新时期集体经济发展的重要物质基础。我国集体经济组织的具体载体仍在探索之中。

（2）专业合作社。按照《中华人民共和国农民专业合作社法》对农民专业合作社的定义:农民专业合作社是一个以农民为主体的、独立的市场经济主体,与以公司为代表的企业法人一样,具有法人资格,享有生产经营自主权,受法律保护,任何单位和个人都不得侵犯其合法权益。农民专业合作社的发展是建立在农村家庭承包经营基础上的,由同类农产品的生产经营者或者同类农业生产经营服务的提供者自愿联合、民主管理、自我发展。专业合作社的服务对象主要是其内部组织成员,服务的内容涉及资金、加工、购销、运输、贮藏、技术、信息等多个方面,最终目标是提高组织竞争力、促进组织成员增收。作为农村组织制度的一种创新形式,我国农村专业合作社主要有以下几个特点:一是建立在农村家庭承包经营基础之上。加入农民专业合作社不改变农户的自主经营权利,继续依法享有农村土地承包经营权,不触及农民的财产关系,农民根据自身需要,自愿参加各种专业合作社。二是具有较强的专业性。农民专业合作社大多是以同类型或者相似类型农业生产经营服务为纽带组织起来的,具有较明显的专业特征,农民专业合作社组织形式可以是种植专业合作社、养殖专业合作社,也可以具体到苹果种植专业合作社、草莓种植专业合作社、养牛专业合作社、养猪专业合作社等专业合作社。三是遵从自愿与民主原则。农民的个人意愿是其加入或退出专业合作社的主要依据,同时农民在专业合作社内部的权利和义务遵从全员平等原则。四是具有互助性质的非营利性经济组织。专业合作社是以服务为宗旨成立的,参与专业合作社的农民主要是为了通过互帮互助的方式形成规模效应,从而完成一家一户办不了、办不好的事。这决定了专业合作社的经营原则必须是不以营利为目的,但要能为组织成员谋取分配利润,正因为专业合作社的这些特点,使其较好地适应了农村的改革与发展,得到了广大农民的欢迎。目前,我国农民专业合作社发展迅速,在农产品生产技术提升、机耕、机收、土地合作、农资购销、农产品营销等方面成绩显著;同时,也存在因部分经营者出于获取政府补贴的目的而建立的未实际运营的专业合作社。

（3）农村股份合作制组织。在集体经济组织改制的前提下,农村股份合作制组织由此产生,这种农业合作组织形式具有股份制与合作制双重制度属性,组织内部成员也具有劳动者与股东双重身份。既能明晰内部成员的个人产权,又能发挥资产联合经营的作用,最终带来规模效益。农村股份合作制组织的产生,顺应了中国国情,是一种具有中国特色的农业合作组织形式。股份合作制以劳动合作为基础,并在此基础上融入了股份制的做法,例如,构建股东代表大会、董事会、监事会等治理机构,将劳动合作与资本合作有机地结合在一起,形成合力,充分调动各方面的积极性。我国农村股份合作制组织主要有以下特点:一是自愿入股、股权平等原则。农民的意愿是实行股份合作首先需要考虑的问题，在清产核资的基础上，合理确定个股的构成，折股量化到人，实行组织成员同股同权、同股同利。二是实行民主管理。股东代表大会是最高权力机构，采取"一人一票"与"一股一票"相结合的投票制度，确保股东享有平等的表决权。三是组织成员是出资者也是劳动者，共同出资、共同劳动、共担风险。与解放初期的初级合作社相似，但又不是简单重复。参加合作社的农民将自己的生产资料和土地投入合作社中，除了获取劳动报酬以外，还能按照股份获取一定的分红，也就是实行按劳分配与按资分配相结合的分配制度。四是资本保全原则。股东以其出资额为限，对合作组织承担责任，股东不可以随意退股，从而保证合作组织能够持续经营。目前的农村股份合作制组织中，农民的管理、监督权利不能很好的体现，由于农民自身文化素质偏低，缺乏相应的经营管理能力，只关注是否分红、分红多少，对农村股份合作制组织的发展构成较大制约。建立的股东代表大会等治理机构不能充分发挥作用，很多机构流于形式，重大事情的决策者还是少数干部。可见股份合作制组织形式还不够规范，需要政府的积极引导和支持。

5.3.2 农业生产合作的区别

不同农业生产合作组织的区别如表 5-1 所示。

表 5-1　　　　　不同农业生产合作组织的比较

项目	日本农业合作组织	美国农业合作组织	中国农业合作组织
组织的产生	政府主导	自然生成到政府扶持	自然生成到政府扶持
与政府的关系	由控制到竞合	竞争	由控制到竞合
组织制度	具有体系化	不具体系化	不具体系化
组织形态	集中化、一元化	多元化	多样化
功能结构	经济、政治功能兼具	经济、政治功能分离	经济、政治功能兼具

资料来源：李汉卿. 多元主义抑或法团主义：美日农业合作组织与政府间关系比较 [J]. 世界农业，2015 (3)：32-39，49.

5.4　生产合作组织形态

市场与组织都是契约所构成的，不同的组织具有不同的契约。根据契约不同，可以建立不同的生产合作组织形态。

5.4.1　计件契约合作组织

计件契约是可以清晰界定劳动成果的管理契约。当生产劳动成果是可以清晰计量时，合作组织往往采用计件契约形式，此形态组织即为计件契约合作组织。如农机合作社，农机手会根据翻耕与收获的面积确定劳动成果，所以多数农机合作社都是计件契约合作组织。该类组织不需要复杂的管理，只需要建立简单的微信群或 QQ 群，获得需求信息后，直接将任务分配给农机手完成任务即可。合作社直接以市场价格分配首次收益，年终根据利润进行二次分配，也有部分合作社不进行二次分配。

5.4.2　计时契约合作组织

计时契约是指无法清晰的以计件方式界定劳动成果，但可以清晰界定劳动时间，并通过监督的方式保证劳动效率。因此，采用计时契约为主的合作组织，即为计时契约合作组织。对于从事简单脑力劳动的农产品销售电商活动，往往采用计时契约构建合作组织。该组织虽为合作组织，但一般员工管理与普通公司无异，只不过遵循民主决策与二次分配。在生产合作中，少量出现的以技术服务为生产合作社，如人工除草、大棚建设等，一般都按时计价。现在众多的农产品购销类合作社多是这种形态。

5.4.3　分成契约合作组织

分成契约是指共同分担风险与收益的契约。当个体与组织都面临较高的不确定性时，个体之间以契约方式确定风险与收益分担方式，以此形态为主的组织即为分成契约合作组织。现在许多农业托管合作社通过与农民分成方式收取托管费。而部分集体经济组织也是通过"保底 + 分红"的方式成立土地流转合作社，这些都是分成契约合作社。

5.4.4　计生契约合作组织

计生契约是指当无法通过计件与计时方法清晰界定劳动成果时，而采用"各尽所能，按需分配"的方法建立合作组织，组织与成员之间遵循互为负责的契约，即个人为组织奉献所有劳动能力，而组织均等满足个人各项需求。该契约最接近"共产主义"标准，但适用面非常窄，一般仅用于集体经济组织成员。

目前，该类形态的组织以我国过去的人民公社为代表，现在真正运转的仅有以色列的基布兹。目前，我国村集体经济发展比较好的地方也是这种契约的合作经济组织，如号称天下第一村的"华西村"，河南南阳的共产主义小区"南街村"，安徽省美丽乡村第一村"山岔村"等。除此之外，我国许多地方的村庄也是在村集体经济发展之后，让村集体所有成员都享受到了经济发展的好处，并且为村民实现了从出生到坟墓的完整社会保障。这种保障比北欧、英国的社会保障更全面、更可靠。但这种合作组织发展极大地依赖于优秀的领导人，因而数量极少，世界范围内仅有以色列的基布兹为代表，而中国也仅有屈指可数的几个村庄。

5.4.5 复合型合作组织

当一个组织业务类型复杂，组织与成员契约也复杂时，多是复合形态的合作组织。现在的田园综合体、联合公司、集体经济组织多是这种形态。不同类型的契约适用于不同的业务类型，从而最大化提升公平与效率，进而形成形态各异的合作经济组织。

案例 5 – 1

辽宁省海城市丰沃农机服务专业合作社

1. 基本情况

海城市丰沃农机服务专业合作社于 2012 年 6 月在海城市腾鳌镇接官村成立，经营范围主要涉及采购生产资料、栽培、农业机械化推广与应用、收割、购销等服务。经过多年的发展，合作社逐步成为推动辽宁省水稻全程机械化发展的重要力量之一，为该省的粮食稳产和农民增收提供了强劲支撑。

2. 发展概况

（1）合作发展。合作社成立之后，将农机大户的各种大型、新型农机组织入社，形成的集成配套的农机体系，不仅推进了农田作业实现全程机械化，也提高了农机的田间作业效率。合作社以土地片区为依据，与农民订立作业合同，并为农民提供一条龙式的全托管服务，帮助农民缩减了作业开销，同时还能增加合作社成员的收入。除此之外，随着市场竞争日渐激烈，为增强农机合作社的综合发展实力，海城市西部水稻主产区的 12 家合作社联合起来，共同成立了丰沃农机服务专业合作联社，强化了资本、技术和营销等多方面的联合，促使海城市西部水稻主产区首先实现全程机械化。

（2）运营管理。在农机部门的跟踪指导下，合作社顺利完成对规划设计、制度建设、经营机制等的构建，并在运营中不断改进和完善。合作社在经营运作方面因地制宜地推出了三种业务运作模式：一是松散型单机作业模式。合作社通过信息平台调度成员进行单机分散作业，按一定的比例、标准收取管理费。二是联合作业模式。合作社负责统一联系业务、统一组织作业，农户负责使用自己所有的农机参与到统一组织的业务中。合作社按业务量收取管理费。三是股份合作模式。成员以资金入股或以财产性资产作价入股。合作社统一联系业务，调度农机进行作业，统一收入和费用核算，取得的收益按股份份额进行分配。

（3）组织作业。自 2016 年以来，合作社在保持自身强大服务能力的基础上，在水稻全程机械化上投入大量资源，引进先进收割机，组织收割服务队，层层分包、责任落实，统一作业标准和作业价格。开创机械插秧、机械收获一条龙服务。除此之外，合作社还可以向吉林省、黑龙江省进行跨区收割作业服务。由此可见，合作社依托农机资源管理优势，不仅为当地农业增效、农民增收提供了强有力的综合性作业服务保障，在推动鞍山地区水稻全程机械化方面也做出了重要贡献。

（4）升级转型。合作社不断开拓创新，在植保作业、科技示范等服务方面不断拓展突破。2012 年，通过与辽宁省汇丰农机有限公司确立战略合作伙伴关系，引入资金、信息、技术等资源，共同建设农业科技与农机融合示范区。设立了农机"4S"店，并成为鞍山市三星级农机维修点、久保田特约服务网点、久保田品牌二级代理，农机"4S"服务成为合作社重要的利润来源。2016 年，合作社成立了创丰科技农业植保作业队。无人机与地面自走式喷杆喷雾机相结合，体现出植保队陆空结合的特色。同时，在地区开展业务时，植保队还培训带动当地人员购买或租赁机器，提高机手作业质量，实现农户、机手、作业队三方共赢。2017 年，合作社在鞍山市各地共设立服务中心 5 家，初步建立起农机维修服务的品牌效应。除此之外，合作社还推行闲置农机抵押贷款换新机政策，利用不同农机作业的时间差，带动不同季节农机的销售，让更多没有足够现金的农户也能抓住农机发展机遇。

3. 主要成果

2016 年，合作社植保车与无人机植保服务累计超过 666.67 公顷，辐射海城市、辽阳市、盘锦市 3 个区域，创收纯利润 6 万元。2017 年，合作社植保队还与大型种植服务组织合作，承接了康平县、法库县、普兰店区等地区约 533.33 公顷玉米托管地块的植保任务，涉及除草、叶面肥、矮化剂等植保工序。承包小麦、燕麦植保防护工作约 266.67 公顷，助力增产增收。2017 年全年，合作社植保队共服务约 1 333.33 公顷，涉及黑果花楸、玉米、水稻、向日葵、大豆、小麦等多种作物，辐射鞍山市、辽阳市、沈阳市、铁岭市、大连市 5 个地区，取得了非凡的业绩。

（资料来源：浙江大学 CARD 中国农民合作组织研究中心. 中国农民合作社发展报告 2019 ［M］. 杭州：浙江大学出版社，2020）

阅读案例并回答以下问题：

1. 为什么丰沃农机服务专业合作社能得以持续发展？其主要动力是什么？

2. 结合案例分析生产合作为什么与购销合作总是会融合发展？

案例 5 - 2

袁家村的新农村集体经济

1. 基本情况

袁家村位于中国陕西关中平原腹地，周边有丰富的历史文化资源，但由于自然条件不足，使袁家村在过去很长时间里饱受贫困。从 20 世纪 80 年代起，在老书记郭裕禄的领导下，袁家村从建立农田水利到逐步形成以建材业为主的工业体系，使袁家村摆脱贫困，走向工业富村。2007 年开始，一批有能力的袁家村新领导干部的出现，使袁家村向前发展出现新的转机。在郭占武的带领下，袁家村聚焦于民俗旅游，重点打造关中印象体验地，从此走上发展乡村民俗旅游的道路。经过一系列创新实践，袁家村实现了村落发展的华丽转身，一度成为国内乡村旅游发展借鉴的典范。

2. 发展概况

（1）合作方式。袁家村的股权结构有 3 个部分，第一部分是基本股，是对集体资产的股份制改造，集体保留 38%，其余 62% 量化到户，但只有本村集体经济组织成员才能持有袁家村股权。第二部分是交叉股，这部分股份是由合作社、商铺、旅游公司和农家乐相互持有，共交叉持股 460 家商铺，村民可以自主选择想要入股的商铺。第三部分是调节股，这部分股份更具有灵活性，起到调节财富分配的作用。坚持照顾小户、限制大户的原则，小户人家资金少，可以优先入股；大户人家资金多，限制其入股资金量。这种机制可以有效控制贫富差距，实现利益均衡，促进共同富裕。

（2）组织方式。袁家村打破村级党支部、村委会和集体经济组织"政经混合"的治理模式，实行分权分管。一是明确界定党支部、村委会、集体经济组织的职责和任务，确保各组织按照各自职能规范运作。党支部强化领导和监督职能；村委会回归管理和服务职能；集体经济组织回归集体资产经营管理职能。二是对党支部、村委会、集体经济组织人员的选任、撤免、考评、薪酬等方面进行分离管理。三是账目分开。理顺集体资产产权关系，将非经营性资产确权登记在村委会名下，将经营性资产确权登记在集体经济组织名下，实行账务分离核算。

（3）经营方式。袁家村坚持以创新经营方式治村。一是"放水养鱼"与借力发展相结合。在发展乡村旅游起步阶段，对所有经营户免收租赁费，提供资金支持，依靠品牌效应吸引更多外来资本。二是农户经营与协会组织相结合。农户自主经营，让乡村旅游的民俗味更真。同时成立各类协会，对农户进行指导、监督和管理。三是封闭运营与过程公开相结合。乡村旅游特色餐饮项目采取公司化运营方式，进行封闭式管理，经营户所需食品原料由公司集中采购和统一供应。对食品原料加工和销售过程全程向游客开放，实现游客体验和消费的融合。

（4）产业发展方式。袁家村走"由三产带二产促一产、基于品牌溢价多维度产业共融"的发展路径。从发展民俗旅游开始，推动第三产业的快速发展，第三产业发展又反推手工作坊发展，加工业的升级推动了第二产业的发展壮大，对优质农产品的需求快速增加，催生出种植养殖基地和订单农业，推动第一产业规模的不断扩大，最终形成了"三产带二产促一产"的三大产业融合发展格局。

（5）治理模式。创新乡村治理理念和模式，推进"自治、法治、德治"建设。以自治为基础，以村民议事会、红白理事会、道德评议会等方式，实现村民自我管理和自我监督。以法治为保障，按法律法规来培育经营主体，让各经营主体能在袁家村健康成长。以德治为引领，将培育和塑造民俗文化、乡贤文化等乡风文明与发展乡村旅游结合起来，让袁家村成为乡风文明的精神家园。

3. 发展成果

经过多年的努力，袁家村从 62 户 286 人的偏僻小村落，发展到 2019 年客流量突破 600 万人次、旅游收入 10 亿元的全国乡村旅游典范，成为全国最受欢迎的乡村旅游目的地之一。袁家村努力发展壮大村集体经济，村集体经济从 2007 年的 1 700 多万元增长到 2016 年的 20 亿元，村民年人均收入由 2007 年的 8 600 多元增长到 2018 年的 8 万元。此外，袁家村还积极实施"走出去"战略，将袁家村的农副产品销售到全国。从小农户、小作坊生产，到 20 多个农民专业合作社成立。袁家村的深刻变化，直观展现出陕西省农村的时代变迁。

（资料来源：周立、奚云霄、马荟、方平. 资源匮乏型村庄如何发展新型集体经济？——基于公共治理说的陕西袁家村案例分析 [J]. 中国农村经济，2021（1）：91–111）

阅读案例并回答以下问题：

1. 如何才能更好地促进村集体经济发展？需要具备哪些条件？

2. 结合袁家村案例，谈谈生产合作中政府应该扮演什么角色。

本 章 小 结

（1）生产合作是指两个或两个以上的个体，以合作经营的方式，在生产过程中，充分发挥合作各方的有利条件，共同生产某项产品。农业生产合作是目前生产合作最重要的组成部分。

（2）农业生产合作的组织形态随着时代的发展，在不同国家不断演变。发达国家的农业生产合作早已实现专业化、规模化、区域化，发展中国家的农业生产合作还在不断探索中演进，我国的农业生产合作也逐步从"家庭联产承包责任制"下的小农经济转变成"集体所有制"下的集体经济。

（3）不同业务形态适用于不同契约类型。当合作经济组织含有不同的业务类型时，可构建复合型合作经济组织。

关键术语

生产合作　交易费用　跨区域农业合作社　综合性农业合作社
专业性农业合作社　集体经济组织　公社　规模效应　计件契约
计时契约　分成契约　计生契约

复习思考题

1. 生产合作特征是什么？
2. 生产合作的作用有哪些？
3. 结合实际，谈谈你身边有哪些生产合作形式？
4. 谈谈不同国家生产合作组织形态之间的联系和区别。
5. 简述农业生产合作对于推进我国农业现代化事业的重要性。
6. 展望未来我国农业生产合作将以哪种组织形态为主？简述其优越性。

CHAPTER 6

第6章 流通合作

　　广义的流通合作是指，处于流通环节的生产者为达到流通的规模效应和提高议价能力，在采购、仓储、加工运输、包装、销售等流通领域的合作。包括工业品的流通合作和农产品流通合作。狭义的流通合作指的是农产品流通合作。由于工业品生产一般能够达到规模效应，产品有明显的差异性，不存在普遍的议价能力弱的问题，所以工业品流通合作的前提诱因不足，虽偶有发生，但规模不大，并未形成流通合作的典型模式和特点。以工业品流通最典型的美国和日本为例，美国工业品呈现"大生产、大零售"的特点，生产与零售直接对接是主要形式；对于在特定类别的工业品、中小制造商、零售商集中的流通则是由批发市场承担，所以美国工业品流通方式是"大零售、小批发"的模式。日本的零售业细小企业数量占九成以上，呈现"分散、交易量小、频度高"的特点，消费也极为细化，所以对于生产商或零售商来说，建立自己独立的物流系统是不划算的，日本的工业品流通主要是通过综合性的批发市场来完成的，批发市场统一库存成本低，且能满足零售商多频度、少批量、多种类的交货要求，批发商承担物流细分的功能，并且更具有规模效应。工业品流通合作的现象并不普遍，也没有形成典型的模式和明显的特征。故本章阐述的流通合作是指狭义的流通合作，即农产品流通合作。俄罗斯著名经济学家普罗科波维奇（S. N. Prokopovich）指出：

　　　　"合作社不能作为抵抗资本主义优越性的武器。仅仅对其成员而言，它成为免于资本剥削的自我保护的工具——通过提高劳动生产率和收入，以及低成本地获取必要产品。在这些限度内，合作社会通过将它们从企业所有者变为生产中所雇用的一种要素，进而抵制金融、商业与产业资本对于劳动阶级的剥削。生活实践已经迫使农民直面在新的条件下重建乡村经济这一重任，根本在于实现从自给自足的自然经济形态，向新的取之于市场，用之于市场的货币经济形态的转变。而市场必然带来商人和中间商的出现，他们是农民和市场之间的极端自私的群体。因此，这使得农民联合起来组织合作社成为必需，进而追求农业方面，以及更广泛的经济目标。①"

流通合作的目的不是追求超额利润，不谋私利，合作社的出现是为了保护弱势经济地位的农民在市场经济中得到应有的权益，谋集体之公利。"小农业"面对"大市场"注定处于弱势地位，流通合作可以提高议价能力，达到提高农产品销售价格、降低生产资料采购价格和运输成本的目的。流通合作既产生于生产环节前，由又是生产合作的延续。

6.1　农产品流通与流通合作

6.1.1　农产品流通的含义

农产品流通是指农产品中的商品部分，通过买卖的形式实现从农业生产领域到消费领域转移的一种经济活动。农产品流通包括农产品的收购、运输、储存、销售等一系列环节。广义的农产品，包括农业（种植业）、林业、畜牧业、渔业和副业的产品；狭义的农产品，仅包括种植业的产品。本章研究的"流通"，不仅限于农产品流通，还包括农业生产资料的购买。对于农民而言，他们最关心流通环节的两个方面：一是购买农业生产资料，包括种子、化肥、农药、农机具及其他生产资料等；二是农产品的销售，这决定农民收入的多少。农民关注的核心就在于成本和收益，这两者最终决定农民的生产是否有利可图和利润空间是多少。当然，农民希望生产成本越低，销售价格越高越好。

而对于消费者来说，农产品流通就是购买生活必需的农产品，农产品市场是提供生活所必需的食物的场所，而农产品的价格水平决定着消费者生活费用的高低。农产品流通可以给消费者提供各种不同品质的农产品，提供给消费者更多的购买选择，所以农产品流通可以影响广大消费者的生活费用。当然，消费者希望价格越低越好。

对于数量众多的中间商来说，农产品流通是他们赖以生存的行业。从事农产品流通的中间商会随着经济的发展、城市的扩张、工业化，以及农业商业化程度的进展而增加。当然，他们希望获得的利润越多越好。

由此可见，农产品的生产者、消费者和中间商对农产品流通的认识不同，他们所持的态度也不同。

---

① ［俄］恰亚诺夫. 农民经济组织［M］. 萧正洪，译. 北京：中央编译出版社，1996.

6.1.2 农产品的特征与流通的关系

与工业品不同，农产品的特征主要表现在两个方面：一是"小农"的生产方式；二是农产品自身的特征。例如，季节性、多样性、易腐性和区域性。这些特征均对流通产生不同方面的影响。

6.1.2.1 季节性

农作物受气候等自然条件的影响，无论播种和收获，均有固定的时间。中国古人流传下来的"二十四节气歌"就是自古指导人们在不同的时节种植不同的农作物和从事不同的农业劳作的农业耕作思想精髓。由于这种生产特征，导致农产品集中上市，供应波动很大，而农产品的需求在一年内的变化则很小。农产品价格的季节性波动在生产的旺季和生产的淡季差距很大。因此，利用加工储藏等方法，在农产品生产的旺季，减少市场供应，等到淡季时抛出，使得农产品的供应在一年内尽可能均衡供应，市场价格波动不至于太大，避免"谷贱伤农"，这对于供应者和消费者都是有利的。

6.1.2.2 多样性

农业生产物种多样性，既符合生态规律，也符合消费者饮食多样化的要求。健康的饮食提倡"食在当季，食在当地"，这就要求当地的农产品供应极要先满足当地市场的农产品需求结构，一方面，避免产品的当地滞销带来外销的市场风险；另一方面，降低消费者购买外来农产品的支出。农产品市场的供给和需求无法靠个体农民把握，这中间需要一个衔接的环节，合作社无疑是最佳选择。

6.1.2.3 易腐性

农产品是有机质，容易腐烂变质，是易腐品。农产品从收获时起，就在逐渐变质。有些农产品在保存良好的情况下可以保存数年，例如，小麦、水稻、棉花等。鲜活农产品易腐，包括蔬菜、鲜果、鲜肉、鲜蛋、活禽、活鱼等易腐烂、易变质或死亡的农产品，这些农产品常温存放数天甚至几个小时就会变质腐烂，即使冷藏存放也不会很久。所以农产品的营销就必须考虑如何以最快的速度和最有效的保护方式，将农产品转移到消费者手中，避免农产品变质，在这里速度是至关重要的。

6.1.2.4 区域性

农产品生产具有地域性特征，由于农产品生产跟土壤、气候和水质都有着密不可分的关系，所以每个地区都有自己独特的农产品，这些农特产品只有在当地才具有高品质，换到其他地区生产则品质下降，通常所说的"淮南为橘，淮北为枳"，正是这种独特性，才使得农特产品有了较高附加值，生产农特产品无疑是增加农民收入的一个很好的选择。但是农特产品分散在各地，各个农特产品生产范围集中，如果当地生产与外部市场对接不准，则会影响农特产品的市场价格。

除此之外，农产品品质存在差异，这与气候、经营管理方法、天灾、病虫害等有关。农产品品质的差异将引起流通过程中分级筛选的困难，增加流通成本；同时，也会出现"劣币驱逐良币"现象，损害地区和一部分农民的利益。

由上述农产品的特征可以看出，"小农户"对接"大市场"的问题很多，这必然要求流通领域的专业化，需要专业人员从事流通工作，达到"小农户"与"大市场"的有效连接。

6.1.3 农产品流通合作

农产品流通合作，就是农业生产者结合起来，组织成立合作社，共同促进农产品的流通，或是共同购买农业生产资料，其目的是扩大农产品流通的单位规模，减少流通成本；同时，提高农产品的市场议价能力，免受中间商的价格盘剥，以寻求合理的市场价格。流通合作是"小农户"面对"大市场"时的自救行为，通过合作形成较强的卖方市场力量，从而促进形成较合理的市场价格。流通合作的内容不仅包括购买生产资料、销售农产品，还包括农产品的加工和运输。截至 2018 年，中国依法登记的农民合作社总数达到了 217.3 万家，与 2007 年相比增加了近 83 倍。从合作社为社员提供的服务内容看，八成以上的合作社提供农产品销售服务，农业生产资料购买服务占比 73.5%，农产品加工服务占比 46.0%，农产品运输及储藏服务占比 48.2%。[①] 根据中华全国供销总社网站数据，截至 2019 年底，全国供销合作社有 3.2 万家基层社，领办了 18 万家专业合作社，有 42.5 万家综合服务社，基层社经营网点 32.8 万个，其中农副产品收购网点 2.5 万个，经营服务网点覆盖全国 95% 以上的乡镇和 74% 以上的行政村。[②]

---

① 杨久栋，纪安，彭超，饶静.2019 年中国新型农业经营主体发展分析报告［R/OL］. （2019 – 2 – 25）［2020 – 12 – 10］. http://sohu.com/a/297627414_776086.

② 喻红秋.中华全国供销合作社第七次代表大会上的工作报告（摘要）［R/OL］. （2020 – 9 – 24）［2020 – 12 – 10］. http://chinacoop.gov.cn/news.html? aid = 1688239.

6.2 流通合作的产生

6.2.1 信息不对称导致农民利益损失的经济学分析

流通过程中，农民不论是作为生产者还是消费者，都处于信息不对称的环境中。这主要是由于以下原因导致：首先，中国农业经营规模较小，农业经济不是完全竞争的经济；其次，农村不是一个完善的市场；最后，农民不具有充分的知识和信息完备的"经纪人"。处于分散生产和经营的个体农民，由于知识的有限，难以把握市场信息，无法合理安排生产，致使农产品供应脱离市场需求，增大了农民的经营风险。个体农民在信息不对称的情况下，为了获取交易信息而产生高昂的交易成本，以至于在市场竞争中没有足够的力量与对方平等交易，而处于交易的劣势地位。

6.2.1.1 作为买方的农民利益损失的经济学分析

农民的买方身份主要体现在农业生产资料的购买上。首先，绝大多数农民缺少各个方面所需的知识和市场信息。其次，生产物资的真伪优劣难以辨别。例如，农药的检测只能由专门的部门进行检测，农民只能通过生产周期的实验才能获取部分信息。再次，农业生产要素市场分散且规模较小，农民难以在合理的时间内以较低的搜索成本和交易成本获取相关经济信息。最后，农村没有成熟的农业经济咨询机构，农民获取信息的渠道较少，在农村，农业市场信息是非常稀缺的资源。

此外，农民在现代社会市场交易的契约方式中也处于弱势地位，农民无法做到充分掌握农业经济活动中的交易规则、相关法律等，对于合同中的"技术陷阱"和模糊条款，农民无法清晰辨识，导致农民"自愿"接受信息不对称的交易和选择。同时，由于制度和相关法律的不完善，主管部门对农民在市场契约中的利益无法做到很好的保护，这也促使一些商家利用农民信息不对称的弊端，为自己谋取超额利润。

下面分析在信息不对称时农民与销售商交易中双方的选择和交易行为，从中可以清楚地看出，在交易信息不对称时，农民与农业生产资料销售商交易的过程、机制和结果。

如图6-1所示，图中有3条曲线，农民的需求曲线、销售商的利润曲线和销售商的成本曲线，即 $C(Q)$ 曲线。根据西方经济学原理，当交易是帕累托效率时（边际效用＝边际利润＝边际成本），交易的结果应该在 A 点处和 E 点处，由 A 点来决定交易量 Q_1，由 E 点决定交易价格 p_1。

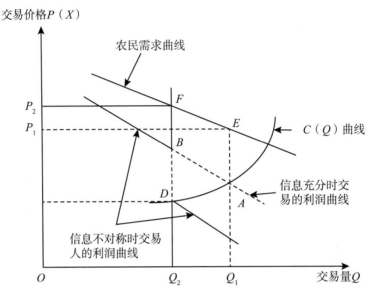

图6-1　信息不对称情况下农民利益受损分析

资料来源：张永林，王世春. 信息不对称中的农民权利保护问题 [J]. 当代经济研究，2004（5）：60-61.

但是，当信息不对称时，在农民和销售商的市场活动中，销售商的利润曲线在点 B 点处的左侧，B 点处是折断的，折断到了 D 点，交易并不是按照人们熟知的规律和应该遵循的规则在原来的直线上进行。

这是因为在销售商拥有信息优势时，他们可以隐藏这些信息，这样他们可以不按照人们熟知的边际利润等于边际成本的规律（B 点处）和农民进行交易，而是以边际利润大于边际成本（B 点大于 D 点）的策略和农民进行交易。由于农民没有销售商所拥有的信息，在信息不对称的情况下进行交易会处于劣势，是逆向选择行为。所以，农民不知道销售商的真实的边际成本和价格，自然也就不会知道销售商的真实边际利润。真实的边际成本在 B 点，价格的决定应该在 E 点，农民应该得到的结果在 Q_2，但是农民并不知道，他们会认为在 D 点处是公平合理的交易结果，实际上，D 点比 B 点低，说明销售商提供的生产资料成本低、质量差，农民从销售商那里获取的成本和质量的信息都是虚假的，实际上低于有效的成本和质量。农民知道的价格也是虚假的，高于合理的价格，销售商获得的真实利润是在 B 点处。由此可见，销售商获得的真实利润远远大于真实成本。当真实的边际利润大于真实的边际成本时，两者的分离使得销售商的利润曲线在 B 点发生了折断。折断到了 D 点。此时，必然是实际的交易量 Q_2 小于有效率的交易量 Q_1。

由 D 点决定交易量，由 B 点决定销售商真实利润，此时的交易价格由 F 点决定。F 点决定的价格 P_2 显然高于 E 点决定的交易价格 P_1。这样一来，交易量和交易价格分别是 Q_2 和 P_2。

BD 是销售商谋取的超额利润，这些超额利润是销售商利用自己的信息优势在和农民交易中，通过价格和质量上的蒙骗而获取的（从 D 点到 B 点），实际上真实的利润是在 B 点，D 点是销售商向农民传递的虚假信息，而农民是不知道的，交易中销售商将 B 点的真实信息隐藏起来。在这种信息不对称的交易中，双方掌握的信息量差距越大，销售商的利润曲线在折断处的距离 BD 就越大，农民在交易中得到的实际生产资料就越少，而支付的价格 P_2 则越大。简而言之，农民与销售商之间的信息越不对称，农民就越不了解生产资料的质量和价格，而销售商得到的利益就会越多。

农业经济信息的不对称不仅给农民的利益带来各种损害，也给农民的生产造成很大的风险。信息越不对称，农民进行生产的风险就越大，风险与信息不对称是正相关关系。

6.2.1.2 作为卖方的农民利益损失的经济学分析

农民作为卖方是指农民销售农产品的环节。由于农产品市场的信息不对称和农产品生产的季节性原因，农产品的价格很容易受外部市场的影响而上下波动，这不利于农业生产的连续性和农民收入的稳定性。一方面，农产品卖方是近乎完全竞争的市场，而买方是近乎寡头垄断的市场，农民在市场议价中没有任何话语权，只能是市场价格的接受者，作为寡头垄断的农产品的买方则获得超额利润。另一方面，由于信息不对称，农民无法全面掌握农产品市场信息，为了避免价格风险，农民会增加交易次数，但是同时也增加了交易成本和信息的搜寻成本，这样无疑增加了农产品的流通成本。

根据经济学原理，如果交易双方都具有完全信息，则"边际效用＝边际利润＝边际成本"，如图 6-2 所示，所确定的市场价格是交易量为 Q_0 时的 P_0，在此均衡点，农民获得应得利润，经济利益得以保证。但当信息不对称时，收购商凭借信息优势，故意隐瞒市场真实的供需水平，甚至贬低农产品质量，使得收购商真实的需求曲线 N_1 在 B_0 点处发生折断，B_0 下降至 B_1 点处，真实需求曲线自 B_0 点及其右侧的部分折断下移至 A_1B_1，形成图 6-2 中曲折的需求性 N_2，但是追求利润最大化的收购商在明知农民信息不充足的情况下，不可能出价 P_1，在此阶段中交易的农民，其利益损失为 $P_0P_1B_1B_0$ 部分；小部分掌握少量信息的农民可能凭借信息筹码讨价还价，并坚持成功，但其经济利益仍然受损，只是程度有所减轻，可能为 $P_0P_2B_2B_0$ 部分。总之，在交易过程中只要信息不对称的情况存在，农民利益受损就会存在，且其利益受损的大小与农民掌握的信息多少直接呈负相关关系。因此，在农产品交易市场建立一个买方与卖方可以互通信息的平台至关重要。事实证明，农民专业合作社是解决信息不对称所导致的农民利益受损等问题的有效途径。

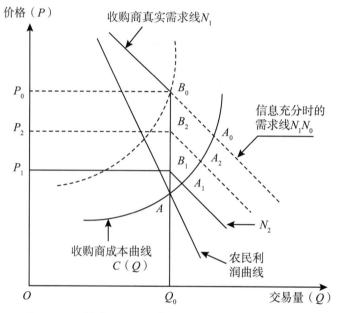

图 6 – 2　信息不对称情况下农民利益受损分析

资料来源：赵晓飞，田野. 农产品流通领域农民合作组织的经济效应分析 [J]. 财贸研究，2014（6）：15 – 16.

6.2.2　小农经济流通合作的重要性

6.2.2.1　了解"三农"

农民合作社是农民为保护自身合理利益，改变市场交易的弱势地位而自愿加入的组织，其成员主体是农民，合作社管理人员自身农业素质较高，且具有为农民服务的公心，扎根于农村，对生产资料的购买、农业生产、农产品的销售、技术和资金需求等各种诉求能有直接充分地了解，这样合作社可以根据农民的诉求进行有针对性的、有效率的服务。

6.2.2.2　掌握市场信息

合作社有专业人员对市场信息进行甄别、汇总、分析和处理，将有用的信息以简单明了的形式展示给农民，并将大量信息形成数据库，运用经济技术手段进行预测，引导农民按照市场需求进行科学生产，为农民提供技术和可靠的销售渠道，降低农民销售的盲目性与分散性，拓宽销售渠道、提高销售量、扩大销售份额，避免了供需脱节导致农产品市场价格涨跌幅度过大，致使农民利益受损严重。

6.2.2.3　降低了交易成本

一方面，农民的生产规模较小，可以交易的农产品数量较少，无法达到规模效应；另一方面，在信息不对称的情况下，为了降低价格风险，农民倾向于进行少量多次的方式销售农产品，致使交易成本高。而生鲜农产品易腐，销售时间非常短，在市场价格低的情况下，农民会寻求高价格或等待时机，这么做的结果是导致农产品滞销，农民的生产颗粒无收。而通过合作社交易可以提高交易规模，达到规模效应，也可以促进农民的信息和市场信息很好地对接，从而提高交易效率，降低交易成本。

6.2.2.4　提高了议价能力

在信息不对称的情况下，"小农业"面对"大市场"只能是市场价格的接受者，没有能力与交易方讨价还价，而市场价格则是由交易方决定，交易方为获取超额利润，会将错误的信息传递给农民，让农民信以为真，从而损害了农民的合理利益。合作社提高了农民的组织性，扩大了农民的交易规模，合作社既了解"三农"，又比农民了解市场信息，在交易过程中，合作社具有更高的议价能力，从而保护了农民的利益。

6.2.2.5　提高农产品质量

农产品生产的标准不统一，导致农产品质量参差不齐，加上农产品检验的困难，收购商无法确切知道每个农民提供的农产品的质量，只好以较低的价格统一收购，致使市场交易中出现"劣币驱逐良币"现象，从而促使农产品生产品质的下降。随着社会的发展，人们对农产品的品质要求越来越高，这就需要农民提供高品质的农产品。于是两者同时陷入了困境，一方面，农民即使生产出高品质的农产品也卖不了高价格；另一方面，消费者也没有渠道获取高品质的农产品。而合作社通过标准化生产解决了这一问题，建立质量追溯机制，可以做到农产品质量责任到人，这样既满足了消费者的需求，也增加了农民收益，同时，还树立了合作社的声誉。

值得一提的是，随着生活水平的提高，消费者对食品安全越来越关注，不再满足于吃饱，对绿色食品和有机食品的需求越来越多，这就促使农民转变石化的农业生产方式为绿色、有机的生产方式。欧美国家对有机农产品的规定为：3 年以上不施用化肥和农药的土地上耕种出来的农作物；日韩规定的有机农产品是在没有污染的土地、水源等环境下生产出来的农产品。中国的有机农产品标准偏向于日韩的规定，要求土壤转化期为 3 ~ 5 年，并对土壤、水源和空气等方面有详细规定。

6.3　农产品流通合作的类型及定价原则

合作社的流通合作主要体现在统一采购、统一销售和统一运输 3 个方面，那么合作社的定价显得至关重要，定价必须比农民自己交易要划算，这是合作社存在的意义，但是无论是采购生产资料，还是销售或运输农产品，都会产生管理成本，市场价格减去合作社定价必须高于管理成本才合理，合作社才能运行下去。但是市场行情时刻变化，市场不同价格也不同，于是定价标准、定价原则和相关的制度必须全面、有效、完善。

6.3.1　合作社对外销售农产品的类型及定价方式

流通合作可分为 3 种类型，产品的归属不同，产品的定价方式也不同。

6.3.1.1　委托式

合作社接受个别社员的委托代为销售产品，而合作社收取一定的管理费，算是合作社的服务费，产品销售收入扣除管理费用，余下的全部归社员所有。产品未销售前所有权仍归社员所有，风险社员自己承担。合作社卖出农产品后支付货款，合作社没有资金负担，委托式适合基础较差的合作社。采用这种方式的合作社相当于代理商，其职能是代销农产品。与代理商的差异在于：一是合作社收取的管理费较低，一般定在 3%；二是合作社的销售价格公开、透明、真实，价格不存在虚假现象。

6.3.1.2　均价制

均价制就是通过一段时间内的平均价格来计算社员的农产品价格。合作社把社员在一定时期内委托的农产品，按照期间内的平均价格跟社员结算。时间可以定为整个集中出货时间或按月计算，没有绝对标准，同一期间发放给社员的产品价格一律按照平均价格计算，即统一价格。这种制度方便计算，也符合合作社的运行的宗旨，因为价格时刻在发生变化，有时市场价格很高，有时市场价格又很低，为防止社员委托销售农产品的收入起伏不定的风险，社员共同承担风险，可以保证社员收入稳定，这种制度运用较为广泛。

6.3.1.3　收购式

这种制度是合作社购买社员的农产品，从而取得农产品的所有权，再选择适当的时机销售农产品的方法。合作社的购买价格是按照当天的市场行情或前一天的价格水平。这种制度的优点是社员能立即取得货款，争议较少，社员没有风险。合作社也可以根据市场情况，决定出售时间、出售数量、加工、包装方式、统一商标等，以获取规模经济。缺点是合作社的运营资金较大，风险也比较大。

6.3.2　合作社对内销售生产资料的定价方式

合作社除了销售社员的农作物外，还帮助社员购买生产资料，例如，农药、化肥、种子、饲料和小型农机具等。除了大型的农业机械，合作社都可以帮助社员购买，这时的合作社是购买者的角色，由合作社先购买，然后转售给社员，合作社承担滞销和亏损的风险，所以合作社转售的农业生产资料的定价显得尤为重要，下面就合作社定价的方式进一步阐述。

6.3.2.1　市场定价法

市场定价法是罗虚戴尔合作原则之一，即按照一般市场价格，与市场上其他厂商公开竞争，年终结算如有盈余再返还给社员的一种定价方式。首先，市场定价法的优点主要在于定价简便，自由竞争的市场下，价格信息都很透明，这种定价方法公开、公正；其次，市场定价法可以避免与其他厂商恶性竞争。只是这种定价方法没有让社员直接感觉得到折扣价格，降低了社员入社的意愿，从而影响合作社的业务。

6.3.2.2　成本加成定价法

成本加成定价法是将成本加上一定比例的利润作为销售价格的一种定价方法。原则上价格是稍低于市场价格的，成本指的是合作社的直接进货成本，至于所增加的比例，至少不少于合作社的管理成本，使得合作社这项业务财务收支平衡。成本加成定价法的优点是，分摊了合作社的运营成本，也让社员感受到了折扣价格，能产生促销的效果。

6.3.2.3 代购业务定价法

代购业务定价法指的是受社员的委托代为购买生产资料，以进货成本加上手续费的定价方法。常见于社员购买较大型的农业机械或生活耐用消费品等，这不是合作社常规的业务内容，是偶尔的代购行为，属于少量的一般业务，对于合作社来说，也增加了一些收入，这对于合作社未来发展多元化业务起到了促进作用。

这里需要指出的是，合作社的宗旨是服务社员，为社员谋福利，其目的不是为合作社本身谋私利，合作社的盈余最终还是要返还给社员，因此，合作社具有公共部门的特征，合作社业务的出发点和归宿均是社员。依照合作社的规定，合作社不能给非社员提供服务，可以向非社员购买生产资料，但不能将购买的生产资料出售给非社员；可以帮助社员销售农产品，但不能帮助非社员销售农产品。如果合作社为非社员提供服务，必须遵循市场价格，其收入不能归个人，作为合作社的收入统一计入财务，原则上属于全体社员。

6.3.3 多元化的收益方式

与社员通过合作社销售农产品保障收入稳定和购买生产资料减少生产成本的收益不同的是，这种保障社员收益的方式至少可以来自三个方面，这种多元化收益的经营方式简单来讲就是，首先，农民以土地或其他生产资料入股加入合作社，从合作社获取生产资料的租金。其次，合作社再聘请一部分愿意劳动的社员从事农业生产，社员获取劳动收入。再次，合作社通过交易赚取的利润，大部分按照社员入股比例和交易量的多少返还给社员。至于合作社以入股比例还是交易量的多少为主来进行返还，合作社没有统一标准。这符合农村土地集体所有制的现实情况，有利于农业生产规模的扩大，获得规模经济的效应，也有利于农业科技的推广和大型机械的应用，符合农业现代化发展的要求。

6.3.4 社员收益与产业链的关系

中国九成以上的合作社包括农业生产和农产品加工两个阶段：第一阶段是农业生产，由农户完成或合作社统一完成；第二阶段是合作社对农产品进行不同程度的加工（例如，分类、包装、初加工、深加工和综合营销），然后销售给下游需求方，前一个阶段是基本增值阶段，后一个阶段是附加增值阶段。第一个阶段社员通过低价购入生产资料和高价销售农产品直接获益，这个阶段的增值全部由进行农业生产的社员获益；现实中，第二个阶段的收益主要按照合作社的股份进行分类，农民加入合作社，可以入股也可以不入股，农民在合作社中所占的比重不高，股份基本由农业经营大户、农村能人、龙头企业甚至是村干部占比较大，因为农民能入股的资本很少，而其他行为主体承担合作社的设立、运营成本，同时，也投入大量的社会成本，有能力筹措资金拓展第二阶段的业务，因此也承担更多的风险，按照成本收益原则和风险收益原则，第二阶段的收益农民自然获利很少，收益主要由其他行为主体获得。

6.3.5　流通合作契约的必要性

合作社与社员之间买卖的行为属于商业行为，应遵循契约精神，订立合同是合作社与社员都必须要做的事情，合同约束双方的行为，规定了违反合同内容所应承担的责任，这样可以减少社员当市场价格过高时的违背合同约定的投机行为，稳定了合作社的经营。实际上，合同属于法律范畴，任何一方的违约都可被诉诸法律，承担违约成本。法制社会遵循契约精神，合作社与社员之间要订立合同，合作社与经销商更要订立合同，内容遵循合同法的规定，合同既是对他人行为的约束，也是对自己行为的约束，确保合同内容的履行，保障社会经济运行的有序。

6.4　农产品流通合作的模式

6.4.1　中国农产品流通合作分析

6.4.1.1　直营模式

合作社的直销模式，是最早形成的农产品流通模式，这种模式主要是对当地的农民进行整合，形成专业的合作社，通过合作社实现农产品的整体销售，一种情况是合作社直接入驻零售商场或者市场，缴纳租金，对农户进行收费，代销农产品；另一种情况是合作社直接在当地开设零售市场，这对合作社的规模要求比较多，尤其是对合作社的影响力要求较高，只有足够的影响力才能够带动零售市场营销，提高农产品的销售量。这两种情况的直销模式都是最简单的农产品流通模式，主要是起到了整合、销售的作用，通过整合农户，收取固定费用，再面向用户，将农产品销售出去。通过对农户的整合，能够达到统一销售，降低单位运输成本，提高运输效率的作用。但是由于末端是用户，且对象比较分散，末端销售成本比较高，缺少整体销售，降低了销售的效率。

发展社区直供直销模式，在现有农产品零售网点不足的城市社区发展社区菜店、生鲜超市、车载市场等便民零售直销网点，畅通直销渠道，逐步将营销网络向社区延伸。社区菜店、生鲜超市、车载市场等与农户开展系列对接活动，建立紧密的利益联结机制，采取集中服务、统购、统销的模式组织生产。帮助农户建立了与市场对接的、稳定的产销关系，取得农民增收、消费者满意等多方共赢的效果。

6.4.1.2 "合作社 + 超市"

专业合作社在"农超对接"模式中是连接农户与超市的纽带，超市与专业合作社签订采购协议，农户的农产品通过合作社直销到超市。"农超对接"将现代流通方式引向农村，将"小生产"与"大市场"对接起来，构建了市场经济条件下的产销一体化链条，实现了商家、农民、消费者的共赢，这是我国近年来重点鼓励的农产品流通模式。此模式连接了以超市为代表的零售终端和代表农户的农民合作社，二者以直供和直采的形式对接农产品。这种模式的优点在于缩短了供应链、降低了流通成本，对农户而言，降低了市场的不确定性，避免了生产的盲目性；对消费者而言，降低了农产品的价格。

合作社与零售商对接模式目前是应用最广泛的流通模式。对于合作社而言，通过合作社与零售商进行对接，不但能够对农户的农产品进行整合，还能够直接满足零售商的需求，达到整体采集、整体销售的作用。在价值方面，这种流通模式不但扩大了农产品的市场，降低了运输成本，满足了市场的需求，提供用户所需产品，还起到提升时效，形成规模效应，提高质量的作用。除此之外，还能够在与农民专业合作社合作的过程中，对产品的质量进行把关，通过建立产品质量标准，形成规章制度，规范农民专业合作社的产品供应质量，有利于零售商进行长久发展，形成品牌效应。

对于大型连锁超市而言，通过合作社购进生鲜农产品以满足顾客的购买需求。随着"合作社 + 超市"对接优势的逐渐凸显，超市与合作社签订采购协议。为了保证超市获取生鲜食品的便捷性和价格的竞争优势，大型连锁超市开始构建以自身为核心的农产品供应链，并投入资金建设物流配送中心和信息平台。此种模式有利于控制生鲜农产品的配送时效和生鲜农产品的品质，缩短农产品的流通环节，让利于消费者，并能根据消费者的需求信息，定量及时地采购生鲜农产品，提高反应速度。

农超对接模式中的物流主要有 3 种。一种是以超市为主体的物流，即超市利用自己的物流系统完成采购农产品的运输；另一种是以合作社为主体的物流，即合作社组织实施物流运输，将农户的产品运送到超市；还有一种是以第三方物流企业为主的物流，即在农超对接中引入第三方物流企业，物流企业负责运输、仓储等工作。

6.4.1.3 "合作社 + 批发市场"

"合作社 + 批发商"模式是指合作社跟批发商合作，实现农产品的有效流通。如桥西农产品批发市场的农产品流通模式是"农户 + 农业合作社 + 农产品批发市场"。农业合作社一定程度上整合农民，农民生产成本减小，资源利用率高，且在面对批发市场时有议价能力，合作社成为联结农户和批发市场的桥梁，农户的利益得以保障。农产品批发市场模式中，农产品的物流主要有两种模式。一种是批发商自有车辆，自行运输；另一种是批发商委托运输企业，以整车或零散的方式运输。

批发市场规模化是美国农产品批发市场的另一个重要特点。世界上发达国家和地区的发展经验也表明，尽管配送、订单农业的快速发展会对农产品批发市场产生影响，但农产品批发市场的主体地位依旧存在。近年来，我国的农产品物流总额呈逐年递增趋势。据统计，2017 年我国农产品批发市场交易额同比增长约 9%，交易量同比增长约 5.5%。随着经济的发展，农产品批发市场在跨区域大市场、大流通格局中的主渠道、主力军作用日渐明显，在当前及在未来相当长的时间内，其仍将是我国农产品流通市场体系的核心。

6.4.1.4 "合作社 + 龙头企业（ + 直营/零售商）"

"合作社 + 龙头企业"模式是指农户将自己生产的农产品销售给龙头企业，从而实现区域农业发展的产业化。其中，龙头企业凭借自己掌握的专业技术和产业化生产线，实现农产品的进一步加工，并提供其他农产品流通相关服务。订单农业模式在我国不断深入发展以后，合作社 + 龙头企业的模式也普遍展开，并取得了显著的发展成效。

龙头企业在当地具有一定的市场地位，能够起到农产品分销的作用，提升我国农产品的影响范围。农民专业合作社与龙头企业对接模式一般是由龙头企业牵起的，能够带动地方经济发展的行为。龙头企业有一定的资质，能够抵抗社会风险，这为农民专业合作社发展提供了重要保障。农产品的销售渠道一般比较复杂，尤其是随着农产品的影响范围越来越大，销售路径越来越长，导致运输过程存在很多风险，龙头企业具有一定的能力，能够独立承担运输业务，对于运输质量和时效都比较有保障。在信息化时代，龙头企业能够实现信息化生产、物流跟踪等功能，保证了服务的质量，也有利于末端销售。对于龙头企业来说，农民专业合作社能够为其提供原材料支持，且质量有所保证，能够提升龙头企业在市场上的影响力，有利于龙头企业长期发展。龙头企业在流通模式中有很强的沟通、优化作用，有助于帮助农产品扩大市场、走向国际，提升农产品的影响力。

很多合作社发展成熟以后，开始创建品牌，合作社委托加工企业对农产品进行深加工，农产品则是合作社自己销售，经过加工后的农产品进入直营店或超市。例如，安徽省建华合作社的"包公无私藕"品牌的藕粉采取这类模式，新疆维吾尔自治区的林果销售也采取了这种模式。

6.4.1.5 "合作社 + 电商"

合作社与电子商务相结合的方式，正成为引领带动小农户发展现代农业的重要载体。合作社与电商合作的方式主要有三种：即合作社自建销售团队、合作社与专业电商服务商合作、合作社与电商企业合作。一是合作社自建销售团队发展电子商务模式，交易成本相对较低，但会增加合作社内部的管理成本；二是合作社与专业电商服务商合作模式，网店运营由专业电商服务商进行，合作社负责农产品的收购、加工、存储与物流等环节，也存在着专业电商服务商人力资源成本高、风险大与不可控等问题；三是合作社与电商企业合作模式，合作社将农产品出售给电商企业，由电商企业在电商平台进行网络销售，合作社只是作为一个供货商，风险和经营成本较小，但收益也比前两种模式要少；电商企业承担了农产品的收购、调度、宣传、销售等环节，但能够塑造自己的品牌，获取品牌溢价和更大的利润。我国知名的合作社电商品牌有中华全国供销合作总社的"供销 e 家"、湖北省"荆选"、新疆维吾尔自治区"西域果园"等，江西省、福建省等地依托基层经营服务网点，建设县乡村三级电商服务和物流配送体系。

6.4.2 国外农产品流通合作分析

6.4.2.1 美国模式

在美国，有九成农民参加合作社，农民人数 300 多万人，多数农民加入一个以上合作社，合作社规模较大，数量较少，合作社服务内容较单一，跨区域合作规模大，联合社发展较好。美国农业产量巨大，但是很少出现滞销的现象，这主要是因为美国的农产品流通渠道畅通，美国合作社的谷物销售量占全国销量近

30%，合作社服务内容涵盖了农产品的生产、流通、消费、储运等全部环节，1/3 的农产品销售和 1/3 的农业物资的采购通过合作社完成，合作社年营业额超过 1 000 亿美元，净利润达 20 亿美元。美国是以产地批发式的流通渠道为主，农产品从产地配送中心直接到零售商，流通环节少、效率高、价格低廉。美国农场规模大，机械化程度和科技水平高，美国很少有生产环节的合作，主要集中在流通环节的合作，跨区域合作现象较多，社员的组织结构松散，合作社功能较单一，主要有三种流通型的合作社：一是采供农业物资的合作社；二是销售农产品的合作社；三是提供农产品销售社会化服务的合作社。

6.4.2.2 欧洲模式

以法国为例，法国约 75% 的农民加入一个或多个合作社，大约 50 万个社员，社员可以从合作社获取服务，从最初的技术、采购、销售扩展到从产前、产中到产后农民生产的各个方面的服务。流通合作包括：种子、化肥、农药等农业生产资料的采购和供应；统一进行农产品的存储、加工、运输和销售。通过合作社流通的牛奶为总产量的 55%，谷物为 71%；农产品出口方面，谷物为 45%，鲜果为 80%，肉类为 35%，家禽为 40%。综合计算，合作社收购了一半以上的农产品，销售一半以上的农业生产资料。在法国，农业和食品行业产前、产中与产后管理都是由农业合作社来完成的，农业合作社已经成为农业和食品行业从生产到销售、加工、贸易的各个环节的重要组成部分。

6.4.2.3 日本模式

在日本，约有 97% 的农户加入了日本农业协同组合（简称"农协"），90% 的农产品由农协销售，80% 的农业生产资料由农协采购。日本农协对农产品批发市场和集配中心的组建，以及农产品物流、商流、信息流畅通性起着关键性作用。日本农协组织是连接市场和农户的中介，还是最主要的产地供货商。它借助组织化、规模化的销售模式，将分散的农户集中起来，解决了生产规模小，农产品销售风险大的问题，成为具有一定影响力的垄断力量。

目前，日本农产品批发市场已发展得相当成熟，从农产品生产者到消费者之间的农产品流通全过程，通过批发市场这个环节形成了一套严密的运作体系，使重要农产品流通变得高效快捷。由于农产品批发市场仅有生鲜商品（即蔬菜、水果、水产品、肉类）在市场上流通，所以日本的流通体制常常因产业部门和产品部门的不同而各自不同，主要的流通渠道有以下三条：一是重要农产品生产者—各种采购组织—批发市场—零售商—消费者；二是重要农产品生产者—超级市场—消费者；三是重要农产品生产者—零售商—消费者。其中，由于批发市场能够形成较为公正的价格，保证农产品的质量，调节重要农产品的流通数量，发挥着重要农产品的集货、分货、价格形成、信息发布、财务交割等重要职能，因此，在日本通过批发市场上市是农产品流通的主渠道。

6.4.2.4　国外模式对比

通过对比可知，就合作社的数量上来说，欧洲的合作社通过兼并使数量减少，但覆盖面广，且由专业化程度较高向综合性转变，而专业化特征依然明显，合作社红利主要按照交易份额分配，合作社甚至拥有自己的公司，管理成熟。美国的合作社专业化程度高，多数农民加入多个合作社以满足各方面的需求，规模大、效率高，联合社发展较好，合作社公司化，按照股份分配红利，政治影响明显，甚至可以影响议会作出有利于农业的政策。日本的合作社是半官半民的性质，所有农民加入合作社。合作社综合性强，服务内容深入农民的生产和生活的各方面，从生老病死到婚丧嫁娶贯穿一生，无不涉及。亚洲其他地区的合作社发展还不成熟，虽然数量较多，但给农民带来的实惠并不多，对农业产业链的影响有待提高。

案例 6 - 1

缺乏经济合作组织，削弱农民的议价能力

黑山头镇梁西村是内蒙古额尔古纳市的一个奶牛养殖村，全村 370 多户农民 90% 都靠饲养奶牛为生。2005 年，额尔古纳市通过招商引资引进雀巢公司，收购当地梅鹿乳业公司，成立呼伦贝尔市雀巢有限公司（以下称"雀巢分公司"），但是，梁西村农民怎么也没有想到，有了龙头企业的日子却越过越艰难。

据农民反映，2007 年 5 月以前，雀巢分公司收购奶价每公斤最高 1.8 元，奶价赶不上矿泉水，最低时奶价只有 1.3 元，比周边市场平均低 0.4 ~ 0.5 元。奶价偏低造成农民养殖奶牛不挣钱甚至赔钱。农民李永江说，1998 年开始养奶牛，雀巢分公司入驻之前共有 20 头奶牛，奶牛平均日产奶达到 3 吨，但是两年来仍然不挣钱。尤其是 2006 年，1 斤饲料花费 0.95 元，可 1 斤牛奶才卖 0.65 元，养得越多越赔钱。奶贱伤农，农民开始大量卖牛。2006 年冬天至 2007 年上半年，梁西村卖牛 1/3，奶农高兆蒙将自己的 60 头奶牛全部处理。

对于低奶价，农民多次反映，但是政府却迟迟没有实质性的行动。额尔古纳市副市长董仕民说，政府进行了多次协调，由于雀巢分公司没

有形成符合市场规律的价格响应机制，造成奶价偏低。

2007 年 5 月，额尔古纳市的部分奶农成立奶业合作社，从呼伦贝尔市政府所在地海拉尔区引进草原春、北雪两家乳品企业收奶，额尔古纳市的奶价从每公斤 1.3 元升至 3 元左右。雀巢分公司最低每天只收到 20 吨奶，造成严重亏损，不得不提高收购价，并一度达到 3 元以上。

（资料来源：新华网内蒙古频道．一个奶牛村的奶价"博弈"［N/OL］. (2008 - 7 - 25)［2020 - 12 - 10］. https：//www. tech - food. com/news/detail/ no193796. html#fl）。

阅读案例并回答以下问题：

1. 你如何看待农产品收购商的垄断对农民利益的损害？
2. 详细表述合作社是如何提高农民议价能力的。

案例 6 - 2

延伸产业链——行业利润紧锁在合作社内部

内蒙古扎鲁特旗玛拉沁艾力养牛专业合作社将牧民组织起来，将传统养牛模式转变为生态养牛模式，提高农产品生产源头的品质，改善牧区生态环境，"牧草住址 + 生态养殖 + 屠宰加工 + 销售"形成全产业链模式，将利润牢牢锁在合作社内部，为带动农民增收打下良好基础。

扎鲁特旗玛拉沁艾力养牛专业合作社成立于 2014 年 9 月，合作社名称为"牧民之家"，5 年时间，完成了从牧场到餐桌的全产业链，建立了食品安全全程监控系统，促进了当地环境改善，又大大促进了农民的收入。合作社公有社员 207 名，总产值 4 300 万元，5 年分利 620 万元，嘎查农牧民人均收入增长 6 400 元，合作社提高了牧区综合经营能力，创建区域品牌，起到了带头示范作用。

合作社统一收购牧民的肉牛，统一宰杀排酸，分割灭菌，打包寄出，免费加工熟食。合作社统一生产加工，统一品牌销售，线上订购是合作社主要销售模式，合作社有 6 家直营店和多家加盟机构，分布于呼和浩特市、宁波市、烟台市、北京市等地，线上主要通过京东和淘宝销售。全产业链模式有效提高了牧区肉牛的综合效益，采购、加工、销售环节内部化，每头牛可提高盈余 8 000 ~ 10 000 元。

（资料来源：农业农村部农村合作经济指导司，农业农村部管理干部学院．全国农民合作社典型案例（一）［M］．北京：中国农业出版社，2019：2 - 8）

阅读案例并回答以下问题：

1. 阐述产业环节合作社内部化是如何给农民带来好处的。

2. 你认为三产融合的合作社经营模式有哪些推广价值？

本 章 小 结

（1）广义的流通合作是指处于流通环节的生产者为达到流通的规模效应和提高议价能力，在采购、仓储、加工运输、包装、销售等流通领域的合作。包括工业品的流通合作和农产品流通合作。狭义的流通合作指的是农产品流通合作。由于工业品生产一般能够达到规模效应，产品有明显的差异性，不存在普遍的议价能力弱的问题，所以工业品流通合作的前提诱因不足，虽偶有发生，但规模不大，并未形成流通合作的典型模式和特点。本章的流通合作主要阐述的是狭义的流通合作，即农产品流通合作。

（2）农产品流通合作就是农业生产者结合起来，组织成合作社，共同促进农产品的流通，或是共同购买农业生产资料，其目的是扩大农产品流通的单位规模，减少流通成本，同时提高农产品的市场议价能力，免受中间商的价格盘剥，以寻求合理的市场价格。流通合作是"小农户"面对"大市场"时的自救行为，通过合作形成较强的卖方市场力量，从而促进形成较合理的市场价格。

（3）农产品流通合作要在市场形成较强的议价能力，合作社必须在农产品销售和农业物资采购达到规模效应，制定合理的内部定价，并形成以满足市场需求为目标的多元化的农产品流通模式。

关键术语

流通合作　农产品特征　农产品流通　信息不对称　合作社内部定价方式
流通合作模式

复习思考题

1. 简述农产品流通合作的必要性。

2. 简述农产品流通合作产生的原因。

3. 简述农产品流通合作的经济学分析。

4. 简述流通合作的国内外模式。

CHAPTER 7

第 7 章　信 用 合 作

　　金融是经济的核心，信用是金融的核心，信用形式具有多样性，包括国家信用、银行信用、商业信用、消费信用、合作信用等。合作经济在金融领域的延伸即信用合作（Credit Cooperative），广义的信用合作分为合作性信贷和合作性保险等，狭义的信用合作仅指前者，也称为合作金融（Cooperative Finance）。

　　以合作经济思想为基础建立的合作金融组织，源于 19 世纪中后期德国的雷发巽（Friedrich Wilhelm Rainffeisen）和舒尔茨（Hermann Schulze – Delitzsch）分别在农村和城市创立的信用合作社，至今已有 170 多年的生命历程。信用合作社与商业银行共存于不同社会文化、不同宗教信仰的发展中国家或发达国家，在不同国家的不同发展阶段产生出不同的合作金融理论和组织模式，具有强大的生命力。我国在新中国成立初期建立的信用合作社于 2003 年的改革中转变为商业银行，新型合作金融组织正在农村培育发展，是更适合农村信用环境的金融组织模式，正如我国近代信用合作思想传播者于树德先生所言：

　　　　"信用合作社增长中产以下的人格信用，并得以相互保证的利益。人格信用乃无形资本，实在是信用合作社的生命。从来普通金融机关的放款，对于资产雄厚的人，他们人格无论如何卑下，全不向他索取担保；唯对于那些贫穷的人，他的人格无论怎样高尚，必须向他索取担保，以致这些人有能力没处去发展，有的陷于自暴自弃，有的流入歧途。信用合作社的制度，正可补救这种缺点，这乃是合作社重要的任务。所以这种合作社以信用放款为大宗，对于有人格信用的社会放款，就不必再收担保品；再就社员说，也必须竭力涵养人格信用。[①]"

---

　　① 于树德. 信用合作社经营论 [C]. 徐万友，于作友. 信用合作研究文选，长春：吉林人民出版社，1991：11 – 12.

7.1 合作金融的内涵

7.1.1 合作金融的含义

合作金融在 170 多年的发展历程中，与不同的经济和文化相结合，呈现出不同的特色，因此，不同时期、不同国家的合作金融研究者，对合作金融有不尽相同的定义。

7.1.1.1 国外对合作金融的解释

索尼奇森（Albert Sonnichsen，1919）认为，合作金融是由多数人自愿组合起来并且集中他们的储蓄，力图排除银行机构或放债人的盈利目的，所获得的盈余平均分配给借款人或存款人的一种金融组织。英国学者巴儒（N. Barou，1932）认为，合作金融是小生产者或工人的自助合作，资产归社员共有，以民主为基础经营业务，吸收社员的储蓄，同时以最优惠的条件放款给社员，使社员互相得益；若资金不足，就以社员连带责任向外借款。史屈克·兰德（Strickland）认为，基层合作金融组织是由具有平等地位的人结合而成的，以此获得贷给社员且具有有益用途的资金[①]。由人而非财产结合成合作社是这种组织形式的特点；每位社员无论贫富，地位平等；结合目的在于从集体中获取他们个别所不能获得的资金；业务活动仅限于社员（赖南冈，1982）。思拉恩·埃格特森（Thrainn Eggertsson，2004）认为：合作金融是赋予其客户可以重新赎回剩余索取权的资金互助组织，即金融合作社的客户均享有剩余索取权。

7.1.1.2 国内对合作金融的解释

自 20 世纪 30 年代起，我国开始对西方合作金融进行由浅入深的系统研究。

张绍言（1944）认为，各种合作组织（如生产合作社、消费合作社等）合作资金的聚集、运用、管理等资金流通的所有经济现象都属于合作金融的范畴，大致可以分为合作资金的贷放与借入。张则尧（1946）认为，合作金融是一种

---

① Strickland C F. "Coöperation and the rural problem of India" [J]. Oxford University Press, 1929, 43 (3)：500－531.

在资金流通的经济现象中，由经济上的弱者采用合作经济组织形式，共担风险、共负责任，集合对外以取得信用者所经营的金融。

新中国成立后，我国在学习和引进苏联合作制基础上，对合作金融不断探索和研究，提出了新的见解。

尹树生（1988）认为，合作金融就是合作组织有关资金运用的各种措施。李树生、岳志（1989）认为，应把合作金融区分为传统的合作金融和现代的合作金融两种形式来研究。传统的合作金融形式是劳动群众为避免高利贷剥削而自愿组成的、自营自享的一种资金融通形式；现代合作金融则是劳动群众为改善自己的生产与生活条件，自愿入股联合，实行民主管理，获得服务利益的一种集体所有和个人所有相结合的特殊的资金融通形式。信用合作社、合作银行、合作企业特设的各种融资组织，都属于合作金融组织。路建祥（1996）认为，合作金融是多数人自愿结合起来聚集其储蓄，以期排除银行业或放债人的盈利目的，而将其盈余平均分配给借款人或存款人的一种金融组织。李恩慈（1999）认为，从经济学意义上讲，合作金融是指一切以国际通行的合作制原则为标准，股金为资本，以基本金融业务为经营内容，以入股者为主要服务对象而形成的金融活动，以及随之发展起来的金融合作组织。张贵乐、于左（2001）认为，合作金融是指社会经济中的个人或企业，为了改善自身的经济条件，获取便利的融资服务或经济利益，按照自愿入股、民主管理、互助互利的原则组织起来，主要为入股者提供服务的一种特殊的资金融通行为。罗骏（2010）认为，合作金融是各主体为获得利益，按合作制原则和一定方式而进行资金融通的经营管理的动态自组织过程。

国内外学者从不同角度对合作金融概念进行了解释，概括了其主要业务与基本原则，在一定程度上揭示了其本质属性，但都存在不足：一是概念具有鲜明的时代特色，没有用发展的眼光看待这种极具适应性的多样化组织。如索尼奇森、巴儒、史屈克·兰德等认为合作金融组织只能贷款给社员；张绍言认为，只有生产或消费合作经济组织的资金融通才是合作金融，这些观点已经不符合现在的实际情况①。二是把合作金融的主要业务或特征作为其内涵，只注重现象，未概括本质，如索尼奇森、巴儒、史屈克·兰德、张绍言、张则尧等的表述便是如此。三是观点有失偏颇，仅着眼于合作金融某一方面特征，未对其进行系统分析，如思拉恩·埃格特森只对社员剩余索取权进行概括；或者研究仅着眼于功能和作用，未能从历史发展的角度分析合作金融的所有制结构及其体现的经济关系，未体现其发展的动态性，不具有普遍性，抽象度不够，因而也是不完整的。

---

① 张绍言. 合作金融概论［M］. 上海：中华书局，1944：122.

本书较认同罗骏（2010）的观点，认为合作金融是各种信用主体为改善自己的生产与生活条件，按照合作制原则，自愿入股联合，依据市场变化，实行民主与股权动态调整的管理模式，获得服务和利益的一种特殊的资金融通形式。

合作金融组织形式多样，包括信用合作社、合作银行、合作企业设立的各种融资组织、资金互助组织等。中国传统的合会及部分民间自由借贷具有互助性质，日本的"tanomoshi"，韩国的"kye"，西非和加勒比海一些国家的"susus"，也有合作金融的互助性质，但它们不是依据合作制原则建立和运营的，不属于正规意义上的合作金融组织。

7.1.2 合作金融的特点

作为合作经济的一部分，合作金融理论源于合作经济思想，具有不同于商业经济的特殊性。合作金融基本特点可归纳如下：

第一，合作金融以人的结合为主，资本的结合为辅，社员地位平等。合作金融是经济上的弱者组成，通过互助合作来改变生产、生活状况，解决个人资本不易解决的经济问题，以求增进全体社员利益。实行社员无论出资多少，其地位都相同，实行"一人一票"制的民主管理。

第二，合作金融宗旨是互助互利，不以追求利润为目的，但不是慈善组织。合作金融的出资者即为其资金的使用者，主体与客体相统一，社员的需求是获取更多服务，而不是取得更多特权，合作目的是为了社员本身利益。

第三，合作社盈余按社员惠顾的交易量分配。合作社取得盈余时，必须按照社员与合作社交易量的比例分配给社员，这是合作组织的核心原则之一。

第四，合作运动是一种伦理运动，可以提高人类道德上的连锁关系。特别重视自己的教育职责，利用各种机会向群众宣传合作思想，提高人格信用，采取多种措施帮助社员及合作企业培训财务人员，加强财务管理协助制订生产计划等，这一点与其他金融组织是不同的。

上述合作金融的特点，是就其基本方面概括的，是传统合作金融组织活动特有的，由于合作金融事业在不断发展，合作金融在组织形式、管理体制、业务经营、分配方式等方面一直在不断变化，加上各国政府对合作制的干预，合作金融的上述特点有的已不那么明显，有的演变出新的特质，即现代合作金融。

7.2　合作金融的外延

7.2.1　合作金融与商业金融、政策金融比较

合作金融与商业金融、政策金融都具有信用中介和支付中介功能，是经济活动的总枢纽，在经济活动中起互补作用。三者的区别主要表现在以下方面：

7.2.1.1　制度基础

商业金融是建立在商品经济基础上的资本联合，以利润最大化为目的，其股东权利与义务均以所投资的资本额为限，实行"一股一票"的管理制度，股权多少决定其表决权多少。

政策金融是政府由上而下意图的体现，其运营的宗旨、目标、业务领域由国家单独立法，其运行是一种政府行为。

合作金融是依据合作经济思想建立在合作制基础上的互助性金融，由经济个体自发、自愿组合而成，体现成员间平等、互助关系，不以营利为唯一目的，实行"一人一票"的民主管理制度。

7.2.1.2　经济功能

商业金融具有信用创造功能。在存款不完全提取现金时，商业银行增加了放贷资金来源，形成了数倍于原始存款的派生存款。

政策金融没有信用创造功能，但具有独特功能：一是政策性扶持功能。政策金融以贯彻国家产业和区域发展政策为出发点，对国家基础产业或战略性产业给予持续的信贷扶持。二是逆向性选择功能。政府通过政策性金融逆向选择商业金融不愿选择、滞后选择或无力选择的项目。三是诱导性功能。对于符合国家政策意图或长远发展战略目标的高风险新兴产业及重点产业，政策金融的资金扶持能吸引商业或私人资金流入。四是协调功能。政策金融能够把区域产业政策和信贷政策相结合，推进区域经济一体化，实现国家经济均衡发展。

合作金融独具资金互助功能。合作金融组织通过吸收成员股金来为其成员提供优惠贷款，解决其成员在生产生活中的资金困难，这是商业金融和政策金融不具备的功能。

7.2.1.3 经营目标

商业金融以利润最大化为经营目标；政策金融不以盈利最大化为经营目标，其目的是配合国家经济政策，建立健全国家宏观调控体系；合作金融不以营利为主要目的，社员创办信用合作社的动机是为自身取得信用，社员是信用需求者和供给者，是存款人也是借款人，信用合作社没有把盈利作为唯一目的，但为了自身的生存、发展和有效地为社员服务，信用合作社讲求经济效益。

7.2.1.4 业务范围

商业金融是资本的联合，逐利是其本质属性，这就决定了其业务范围包括国家相关法律法规允许的尽可能多的金融服务。政策金融业务领域或服务对象仅限于国家产业或区域政策需要扶持的范围，补充商业金融的不足而不是替代它。合作金融以社区为主，为中小企业和个体劳动者等社员解决生产、生活中的资金需求，促进社员的经济和社会进步。

7.2.1.5 分配方式

商业金融是资本的联合，其利润按资本份额即股份进行分配，即按资分配，亏损则按资分摊。政策金融承担财政转移支付功能，与财政资金不同的是它收取利息，是有偿服务。政策金融一般是保本经营，盈利上交国家财政。合作金融是互助合作性金融，按照国际合作制原则规定，对股金分红予以严格限制，按股金分配旳红利率不得超过银行的平均存款利率的原则，剩余部分按社员同合作社的交易量进行利润返还或者计入归社员集体所有的公积金。

7.2.1.6 组织结构

商业金融组织结构主要是商业银行、融资公司、投资公司等商业性金融机构，组织形式一般由决策机构、执行机构和监督机构组成。决策机构包括股东大会、董事会及董事会下设的各种委员会；执行机构包括总经理（行长）及总经理领导下的各业务部门和职能部门；监督机构主要是监事会和各监察委员会。

政策金融组织结构以政策性银行为主，组织形式与商业银行相类似。

合作金融组织结构一般是自下而上入股联合组成上级，直至全国的合作金融机构，各级机构都是独立经营、自负盈亏的企业法人。合作金融的组织形式也由决策机构、执行机构和监督机构组成，但和商业金融不同的是，合作金融的最高权力机构是社员代表大会，实行"一人一票"的民主决策机制；执行机构是理事会领导下的主任负责制；监督机构是监事会，主要是监督执行机构执行有关政策和社员代表大会的决议。

综上所述，合作金融与政策性金融分别是民间意志和国家意志的体现，合作金融主要服务社会弱小群体；政策性金融主要是与财政配合，服务于国家产业政策或社会某些公共项目和公共利益。两者都是为了弥补商业金融过度追求利润的缺陷而存在和发展的。

7.2.2　合作金融与生产合作、消费合作比较

信用合作（合作金融）与生产合作、消费合作等都是按合作制原则组成，都是合作经济的重要组成部分，都有合作经济组织的共同属性，但合作金融与其他合作经济组织有明显的不同。

7.2.2.1　合作载体

合作金融是劳动者资金的联合，只能以价值形式入股，交易价格以利率表示。生产和消费等的合作经济有多种组织方式，可以用实物、无形资产或价值形式入股，通过商品生产或买卖进行合作，这种合作表现为劳动者其他生产要素的联合，以货币表示交易价格。

7.2.2.2　组织属性

合作金融与生产合作、消费合作都建立在合作制基础上，有相同的合作经济属性；但是合作金融具有其他合作经济组织没有的金融属性，是一种金融组织，充当着借贷中介的角色，其信贷业务调节着资金的余缺。

7.2.2.3　分配方式

由于生产合作、消费合作与合作金融具有不同的生产要素结合形式，生产合作、消费合作分别实行按劳分配和按消费额分配原则；合作金融按股金与按社员的信贷交易量分红。合作金融组织的收益主要用于自有资金积累，这种积累属于全体社员公有。

7.2.2.4　交易价格表示形式

合作金融主要是劳动者资金的联合，其交易价格以利率形式表示。生产合作与消费合作主要通过商品生产和买卖来进行合作，是劳动者的劳动和消费等要素

的联合，其交易价格以货币形态来表示。

总之，生产合作和消费合作是通过社员的资金、劳力、技术或生产资料作为股份共同组建、运行的企业组织，生产资料共同占有，劳动成果共同享有，以促进自身经济发展。合作金融以资金合作为主，它通过信用活动与社员交易，为社员服务（见表 7 - 1）。

表 7 - 1   三类合作组织的区别

分类	信用合作	生产合作	消费合作
合作载体	社员的股金	社员的股金、劳力、技术或生产资料等实物、无形资产或价值形式	社员的股金、劳力、技术或生产资料等实物、无形资产或价值形式
组织属性	合作经济和金融属性	合作经济属性	合作经济属性
分配方式	按股份和信贷额分配结合	按股份和按劳分配结合	按股和消费额分配结合
价格表达	利率	货币	货币

资料来源：笔者根据资料整理而得。

7.3 合作金融的分类

合作金融的发展历史表明，不同国家、不同时期，合作金融都会有不同的表现形式。合作金融根据不同标准可进行以下分类：

7.3.1 按发展阶段分类

按合作金融发展阶段划分，合作金融可分为传统合作金融与现代合作金融。前者如信用合作社，后者如合作银行等。

7.3.1.1 信用合作社

信用合作社是城市或农村居民按照合作经济原则集资入股组成的合作金融机构，是合作金融体系中的代表性组织。信用合作社，在德国称为 kredit-genossen-schaft，可译为"信用会"，英语系国家则称为 cooperative credit society，我国所称"信用合作社"便是据此而来。

（1）信用合作社的组织体制有不同形态：①单一社制。指基层信用合作社单独经营，没有分支机构，也无上级联合组织。②总分社制。指在较大的行政区域或经济区域，为了业务上的需要，除总社外，在业务区域内设立分社，这种分社是单位合作社的一部分，而不是一个独立的组织，也没有理事会、监事会的设置。如我国台湾地区信用合作社大多采用总分社制。③联合社制。即基层合作社所共同组织成立的联合社，而基层社与联合社各自独立经营。

（2）信用合作社组织体系包括：①信用合作社社员。信用合作社强调"人"的结合，注重社员的道德，道德品质低下的人不应成为社员，这是它不同于商业银行的一大特征。社员分为自然人和法人。②信用合作社机构。一是权力机构，即社员大会（或社员代表大会），是信用合作社的最高权力机构；二是执行机构，即理事会，是在社员代表大会闭会期间的执行机构；三是监察机构，即监事会，是信用社的监督管理机构。

7.3.1.2 合作银行

合作银行是信用社和合作经济组织等机构以入股为主要方式组成的合作金融机构，主要为社员单位融通资金，是一种较高层次的合作金融组织。从世界合作金融史来看，合作银行是信用合作社事业发展到一定阶段的产物。1922年国际合作联盟曾对合作银行有如下论述：

"合作银行的任务在于资助各种合作经济事业的发展，其依章程规定所获盈余，在超出限度的部分，应纳入公积金或公益金等项目。如果采用公司组织，其大股东应由合作社及劳工团体出资，成为合作社设立的银行。[1]"

目前，在一些信用合作发达的国家，一些信用合作社已经发展成为合作银行体系。

合作银行的管理机构有三种组织形式：一是两级制。即中央合作银行与地方合作社直接发生业务联系，中间没有衔接机构。如日本就是这种两级合作银行制度，即设立地方合作银行和中央合作银行；二是三级制。即在中央合作银行与地方合作社之间，还有一层中间机构，通常是办理信用业务的合作社联合社，或者在中央合作银行之外还有地方性的合作银行。由于大多数国家都是先有信用合作社，然后才成立合作银行，因此通常由原来的信用合作社作为基层合作银行，在基层合作银行的基础上，成立地区合作银行和中央合作银行；三是四级制。有些较大的国家，其合作银行分为中央、省、县三级，最基层的为乡村信用社，合计为四级。合作银行设置层次的多少，与其国土面积大小、交通是否便利及合作事业的发展状况有密切关系。

---

① 李树生. 合作金融［M］. 北京：中国经济出版社，2004：67.

7.3.2 按组织构成分类

按合作金融组织构成单位划分，分为基层信用合作社、信用社联合社和国际合作联盟。

7.3.2.1 基层信用合作社

主要由自然人社员入股组成，不排斥法人加入，以互助合作为主要宗旨，实行民主管理，为社员提供金融服务的合作金融机构。其最高权力机构是社员代表大会，理事会负责具体事务的管理和业务经营的执行。

7.3.2.2 信用社联合社

为在更大范围内调剂社员之间的资金余缺，协助各基层信用社开展业务，由基层社法人联合组成，个人社员不得加入。按其职能分为三类：一是发挥经济职能的业务型联合社；二是发挥社会职能的社务型联合社；三是上述两种形态的混合型。其中，业务型联合社是基础，其主要职责在于协助基层社开展业务，协助基层社参加货币和资本市场，组织基层社的转账结算业务。业务型联合社自身也兼办或经营一些金融业务。基层信用社加入联合社后，享有应得的权利和承担应负的义务。其权利方面主要有：①有选举权和被选举权；②有向联合社提出建议、罢免及质询权；③有享受股金分红权和享有联合社固定财产积累的部分所有权。义务方面主要有：①遵守联合社章程、执行社员大会和理事会的决议；②维护联合社的合法权益，关心联合社的发展；③承担联合社的经营亏损和意外风险。

联合社的社员代表大会是最高权力机构。社员代表大会须有 2/3 以上代表出席才能开会，各项决议案须有超过半数代表通过方能生效。由联合社社员代表大会选举产生理事会和监事会，在代表大会闭会期间分别行使执行和监察职能。

7.3.2.3 国际合作社联盟（International Cooperative Alliance，ICA）

国际合作社联盟于 1895 年在英国伦敦成立，是一个非官方的国际组织，其成员主要是各国合作化运动的最高组织，目前总部在日内瓦。

1984 年 10 月修订通过的国际合作社联盟章程规定，国际合作社联盟的宗旨是：联合各种社会倾向、政治倾向，以及各种不同社会经济制度下的合作经济组织，宣传合作社的组织原则和方法，推动各国合作社运动的发展，维护合作社事业的利益，促进各国经济和社会进步。

联盟章程规定，凡遵守国际合作社联盟宗旨与政策的所有国家的合作社组织,都可以申请成为国际合作联盟的成员。联盟的最高权力机构是社员代表大会,中央委员会经代表大会选举产生,是全权代表机构,执行委员会是联盟的领导中心。联盟设有十个工作委员会。经费来源主要是会员国缴纳的会费,也有发达国家的捐款和联合国经济及社会理事会、粮农组织、劳工组织和世界银行的援助。其收入主要用于联盟的各项活动,以及对需要援助的合作经济组织的帮助。

国际合作社联盟成立至今已经有 100 多年的历史,在这期间,联盟在宣传合作思想和合作原则,推动发展合作社运动,增强各国合作社之间的国际交往和贸易关系方面发挥了积极的作用。与此同时,联盟自身也在不断发展壮大。目前,全世界已有 72 个国家的 178 个合作社组织加入了国际合作联盟,会员人数已达 5 亿人之多。其中,中华全国供销合作总社于 1985 年 2 月代表我国的合作社体系加入了国际合作联盟。

7.3.3 我国新型信用合作组织

7.3.3.1 农村资金互助社

农村资金互助社是指经银行业监督管理机构批准,由乡(镇)、行政村农民和农村小企业自愿入股组成,为社员提供存款、贷款、结算等业务的社区互助性银行业金融机构。分为经中国银行监督管理委员会批准,获得金融业务许可证的正规农村资金互助社;在工商部门注册登记,获得金融营业牌照的非正规农村资金互助社。

7.3.3.2 农民专业合作社内的资金互助组织

内生于农民专业合作社,不仅为社员之间提供融资便利,也服务于农民专业合作社。这种模式受到广泛重视,中央"一号文件"多次提及,农业主管部门对于这种合作金融组织的发展给予了重点关注。

7.3.3.3 贫困村村级发展资金互助社

为缓解贫困地区和贫困农户面临的资金短缺问题,积极探索农村合作金融新的发展模式,国务院扶贫办公室和财政部于 2006 年联合启动"贫困村村级发展互助资金"试点工作,资金来源主要为财政扶贫资金,主要为贫困户提供融资服务。

7.4　合作金融的原则

信用合作思想发源于 19 世纪中期的德国，随后传入欧洲各国。1885 年，法国建立信用合作社，奥地利、瑞士、荷兰等国家也先后建立了信用社。欧洲各国信用社的诞生，得益于资本主义商品经济大发展为信用合作奠定的信用基础，而金融资本与工业资本结合产生的垄断，使得小生产者无法获得银行资金，不得不借助高利贷，这是小生产者进行信用合作的根本原因。

7.4.1　舒尔茨的合作金融原则

舒尔茨（H. Schulze – DelitzSch，1808～1883），德国自由主义政治家和经济改革家，受德国合作思想倡导者休伯尔（V. A. Huber）影响，相信合作社协会可以在经济上自救。他生长于城市，了解手工业者生产的艰难，1850 年在萨格逊（Saxony）小镇，由当地富豪出资成立一个借贷社，创办了人民银行、商业和消费者合作社，并于 1859 年成立了德国合作社总协会，被称为"城市信用合作之父"，1867 年，一项保护协会的普鲁士法律在他的推动下被通过，他制定的信用合作原则如下：

（1）合作社的成立须有一定的股金。

（2）由社员集股，其投资额无限。

（3）以对社员贷款为主，社员的职业不限。

（4）实行有限责任制，入社者须缴入社费。

（5）股份可以自由买卖转让。

（6）按股分红。

（7）准备金、公积金等为社有财产，以股份形态为全体社员所有。

（8）合作社业务限于信用业务，实行短期信用贷款，以便发挥平民银行的作用。

（9）合作社事务由领取工薪的理事管理。

（10）实行自助主义，严拒政府补助。

（11）社员平等自由，实行民主集权制。

（12）专门经营纯粹的金融业务，不主张经营其他经济的业务。

（13）可以不隶属于信用合作社的中央金融机关。

以上信用合作原则表明：该信用合作社由城市小生产者缴纳一定股金自愿结

合组成，进行互助融资，社员是信用的供给者，也是信用的需求者，便利了市民融通资金，免除高利贷剥削，这在当时的资本主义社会是一个伟大创举。

农业生产和手工业生产是不相同的，所以舒尔茨式的城市信用合作社不适宜于德国的农民，雷发巽式的农村信用合作社应运而生。

7.4.2 雷发巽的合作金融原则

雷发巽（Friedrch Wilhelm Raiffeisen，1818～1888）是农村信用合作的创始人，德国合作运动领袖，生于德国哈姆（Hamm），1845～1865 年，担任过德国几个城镇的市长。1846～1847 年德国的农业危机，使广大农民陷入水深火热之中，而投机商趁火打劫，不仅使农民失去了经济上的独立，生命还受到严重威胁。这使雷发巽意识到人民的主要需求是信贷，他用自己有限的财富创办了一个农村信用合作社和银行体系；1872 年，他创立了一个区域性的合作银行，1876 年建立了一个全国性的合作银行——德国农业中央信用合作社（Credit Union Central Bank），后改称为德国雷发巽合作社总联合会；1877 年，他统一了整个系统，这是信用合作社的早期形式。雷发巽的合作原则如下：

（1）社员以务农者为限，以小农庄为合作区域，每个信用社的社员约 1 000 人。

（2）社员必须能够自己证明自己的信用。除了经济上的信用条件，还要有道德上的信用条件，非熟悉、非互相信任的人不能取得社员资格。

（3）采取无限责任制，社员不必缴纳入社费。

（4）信用社的设立不以认股为唯一条件。合作社的必要资金，或向外借贷，或运用社员存款。

（5）股金的利息基本与社会普通利率相等。

（6）社员的权利不得转让或买卖，合作社不得发行股票一类的有价证券。

（7）信用社的红利及公积金不得分配。红利用于补充合作社的损失，公积金作为信用社的共同财产。即使是社员退社或者合作社解散时，红利及公积金也不分配于社员，而把它当作合作事业宣传之用。

（8）全部信用社实行中央集权制管理。一切合作社都要形成系统的联合。

（9）除了信用业务之外，还可以经营运销业务、购买业务及一切农村合作事业。

（10）农村信用社须隶属于中央合作金库。

（11）信用社的事务，由社员义务办理。

（12）信用社向社员的贷款，必须用于生产方面，以生产的收入来偿还，贷款期限视农业生产情况而定。

上述信用合作原则表明：雷发巽创办信用合作社的目的是增加农民的物质生

活利益，使农民免受高利贷剥削，促进农业生产，提高农民的道德水准。

比较雷发巽和舒尔茨的信用合作原则，二者区别如表 7-2 所示。

表 7-2　　　　　　　　　　两类信用合作社原则的区别

分类	舒尔茨式信用合作原则	雷发巽式信用合作原则
服务对象	城市手工业者和贫民	农民
社员信用	社员的经济信用	社员需证明自己经济和道德信用
社员责任	有限责任	以全部财产对信用合作社承担无限责任
合作方式	社员入股和缴纳入社费	社员没有入股要求，不支付股息
贷款条件	信用贷款，短期为主	贷款以道义保证发放，期限较长
组织性质	互助性合作	有宗教和慈善色彩合作
组织体制	不隶属于中央金融机关	隶属于中央金库
分配方式	按股分红	全部利润都不分红

资料来源：笔者根据资料整理而得。

综上所述，在雷发巽与舒尔茨信用合作思想影响和带动下，欧洲多国先后建立本国的信用合作社，这些信用合作社多数都能与本国经济、民族、宗教相适应，在形式和内容上有所创新。社员在信用合作的实践中获得了利益，受到了教育，提高了对合作运动的认识。

7.4.3　合作金融原则

合作金融原则是雷发巽与舒尔茨信用合作思想融合的产物，二者的统一构成世界合作金融思想的核心。合作金融有很强的适应性，有弹性较大的合作程度，可以是完全的经济合作，也可以是部分的经济合作，以便容纳不同经济成分的社员。合作金融适用于不同社会制度的国家，也能适用于一个社会制度国家的不同发展阶段，不同的发展水平，它在全世界普及，就是其强大适应性很好的证明。这种适应性也说明，各国间以及同一国家不同发展阶段的合作金融原则都不尽相同，但是传统合作金融都遵循相同的基本原则：

7.4.3.1　自愿原则——最基本的组织原则

凡是愿意加入合作金融组织的集体和个人，只要愿意遵守合作金融组织的章程，按规定缴纳股金，愿意承担其义务，均可加入。不应有性别、社会、种族、政治和宗教的歧视，入社自愿，退让自由。

7.4.3.2 民主原则——内部管理最本质的原则

合作金融组织的方针和重大事项由社员积极参与决定，其最高权力机关为社员（代表）大会，下设管理委员会或执行委员会专门负责内部经营管理；所有社员均有选举权和被选举权：无论出资多少，基层实行"一人一票"。其他层次的联合组织也实行民主管理，投票权由其章程规定。许多第二级、第二级联合社采取比例投票制度，以反映各成员社的不同规模与承诺，兼顾不同的利益。

7.4.3.3 互助原则——业务经营最根本的原则

合作社的经营活动如有盈余，社员应当获取正当合理的经济利益，如股息或红利；合作社要留有一定的积累，用于发展经营和服务等活动，同时合作社要大力发展教育、文化及其他方面的社员福利事业。各合作社之间是一种商品交换的互助合作关系，联合社不能平调基层社的财产。合作社与非合作组织的交往也要坚持公平、互利的原则。

传统合作金融的核心在于"由入股社员所拥有、由入股社员民主管理、主要为入股社员服务"，只要坚持了这些基本原则，合作金融组织不论其规模有多大、业务范围有多宽、联合层次有多少，仍然是合作金融组织。

7.5 合作金融的异化

合作金融作为企业组织，是与一定时期的生产力发展水平相适应的。由于合作金融创立时的社会与当前市场和信息都已高度发达的社会已相去甚远，传统合作金融遵循的基本原则也在其适应社会经济环境变化的过程中发生异化，传统合作金融吸收了现代股份制企业的优点，异化为现代合作金融。

7.5.1 合作金融异化的表现

7.5.1.1 经营取向商业化，追求营利

合作金融发展初期不以营利为目的，是一种互助互济的经济组织，其宗旨是为社员提供各种金融服务，谋求社员共同发展。当代合作金融机构服务社员的同时，营利倾向越来越明显。例如，1986 年起，法国三家合作银行（农业信贷银

行、大众银行集团、相互信贷银行）的净利润率已经与该国三大商业银行不相上下，当年只相差 0.1%。

7.5.1.2 民主管理原则逐渐削弱

合作金融发展初期实行的民主管理原则，是其区别于商业企业管理的根本原则，是社员主人翁地位的集中体现。当代合作金融机构的民主管理原则逐渐弱化，表现有：一是合作金融机构管理的集中化，管理越来越向专业人员集中；二是合作金融机构所有权和经营权分离，随着合作金融机构专职管理阶层的形成，其早期所有权和经营权相统一的格局逐渐被两权分离所取代，以此提高经营管理水平；三是实行股份合作控股原则，投票权在"一人一票"的基础上参考入股数予以适度调整，这是对股份制"同股同权、同股同利"原则的有限借鉴，也是对合作制"一人一票、平股平权"原则的扬弃。

7.5.1.3 互助意识淡化，竞争意识加强

合作金融发展初期，以服务社员融资需求为主，不以盈利为目的，不参加竞争，也不具有竞争的实力。随着合作金融规模的扩大和商业化经营趋势的加强，合作精神与机构互助意识开始淡化，竞争观念加强，表现在：进行业务品种和服务项目的创新，经营范围综合化，经营区域扩大化，以更好的服务吸引更多投资者；服务对象已不限于传统的社员；参与国际竞争，争取更大生存空间。

7.5.1.4 对资本报酬率严格限制向按股分红方向发展

改变可退股退社的做法，增加按股分红的比重，在提取合理比例的公共积累后，均实行按股分红，但股金不得抽资退股，以筹措长期稳定的资金来源。并按照国际合作社联盟制定的原则，社员入社的股金只能获取很少的利息，许多情况下甚至不付利息。至于社员为合作社未来发展所提供的额外资本，可以按竞争性的市场利率付给报酬。

7.5.1.5 公共积累的不可分割性向产权明晰化方向发展

确定社员是合作社的所有者，合作社的财产按比例属于各个成员所有，社员所有权的总和是合作社财产的总和。

总之，为适应市场日益激烈的竞争和公正合理地体现合作者的财产权益，合作金融正从生产要素中资本的联合向各生产要素的联合扩展。西方合作金融机构的经营范围、经营宗旨、经营方式、管理方式越来越接近于商业银行，但没有演

变为普通股份制企业，在 4 个方面与股份制企业相区别：第一，合作社的顾客往往也是合作社的所有者，而普通企业与顾客是分离的；第二，合作社的目标是使其所有者也是顾客的社员受益，而普通企业的目标只是使其所有者受益；第三，"一人一票"制仍然是合作社的重要原则，一人多票有严格的上限限制；第四，按照社员的惠顾额分配利润仍然是合作社的主要分配形式，按股分红受限制。

7.5.2 合作金融异化原因

合作金融异化是客观事实，是多种因素作用下不以人的意志为转移的必然结果。在生产力高度发展，经济环境发生深刻变化的今天，探究其演变原因，对于理解其现状，预测其未来发展具有重要意义。

7.5.2.1 合作金融独立发展能力增强

合作金融机构发展初期，规模较小，资本薄弱，随着社会经济发展，合作金融机构规模越来越大，经营范围和区域逐步扩大，独立发展能力增强，有能力参与市场竞争。为了增强竞争能力，逐步吸取商业金融在经营管理上的优点，使合作金融逐步偏离了其原有的民主管理和不以营利为目的原则，并向商业性金融机构转变。

7.5.2.2 农业在国民经济中的地位下降

随着经济发展，工业化和城市化程度增加，农业在国民经济中的地位相对下降，农村人口减少，农业领域资金需求相对减少，合作金融机构为了生存发展，不得不拓展新的发展空间，扩大会员的类别或贷款对象，超出传统的存贷业务而将大量资金用来从事多种经营。这使合作金融机构的互助性质日益淡化，越来越呈现出综合银行的特征。

7.5.2.3 国家的扶植和优惠政策减少

由于合作金融机构独立发展能力增强，以及农业在国民经济中地位下降等原因，国家对其在资金和政策上的优惠和扶持逐步减少，这促使合作金融机构不断创新业务品种，拓展筹资手段，增强对客户资金的吸引能力，扩大资金来源的渠道和规模，营利动机越来越强。法国农业信贷银行就是在国家资助不断减少的背景下，创造出了存折账户、住宅储蓄、劳工储蓄存折等吸收存款的新形式。

7.5.2.4 与商业银行的竞争加剧

20 世纪 60 年代后，西方发达国家出现资金过剩的情况。商业银行为消化过剩资金，将原本不在其服务区域内的广大农村地区和小工商业领域也逐渐纳入其业务范围，这给合作金融机构带来竞争压力。合作金融机构为了不被竞争淘汰，必须注重经济效益，采用新科技和装备经营业务，提高服务质量，开辟服务项目，扩大服务对象，以便在稳住老客户的同时争取更多新客户，甚至在国际范围内同商业银行进行竞争。这些必然引发合作金融机构性质的异变及与商业银行趋同化。

综上所述，合作金融在历史变迁中，其经营范围、经营方式越来越接近商业银行，这些变化是合作金融适应经济环境，提高自身生存与竞争能力的必然表现。只要其服务社员的基本经营宗旨不变，合作金融的本质就依然成立。

案例 7-1

德国的合作银行体系

德国是世界最早的合作金融组织发源地，距今已有约 170 年历史。德国合作银行是德国第二大银行集团，截至 2017 年末，德国合作银行资产总额达 5 373 亿美元，实现营业收入 326 亿美元，国际评级机构穆迪和标准普尔对德国中央合作银行的评级为"Aa3"和"A+"，美国金融杂志《环球金融》2016 年公布的全球最安全 50 家商业银行排行榜中，德国中央合作银行位居第 2 位。

（1）组织架构。德国合作银行系统由采取股份制组建的联邦中央合作银行（DG Bank：Deutsche Genossenschafts Bank），以及采取合作制组建的 900 多家地方合作银行组成。两级法人之间不存在隶属与管理关系，具有自下而上参与入股、自上而下提供服务和自下而上缴存资金、自上而下融通资金的特点。中央合作银行约有 5 000 多名员工，除了总部自身开展的经营管理活动外，还为各成员单位提供业务指导和综合服务。其基本职能包括：资金清算、资金调剂与融通、联合信贷、理财、租赁、证券保险业务支持、信用卡、国际业务等。地方合作银行采取社员制，实行"一人一票"的民主管理；中央合作银行采取股份制，实行"一股一票"的公司化管理。

（2）审计系统。《合作银行法》《合作社法》规定，各类合作社企业每年都要接受行业审计协会的审计。德国全国合作社联合会和 11 个区域性审计协会组成审计团队，前者有 100 多名专职审计人员，后者有专职审计人员 1.7 万人，他们 90% 的工作都是对合作银行进行审计，因此受联邦金融监管局的委托，每个合作银行每年都会被审计所覆盖。对于审计中发现的问题，审计协会有部分的处置权和重要的建议权。

（3）风险防范机制。一是拥有健全的资金融通和资金清算系统。平时，地方合作银行将多余的资金上存中央合作银行，而中央合作银行在地方合作银行需要时则提供再融资服务，从而保证了系统日常的流动性和偿付能力。二是建立了信贷保证（风险）基金制度。地方合作银行每年按信贷资产的一定比例向区域审计联盟缴纳保证基金，这部分基金主要用于帮助出现危机的合作银行。三是在合作银行系统内部建立了存款保险制度，较好地保障了资金安全和存款人利益。

（资料来源：程列辉，朱建平. 德国、荷兰合作金融体制考察及启示 [J]. 金融纵横，2018（8））

阅读案例并回答以下问题：

1. 德国合作银行为什么能够具有强大的竞争力？相比于商业银行，合作银行有什么特点和优势？又可能会存在哪些不足？

2. 结合案例分析我国信用合作组织可以在哪些方面学习借鉴德国合作银行发展经验？

案例 7 - 2

合作金融的未来：战略及展望

在美国，每年都有几十万人为了改善生活而参加合作社。如今美国合作社社员占美国总人口的 40%。新的服务，增加了社员资格的价值，使这些合作社成长迅速。如美国信用合作社社员的快速增长就是通过开展新的业务实现的，如房屋抵押、业务贷款、退休养老计划，以及电子银行。消费者认为，与营利性银行相比，信用合作社能够以较合理的价格提供比较好的服务，因此备受青睐，加入信用合作社的人也因此愈来愈多。

关于信用社的作用、战略及展望，美国人布莱恩（Brian）论述道：信用合作社是一种非营利的合作金融机构，这个机构是一种私人的合作，除了它归集体所有以外，它还像银行一样地工作。这个机构是唯一的，在为其成员的利益而经营。北卡罗来纳州的全州顾客信用社是美国规模最大的信用社，这是全心全意为消费者服务的金融机构，提供家庭抵押业务、私人贷款、信用卡、有息和无息的支票账户，为汽车、洗衣机筹集消费资金等所有业务。这个信用社在教育界和职工界很有市场，信用社知道顾客是什么人，他们喜欢什么，他们的薪金是多少，他们在哪里工作，他们住在什么地方，以及他们需要哪种金融服务等。该社有一个良好的理念：在了解市场方面，走在目标的前面成功必须具备3个条件：①必须提供优质金融服务——质量；②必须公平合理地制定服务价格——不是最低的价格，而是合理的价格；③必须以一种方便的方式提供这些服务。

（资料来源：岳志. 合作金融思想学说史［J］. 上海：上海远东出版社，2017）

阅读案例并回答以下问题：

1. 美国信用合作社为什么每年能吸引几十万新成员加入？

2. 结合案例分析北卡罗来纳州的全州顾客信用社运营很成功的理念体现在哪些方面？

本 章 小 结

（1）合作金融是各种信用主体为改善自己的生产与生活条件，按照合作制原则，自愿入股联合，依据市场变化，实行民主与股权动态调整的管理模式，获得服务和利益的一种特殊的资金融通形式。分为传统和现代合作金融两种形态。

（2）合作金融原则是雷发巽与舒尔茨信用合作思想融合的产物，二者的统一构成世界合作金融思想的核心。合作金融有很强的适应性，有弹性较大的合作限度，适用于不同社会制度的国家，也能适用于一个社会制度国家的不同发展阶段，这种适应性也说明，各国间以及同一国家不同发展阶段的合作金融原则都不尽相同，传统合作金融都遵循相同的基本原则。

（3）合作金融作为企业组织，是与一定时期的生产力发展水平相适应的。由于合作金融创立时的社会与当前市场和信息高度发达的社会已相去甚远，传统合作金融遵循的基本原则也在适应社会经济环境变化的过程中发生异化，传统合作金融吸收了现代股份制企业的优点，异化为现代合作金融。

关键术语

信用合作　合作金融　商业金融　政策金融　信用合作社　合作金融原则
合作金融异化

复习思考题

1. 合作金融与商业金融、政策金融的区别是什么?

2. 结合实际,谈谈你身边有哪些信用合作组织?

3. 合作金融原则是一成不变的吗?

4. 合作金融异化有哪些表现?

5. 结合马克思的生产力和生产关系理论谈谈合作金融异化的原因。

6. 请展望合作金融的发展趋势,谈谈感想。

CHAPTER 8

第 8 章　互 助 保 障

互助保障是人类生存和发展的需要，是社会稳定与和谐的基础。贝弗里奇（Beveridge）认为：

> "社会保障是解决人们面临的五个严重社会问题当中的一部分问题。这五个严重社会问题分别是，一是贫穷；二是疾病（招致物质贫乏，以及种种其他麻烦）；三是愚昧（民主与愚昧水火不容）；四是肮脏（主要是工业和人口分布不合理造成的）；五是懒散（不论是否有饭吃，懒散都会毁灭财富、腐蚀人民）。社会保障不能只是追求保障基本物质需要，而应当针对这五种形形色色的严重社会问题，并且还要与自由、企业、个人对自己生活的责任结合起来，只有这样，英国社会和生活在其他地方、继承英国传统的人们才拥有了推动人类进步的极为重要的力量。①"

贝弗里奇揭示了互助保障的重要意义。互助保障的最初目的是满足人们基本的需求，进而满足文化、艺术等更高的需求。未来社会中，实现人的自由而全面的发展，也离不开互助保障制度。合作经济组织的服务本质上是以社员为服务对象的俱乐部式公共服务，社员是合作经济组织的核心基础。合作社的所有管理和经营活动都是为了社员，是自助基础上的互助，互助基础上的自助。

8.1　合作经济组织互助保障的内涵

8.1.1　互助保障的定义

互助保障，是指合作经济组织成员之间通过一定的机制，相互提供物质帮助

---

① ［英］贝弗里奇. 贝弗奇报告：社会保险和相关服务［M］. 社会保障研究所，译. 北京：中国劳动和社会保障出版社，2008.

（包括经济援助与服务援助等）的一种生活保障系统。它由合作经济组织承办，具有自愿参加、互助共济、非营利、合作制等特点。这一定义至少包括如下内容：

第一，互助保障的本质在于合作社成员之间的互相帮助，它在实践中则体现为以互助为条件的自助与他助，即参加互助保障的成员能够在互助中实现自助，并获得他助。

第二，互助保障是一种社会化的生活保障机制，它不是入社成员之间的个体对应帮助行为（如邻里帮助、亲友互助等），而是需要合作社来承担组织任务，并通过社会化手段来筹集资金，按照社会化的原则与规律运行的一种生活保障机制。

第三，互助保障机制的运行具有封闭性，即它是在合作社内部运行，所覆盖的对象为参与互助保障的成员，且有明确的身份限制。

第四，互助保障是一种综合性的生活保障机制，它保障的内容并非仅仅对社会保险项目进行补充，而是可以根据入社成员的群体意愿来设置互助项目，并满足多种社会性保障需求，还可以补充社会救助及公共福利服务等基本保障制度的不足，从而是一种可以包括经济保障、服务保障甚至情感保障等在内的综合性生活保障机制。

第五，互助保障是合作社公益事业，不以营利为目的，它在实践中既是对合作社的支持，同时也是对政府基本社会保障制度的支持，从而能够且应当得到政府的财政与政策支持，同时也不能排除通过互助保障基金的商业营运来壮大基金，以促进互助保障事业的进一步发展。

第六，互助保障不是国家的法定社会保障，从而在实施中具有非强制性，但它作为合作社内部的制度安排，所以有相应的制度引导与政策支持，往往成为群体的自觉行动；封闭运行的特色又决定了互助保障不是可以自由竞争的市场业务，而是以群体或团体行为的状态出现，并具有非竞争性的社会性保障事业。

综上所述，互助保障是合作经济组织内部内生的生活保障机制，它的社会化程度不如基本社会保障制度，但属于现代农村社会保障体系的自然延伸和有益组成部分。

8.1.2　互助保障的特征

8.1.2.1　民主、平等的社员制

互助保障的所有权属于全体参与者，因此，参加互助保障的成员既是受益者又是管理者。合作经济组织是依法登记注册，按照"民办、民管、民受益"的原则，实现广大农民群体的共同利益。

8.1.2.2 自愿参与

凡农村居民可自愿参与，任何单位或者个人都不得违背农民意愿，强制他们参与合作经济组织。但是享受互助保障的前提是必须参与合作经济组织。

8.1.2.3 服务性

合作经济组织成员既是合作经济组织财产的所有者又是合作经济组织事业的利用者。这一所有者和利用者的统一性，决定合作经济组织的经营以为社员提供最优服务为目的。社员的生活服务需求通常由合作经济组织提供，尤其是互助保障的对象迫切需要合作社提供无偿和抵偿的服务保障时，更是其他社会保障机制所无法满足的，如个人生活照料、康复医疗、养老保障等公益性的服务设施等。通过合作社互助服务和志愿者队伍提供的服务，能够起到很好的作用。

8.1.2.4 群众性

合作经济组织互助保障是群众性的自我保障和互助保障，是群众行为，因此，充分发动社员的积极性是搞好合作社互助保障的基本保证。

8.1.2.5 筹资多渠道

合作经济组织的互助保障虽然以服务为主要手段，以志愿者参与为重要形式，但仍然有相应的资金要求，并且资金的积累规模决定着互助保障的服务水平与保障水平。因此，合作经济组织互助保障同样需要开辟多元化的筹资渠道，如争取政府财政支持、社会组织捐献，以及向有条件的接受服务者收取一定的费用等。

8.1.3 互助保障的功能

互助保障的功能，是指合作经济组织包括其各个子系统在运行过程中所发挥出来的实际效能和作用。在社会经济发展过程中，合作社互助保障的内涵得到极大的丰富，功能和作用由于逐步完善，而得到更加淋漓尽致的体现，从而成为社会政策的主要构成部分，不断推进人类文明社会的进步。合作经济组织在互助保障方面具有许多不可替代的功能，在政治、经济、社会三大方面发挥着重要作用。

8.1.3.1 政治功能

合作经济组织是经济弱者的互助性组织，通过联合政治、社会行动等发挥政治功能，为经济弱者争取更多的发展权益，提高他们的社会地位，进而维护社会稳定发展。在资本主义弱肉强食的市场经济下，中小企业、个体农民等经济弱者从生产领域到流通领域均受到垄断资本的剥削。这由市场经济的竞争规律决定，是不以人意志为转移的。为了减轻垄断资本的剥削，维护自身利益，这些经济弱者自愿成立合作社，以合作力量抗衡垄断资本。在我国社会主义市场经济体制下，一方面，经济强者实行公司制，而经济弱者则实行合作制，公司制和合作制并存是市场经济发展的客观要求；另一方面，作为经济弱者，广大农民群体通过归自己所有的合作经济组织，参与农村的民主管理，与政府对话，产生认同感和强大的凝聚力。在生存、发展、保障等需求不断得到满足的同时，监督组织进行民主管理，实现提高经济收入和自身社会地位的目的。

8.1.3.2 经济功能

合作经济组织对社员的就业提供服务。第一，合作经济组织为当地提供了更多的就业机会。通过发展农业多种经营和乡镇企业，各种专业技术人员、管理人员需求增加，为社会提供了多重就业机会，不仅解决了大批农村闲散劳动力，而且也提高了农民的收入。第二，合作社通过建立人才培养机制，充分发掘人们的发展潜力，就地消化农村失业人口。例如帮助返乡青年较好地适应乡村生活，以满足合作经济组织发展与社区建设的需要；提升农村妇女的发展能力与自信心，改变她们的弱势形象，使她们转而成为促进农村经济社会发展的主体力量。青年返乡与妇女劳动力力量的兴起，使社区获得了重建的依靠力量，为新农村建设的顺利开展奠定了人才基础。第三，合作经济组织的互助保障功能在当地具有很好的示范效应，会带动地区经济的发展，提高当地经济发展水平。

8.1.3.3 社会功能

合作经济组织互助保障功能在社会方面的实现是以经济方面的完善为基础的，是经济方面的延伸与发展，同时又对经济方面功能的实现起促进作用。第一，合作经济组织通过传递国家就业、创业、医疗、养老等政策，成为国家政策推广和宣传的平台。而作为一个非营利性经济组织，合作社本身又是国家政策的实施体。合作社还具备教育文化的功能，即在合作社外积极承担社会责任，在合作社内进行合作教育的工作，并力行平等、互助、合作的文化价值。第二，合作经济组织是推动贫困人口脱贫的理想载体。通过充分发掘贫困人群的发展潜力，为社会成员的基本生活提供着相应的保障，帮助陷入生活困境的社会成员从生存危机中解脱出来。第三，人口老龄化、疾病、自然灾害等各种特殊事件的客观存在，给社会成员造成群体性的生存危机。合作经济组织通过发挥互助保障功能，满足社会成员对安全与发展保障的需要。如各种社会福利服务的提供，有效解除了社会成员在养老、就业及其他生活服务等方面的后顾之忧，为社会成员的发展创造了条件。且能够防范与消化社会成员因生存危机而可能出现的对社会、政府的反叛心理及行为，保障社会成员在特定事件的影响下仍可以安居乐业，从而有效地缓解乃至消除引起社会动荡的潜在风险，进而维系着社会秩序的稳定、正常和健康发展。

8.2　医疗保障

8.2.1　合作医疗的发展历程

8.2.1.1　农村合作医疗制度初创阶段

20世纪40年代，陕甘宁边区和抗日革命根据地出现的医药合作社，是农村合作医疗制度的最早雏形。农村合作医疗制度的兴起是在20世纪50年代的农村合作化时期。1955年初，山西省高平市米山乡在农业生产合作社社保站中最早实行"医社结合"，采取社员群众出"保健费"和生产合作社公益金补助相结合的办法，使我国农村的合作医疗制度得到了肯定和推广。1958年，实行人民公社化以后，农村合作医疗制度正式确立。主要特点：第一，社员每年缴纳一定的保健费；第二，看病时只交药费或挂号费；第三，另由大队、公社的公益金补助一部分。此后，这一制度在广大农村地区逐步普及推广。

8.2.1.2　农村合作医疗制度发展阶段

20世纪60年代中期，毛泽东作出"组织城市高级医务人员下农村和为农村培养医生"及"把医疗卫生工作的重点放到农村去"的指示[①]。这两项重要指示的贯彻落实使合作医疗制度进一步发展。"文化大革命"时期，由于强大的政治推动，农村合作医疗得到了快速发展。

20世纪70年代，我国农村合作医疗制度与农村的县、乡、村三级医疗保健制度以及"赤脚医生"成为解决我国广大农村缺医少药、保障人民群众健康的

---

① 罗元生. 毛泽东："把医疗卫生工作的重点放到农村去"［J］. 党史博览，2020（4）.

农村医疗"三大法宝"。世界银行曾盛赞中国农村合作医疗是"成功的卫生革命",是"以最少投入获得最大健康受益的模式"。1978 年,第五届全国人大把合作医疗写入了《中华人民共和国宪法》。到 1980 年,我国农村有 90% 的行政村、生产大队实行了合作医疗。

8.2.1.3 农村合作医疗制度衰落阶段

进入 20 世纪 80 年代,随着农村全面实施家庭联产承包责任制、统分结合的双层经营模式,以及人民公社的废除和生产大队的解体,农村集体经济组织的管理职能发生重大变化,农户成为生产的主体,合作医疗制度存活的土壤消失了。加之农村合作医疗自身制度存在重大缺陷,合作医疗制度快速走向解体。到 80 年代末期,全国合作医疗的覆盖率由过去的 90% 下降到 4.8%。合作医疗解体后,农民又回到自费医疗的方式看病,看病难、因病返贫的现象屡见不鲜。

8.2.1.4 重建农村合作医疗制度阶段

20 世纪 90 年代以来,农民"因病致贫""因病返贫"现象越来越严重,国家重视农村医疗保障制度缺失问题,不断探寻解决农村医疗的途径,把恢复和发展合作医疗制度作为一个重要方案。1994 年,全国 27 个省 14 个县（市）开展"中国农村合作医疗制度改革"试点及跟踪研究工作。1997 年 1 月,中共中央、国务院在《关于卫生改革与发展的决定》中,提出要"积极稳妥地发展和完善合作医疗制度"。同年 5 月,国务院批转《关于发展和完善农村合作医疗若干意见》。11 月,卫生部发布《关于进一步推动合作医疗工作的通知》。这些文件构成重建农村合作医疗的政策依据。

8.2.1.5 新型农村合作医疗保险制度阶段

21 世纪以来,"三农"问题引起党和政府的广泛关注。2002 年,重建农村合作医疗、为广大农民提供医疗保障再次被提上议事日程。《中共中央、国务院关于进一步加强农村卫生工作的决定》提出,到 2010 年,在全国农村基本建立符合社会主义市场经济体制要求和农村经济社会发展水平的农村卫生服务体系和合作医疗制度。2003 年,国务院办公厅转发卫生部、财政部、农业部《关于建立农村新型合作医疗制度的意见》,明确要求各省、自治区、直辖市从 2003 年起,至少选择 2 ~ 3 个县、市先行试点,取得经验后逐步推广,由农民以家庭为单位自愿参加,所履行的缴费义务,不能视为增加农民负担。到 2010 年,实现在全国建立基本覆盖农村居民的新型农村合作医疗保险制度的目标。在医疗健康服务领域,联合国公布的调查报告显示,合作社和互助组织提供的医疗服务覆盖范围在全球范围内不断扩大。我国新型合作医疗制度，是在政府组织、引导和支持下，农民自愿参加，个人、集体和政府多方筹资，以大病统筹为主的农民医疗互助共济制度。

8.2.2 新型农村合作医疗保险制度的原则

（1）自愿参加，多方筹资。

农民以家庭为单位自愿参加新型农村合作医疗保险，遵守有关规章制度，按时足额缴纳合作医疗经费；乡（镇）、村集体要给予资金扶持；中央和地方各级财政每年安排一定专项资金予以支持。

（2）以收定支，保障适度。

新型农村合作医疗保险制度要坚持以收定支，收支平衡的原则，既保证这项制度持续有效运行，又使农民能够享有最基本的医疗服务。

（3）先行试点，逐步推广。

建立新型农村合作医疗保险制度必须从实际出发，通过试点总结经验，不断完善，稳步发展。要随着农村社会经济的发展和农民收入的增加，逐步提高新型农村合作医疗保险制度的社会化程度和抗风险能力。

8.2.3 新型农村合作医疗保险制度的特点

（1）政府财政给予补贴。

传统农村合作医疗的资金主要来自集体经济的再分配，农民个人出资微乎其微。20世纪90年代，重建合作医疗采取个人投入为主，集体扶持，政府适当支持的筹资原则。新型农村合作医疗规定了中央财政和地方财政对于参加新型农村合作医疗的农民的补贴标准和范围，筹资机制是个人缴费、集体扶持和政府资助相结合，有较为稳定的资金来源。相比而言，新型农村合作医疗，各个筹资主体的责任明确，政府的投入力度也有所加大。

（2）以县（市）为单位进行统筹。

传统的农村合作医疗制度和20世纪90年代重建的农村合作医疗制度主要以村（大队）为单位进行统筹。新型农村合作医疗保险制度以县（市）为单位进行统筹。

（3）抗风险能力增强。

传统的合作医疗制度筹资水平低、统筹范围小，大多将保障的重点放在门诊费用或者小病上。新型农村合作医疗保险制度是一种以大病统筹为主的医疗互助共济制度，对参保者患大病、重病，且需要支付较多医疗费用的，将给与一定的补偿，同时规定每人每年享受最高补偿限额。

（4）建立新的管理体制。

传统的农村合作医疗制度管理混乱，缺乏基金筹集及使用上的规划，实行乡办乡管，村办村管。新型农村合作医疗保险制度根据经济发展水平、医疗费用需要，以及农民的承受能力，测算筹资总水平和各方出资额，合理确定报销起付标准、报销比例及报销最高限额。同时，加强了对新型农村合作医疗保险制度基金的管理与监督。

8.2.4 城乡居民基本医疗保险制度

2016 年，国务院印发《关于整合城乡居民基本医疗保险制度的意见》（见表 8-1），将新型农村合作医疗保险和城镇居民基本医疗保险两项制度，从覆盖范围、筹资政策、保障待遇、医保目录、定点管理、基金管理 6 个方面，按照统筹规划、协调发展，立足基本、保障公平，因地制宜、有序推进，以及创新机制、提升效能的基本原则进行整合，逐步在全国范围内建立起统一的城乡居民基本医疗保险制度。

表 8-1　　　　关于整合城乡居民基本医疗保险制度的意见

	六统一	具体要求
整合基本制度政策	统一覆盖范围	城乡居民基本医疗保险制度覆盖范围包括新型农村合作医疗保险和城镇居民基本医疗保险所有参保人员，即覆盖除城镇职工基本医疗保险应参保人员以外的其他所有城乡居民。农民工和灵活就业人员依法参加城镇职工基本医疗保险，有困难的可按照当地规定参加城乡居民基本医疗保险
	统一筹资渠道	实行个人、集体和政府多方筹资的方式。各地按照基金收支平衡的原则，合理确定城乡统一的筹资标准。完善筹资动态调整机制。在精算平衡的基础上，逐步建立与经济社会发展水平、各方承受能力相适应的稳定筹资机制。逐步建立个人缴费标准与城乡居民人均可支配收入相衔接的机制。合理划分政府与个人的筹资责任，在提高政府补助标准的同时，适当提高个人缴费比重
	统一保障待遇	遵循保障适度、收支平衡的原则，均衡城乡保障待遇，逐步统一保障范围和支付标准，为参保人员提供公平的基本医疗保障。妥善处理整合前的特殊保障政策，做好过渡与衔接。医保基金主要用于支付参保人员发生的住院和门诊医药费用，政策范围内住院费用支付比例保持在 75% 左右，要进一步完善门诊统筹，逐步提高门诊保障水平。逐步缩小政策范围内支付比例与实际支付比例间的差距

续表

六统一		具体要求
整合基本制度政策	统一医保目录	统一城乡居民医保药品目录和医疗服务项目目录，明确药品和医疗服务支付范围。完善医保目录管理办法，实行分级管理、动态调整
	统一定点管理	统一城乡居民基本医疗保险定点机构管理办法，强化定点服务协议管理，建立健全考核评价机制和动态的准入退出机制。对非公立医疗机构与公立医疗机构实行同等的定点管理政策。原则上由统筹地区管理机构负责定点机构的准入、退出和监管，省级管理机构负责制定定点机构的准入原则和管理办法，并重点加强对统筹区域外的省、市级定点医疗机构的指导与监督
	统一基金管理	城乡居民基本医疗保险执行国家统一的基金财务制度、会计制度和基金预决算管理制度。医保基金纳入财政专户，实行"收支两条线"管理。基金独立核算、专户管理，任何单位和个人不得挤占挪用。基金使用遵循以收定支、收支平衡、略有结余的原则。建立健全基金运行风险预警机制，防范基金风险，提高使用效率。强化基金内部审计和外部监督，坚持基金收支运行情况信息公开和参保人员就医结算信息公示制度，加强社会监督、民主监督和舆论监督

资料来源：国务院. 国务院关于整合城乡居民基本医疗保险制度的意见［EB/OL］.
（2016 - 1 - 3）［2020 - 12 - 5］. http：//www. gov. cn/zhengce/content/2016 - 01/12/content_10582.
html？trs = 1.

8.3　养老保障

8.3.1　农村养老方式

养老方式主要是指老年人口依靠何种经济资源、采用何种组织形式来实现其多种养老需求（经济保障、基本生活照料、精神慰藉等），以保障其老年生活。我国农村养老方式主要有社会养老、家庭养老，以及合作社等其他组织养老。养老保障方式体系如图 8 - 1 所示。

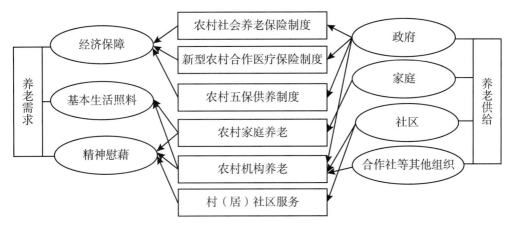

图 8 - 1　农村养老保障方式体系

资料来源：笔者根据材料整理而得。

8.3.1.1　社会养老

社会养老保险是指受保者达到法定年龄并缴费（税）满一定年限后，国家和社会依据一定的法律和法规为其提供一定的物质帮助，以满足老年人口基本生活需要的制度。20 世纪 80 年代中期开始，我国探索性地建立了农村养老保险制度。1992 年，民政部颁布了《县级农村社会养老保险基本方案（试行）》，我国农村社会养老保险工作正式起步。1995 年，国务院办公厅转发了民政部《关于进一步做好农村社会养老保险工作的意见》，与《县级农村社会养老保险基本方案（试行）》共同构成了农村社会养老保险制度的准则。但是 1999 年，农村社会养老保险被列入清理整顿范围，此后各地农村社会养老保险工作基本处于停滞状态。2009 年，国务院办公厅发布《国务院关于开展新型农村社会养老保险试点的指导意见》，拉开了新农保制度的序幕。2014 年，《国务院关于建立统一的城乡居民基本养老保险制度的意见》颁布，全国范围内建立起统一的城乡居民基本养老保险。其主要特点有：

第一，基本原则是全覆盖、保基本、有弹性、可持续。

第二，筹资结构创新。新型农村社会养老保险基金筹集由个人缴费、集体补助与政府补贴构成。地方政府补贴标准每人每年不低于 30 元。对于符合条件的参保人，政府为其缴纳部分或全部最低标准的养老保险费。

第三，养老保险待遇由基础养老金和个人账户养老金构成。农村居民个人缴费及各项补贴全部计入个人账户，月计发标准为个人账户全部储存额除以 139。同时，政府还发放基础养老金，基础养老金最低标准为每人每月 70 元。

第四，加强养老保险基金管理。养老保险基金纳入社会保障基金财政专户，实行收支两条线管理，单独记账、独立核算，按照国家统一规定投资运营，实现保值增值。

8.3.1.2　家庭养老

家庭养老是指以血缘关系为纽带，由子女等家庭成员对老年人口提供衣、食、住、行等物质上及精神上的照料，以满足老年人基本生活需求的养老方式。家庭在解决老年人养老问题方面发挥着重要而特殊的作用，尤其在农村地区。养儿防老是最原始的生命周期理论和世代交叠理论。成年人赡养年老父辈，是年老父辈对子代抚养的产品要求权的实现；成年人将剩余产品的一部分用于抚养子女，以求当他年迈时可以向他的子女要求赡养权利，就像他赡养他的父辈。传统的家庭养老无疑是广大农村老年人维持基本生活的主要保障方式，其主要特点有：第一，家庭养老拥有深厚的伦理文化基础和社会经济基础，子女赡养老人是社会公认的传统美德；第二，家庭养老不仅可以满足老人多重养老需求，更加强调精神上的需要，充分体现亲情关系，是其他任何形式无法替代的；第三，物质供养成本较低，不需要国家负担，但是对家庭规模及其子女履行赡养义务存在依赖性，缺乏互助共济功能，从而也决定了其抵御风险能力较弱。

8.3.1.3　合作社养老

合作社养老事业是指合作社通过向入社老人提供物质、精神及心理等服务，以解决农村留守老人、空巢老人的养老问题。合作社提供养老服务有悠久的历史基础，在农业合作化时期，农村老年居民的基本生活保障资料主要由集体提供。1951 年 9 月，中共中央讨论通过了《关于农业生产互助合作的决议（草案）》，全国快速展开农业合作化运动；1955 年 7 月，毛泽东作了《关于农业合作问题》的报告，推动全国农业合作化进入高潮。农村居民的土地等生产资料划归集体所有，全体社员采用统一生产劳动、统一分配的制度。其中，老弱病残社员可以分配较轻的劳动或退出农业生产活动，对于分配较轻劳动的社员可通过记工分参与分配；对于退出农业生产活动的老年人，则给予他们一定的生活资助。目前，农村地区的合作社养老服务与农业合作化时期完全不同，是按照"入社自愿、退股自由、民主管理、平等互利"的原则引导广大农民加入合作社，融生产与生活于一体，满足入社老人的基本养老服务需求。合作社养老是对农村家庭养老方式的有益补充，是由家庭养老方式向机构养老方式过渡的一种很好的形式。合作社养老不仅在一定程度上弥补了家庭养老的不足之处，而且使农村的养老方式更加多元化。合作社养老的特点主要有：

第一，合作社养老实践形态多元化。目前，我国多个地区的合作社参与了农村养老供给事业，其中，河北省、湖北省、江苏省、河南省等地的合作社养老案例具有一定的典型性。合作社提供的养老服务大多是以资金的形式提供经济支持或最基本的日间照料，这与其生产规模、利益机制等因素有关，各地合作社养老实践形态不一，没有形成特定模式，侧重服务的内容也存在差异。

第二，合作社养老组织建设本土化。我国合作社养老实践是基于现实需要而自发组织设计，依托合作社平台发挥社会服务功能，因地制宜提供养老服务，具有本土化特色。合作社根植于农村地区，社员以本村村民为主，提供的养老服务符合乡土社会实际。但也决定了其养老服务专业化程度不高，合作社为入社老人所能提供的养老服务大多是最基础的生活照料，或以资金的形式呈现，服务覆盖面较窄。

第三，合作社养老利益联结紧密。作为互助性经济组织，合作社养老在农村地区的发展是其经济功能得以实现的基础。我国合作社养老实践将经济效益与社会效益、合作社利益与入社老人利益相联结。老人作为养老需求主体，通过土地或闲置农宅为基础的出资方式加入合作社以获得养老服务，既降低农户家庭养老费用的支出，也减轻基层政府的养老压力，同时作为特色提升了合作社影响力。合作社作为养老供给主体，通过参与农村养老事业、实现社会效益、履行社会责任的同时吸引农户加入，对农户的物质资源提供统一的培训、生产和管理，从而提高农户资源的使用效率及实现规模经济。带动农民增收致富的同时所得收益为合作社养老提供资金支持，将生产经营与社会服务有效联结，同时，也增强了人们对合作社养老的认同感。根据我国现阶段合作社参与农村养老供给情况，合作社提供养老服务需要建立在其经济效益良好的基础上，尚不能脱离农业生产经营。

第四，合作社养老管理民主化。农民作为参与主体，决定了合作社养老事业的根本属性。我国农民合作社都是依法登记注册，合作社养老的实践是在原组织的基础上提供养老服务，按照"民办、民管、民受益"的原则，实现广大农民群体的共同利益，民主化的特点尤为显著。

8.3.2 合作社提供养老服务的环境分析

8.3.2.1 老龄化步伐加快

随着社会经济的不断发展，医疗技术及社会制度的进步，人类由高出生率、高死亡率、低预期寿命的"两高一低"人口增长方式转型为低出生率、低死亡率、高预期寿命的"两低一高"人口增长方式。根据联合国制定的标准，一个国家65岁以上的老年人在总人口中所占比例超过7%或60岁以上人口超过10%，便被称为老年型国家。截至2019年底，中国60岁以上老人已达2.54亿人，占人口总数的18.1%，其中，65岁以上的老年人口为1.76亿人，属于老年型国家（见表 8 - 2）。

表 8 - 2 　　　　　　2019 年中国人口总数及其构成

指标	年末数（万人）	比重（%）
全国总人口（不含港澳台）	140 005	100. 0
其中：城镇	84 843	60. 6
乡村	55 162	39. 4
其中：男性	71 527	51. 1
女性	68 478	48. 9
其中：0～15 岁（含不满 16 周岁）	24 977	17. 8
16～59 岁（含不满 60 周岁）	89 640	64. 0
60 周岁及以上	25 388	18. 1
其中：65 周岁及以上	17 603	12. 6

资料来源：国家统计局. 中华人民共和国 2019 年国民经济和社会发展统计公报 ［EB/OL］. （2020 - 2 - 28）［2020 - 12 - 5］. http：//www. stats. gov. cn/tjsj/zxfb/202002/t20200228_1728913. html.

人口老龄化是社会经济发展的结果。20 世纪 70 年代，高收入国家就开始注意到了人口老龄化现象，一些国家开始了制度的准备工作。从 70 年代开始，西方发达国家的农民合作年金制度迅速发展起来，日本、美国、加拿大分别于 1971 年、1990 年和 1991 年先后建立了专业性的农民合作年金制度。习近平总书记在党的十九大报告中明确提出，按照兜底线、织密网、建机制的要求，全面建成覆盖全民、城乡统筹、权责清晰、保障适度、可持续的多层次社会保障体系。人口老龄化意味着现收现付制度的赡养负担越来越重，意味着当下在职职工的赋税越来越重、政府的负担越来越重。世界银行认为，在人口老龄化日益严峻的情况下，单一的公共养老金制度日益受到政治和财政的压力与挑战，养老体制不具可持续性。而建立多层次养老保障计划既可以降低政府责任，又可以分散风险，为老年人提供稳定的保障。以互助为基础的合作社养老模式，是制度化国家养老保险之外的一种重要补充，也是社会治理方式的创新，在很大程度上保障了农村老人的老年生活，降低了生活风险。

8. 3. 2. 2　土地保障功能弱化

土地是农村居民的重要保障之一。实行家庭联产承包责任制以来，我国国民经济结构不断调整，农村土地保障功能的发展面临着一系列新的矛盾，且我国当前处于城镇化加速的重要发展阶段，耕地面积日趋缩小。农村地区老人在丧失劳动能力后，大多依靠出租土地或者勉强耕种土地维持日常收支，收入有限，土地保障功能逐渐弱化。

我国土地流转制度日益完善，从制度和法律层面规范农户的土地流转行为，降低转让风险。尤其老年群体认知和辨别信息能力较弱，土地流转制度的完善可以有效解决老人的后顾之忧。2014年，中央一号文件提出，"要鼓励发展专业合作社、股份合作等多种形式的农民合作社，允许财政项目资金直接投向符合条件的合作社，落实和完善相关税收优惠政策，支持农民合作社发展加工流通"。同时也提出，"要深化农村土地制度改革，赋予农民对承包地占用、使用、收益、流转及承包经营权，允许土地的经营权向金融机构抵押融资"[①]。2017年，国家出台的《关于加快构建政策体系培育新型农业经营主体的意见》明确指出，"要引导新型农业经营主体多路径提升规模经营水平"。合作社往往以流转土地使用权作为老人获得养老服务的条件，土地流转制度的完善，不仅有利于合作社生产规模化的实现，而且为养老服务的提供奠定了制度基础。

8.3.2.3 新生代农民工大量涌入城镇

随着工业化和城镇化进程日益加快，农村劳动力向城市转移就业是近些年发展的显著特点，全国各地出现不同程度的"民工潮"。城镇化与工业化相伴随的农村青壮年劳动力外流现象，进一步加剧了农村的老龄化进程和村庄的空心化程度。而且，受20世纪80年代以来中国实行的计划生育政策影响，我国农村家庭出现了小型化的发展趋势，人口增幅减缓，使得年轻子女对于老年人口的供养系数不断上升，这一切直接导致家庭养老保障的能力迅速下降。囿于当前的农村社会养老保障水平难以满足农村留守老人在物质供给、精神慰藉及身体照料方面的需求。因此，合作社养老模式的发展迎合了农村老年人对养老服务的多重需求，具有较强的针对性。

8.3.3 合作社养老的运行机制

我国农民专业合作社的总体发展正呈现加速态势，从数量和覆盖范围上都快速扩大，农民专业合作社为提高农民的组织化程度，增加农民收入发挥了重要的作用。合作社的不断发展，为发展合作社养老保障模式奠定了基础。合作社作为养老供给主体，为入社老人提供吃、穿、住等基本的生活照料和娱乐、医疗等配套服务。在成员自愿入股的基础上，通过统一的培训、生产、管理、销售等方

---

① 新华社.关于全国深化农村改革加快推进农业现代化的若干意见［EB/OL］.（2014-1-19）［2021-1-30］.http：//www.gov.cn/jrzg/2014-01/19/content_2570454.htm.

式，将分散的个体团结起来，提高农户资源的使用效率，实现规模经济，并开拓销售渠道，给合作社带来很大收益的同时带动农民增收致富。所得收益为合作社养老提供资金支持，将生产经营与社会服务有效联结，同时也增强了人们对合作社养老的认同感。在合作社养老保障模式下，对所得收益进行分配是合作社制度的重要内容，合作社从每年的盈余中规划一定比例，用作养老保障基金，以完善养老的基础设施建设，为建设合作社养老提供资金支持。此外，合作社养老服务的顺利运转离不开政府和社会组织的支持。合作社养老模式运行流程如图 8 - 2 所示。

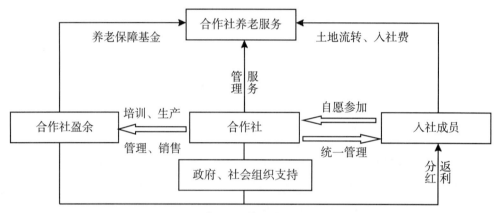

图 8 - 2　合作社养老模式运行流程

资料来源：笔者根据资料整理而得。

8.3.4　各地对合作社养老建设的有益探索

近些年来，大多数地方如河北省、湖北省、江苏省、河南省等地的合作社参与了农村养老供给事业。在探索的过程中各地形成了不同的实践形态，比较有特色的典型实践形态有三种。

8.3.4.1　村两委主导型

村两委主导型是指村两委（村党支部委员会、村民委员会）主导建立合作社，在经营合作社的同时也会通过合作社来发挥养老服务功能，即向老人提供日常生活照料等服务。合作社的资金来源主要是通过流转村民大量的土地进行规模化、标准化经营获得收益，同时，向有劳动能力的老人提供一些公益性岗位，以保障他们的收入和生活水平，较为典型的就是江苏省宜兴市的丰汇水芹专业合作社。

8.3.4.2 政府扶持型

政府扶持型是指通过政府购买服务的形式，由村委会领办合作社向老年人口提供养老服务，政府财政是合作社供给养老服务的主要资金来源。如河南省信阳市平桥区郝堂村的夕阳红养老资金互助合作社，在政府的支持下，通过建立资金互助合作社来吸收政府、村集体及农村老人的储蓄，然后通过在村庄内部发放贷款进行资本运作来获取收益。夕阳红养老资金互助合作社规定：需要贷款的村民必须通过 3 位以上入社老人的评定和理事会的同意才可以拿到贷款；每名村民每次贷款的数额不得超过合作社总资金的 5%；合作社每年获取利润的 40% 用于入社农村老人的年底分红。这一模式不仅保障了农村老人的基本生活需求，也一定程度上提高了老人的社会地位。

8.3.4.3 社会组织带动型

社会组织带动型是指由研究所、高校等社会组织协作发起成立合作社，依靠资金互助，将经济功能与社会功能相融合，发展相关产业及互助养老等业务，例如，河南省灵宝市的弘农沃土专业合作社和安徽省阜阳市的南塘兴农农资合作社。老人通过缴纳一定的入社费可以获得合作社提供的养老服务，主要是组织老年人开展系列活动，提供日间照料及精神慰藉等。并且合作社每年向入股合作社的老人进行两次分红，并从利润中提取一定的资金作为互助养老基金，用于发展村庄的居家养老事业。

案例 8 - 1

蒲韩乡村的农民合作经济组织发展实践

山西省永济蒲韩种植专业合作社联合社的前身是 1997 年成立的寨子科技中心，此后，业务扩大为农资销售、果品协会、农民技术培训学校等。因地域涉永济市蒲州镇、韩阳镇两个乡镇，统称为蒲韩乡村。到 2017 年底，联合社入社农户 3 865 个，占农户总数的 57.7%，涉及 27 个行政村 43 个自然村，耕地面积约 3 333.33 公顷。

在蒲韩乡村，农村妇女接受农业生产技术与技能培训的机会有很多。在寨子村科技中心成立初期，农村妇女既是接受农业生产技能培训的主体，也是受益颇多的群体。在后来的发展过程中，农村妇女更是扮演了重要的角色，在合作社开展的科技培训活动中，她们既是积极的受众又是主动的组织者。虽然她们的文化素质不高，但在加入合作社后，获得了较好的学习机会，练就了较好的学习能力。随着外出参观学习的机会增多，合作社还将部分女性社员派去参加学习、交流、培训活动，丰富她们的人生阅历，增强她们自我发展能力。蒲韩乡村农民合作经济组织发展过程中，合作社的主要对外业务大多也都是女性社员负责，她们与市场的关联度较高，市场竞争意识与能力也日益增强。

蒲韩乡村十分重视青年人才的培养，采用"感情留人"和"事业留人"相结合的青年人才引进模式，将吸引青年返乡，留住返乡青年作为合作社工作的重中之重。凡是回到社区的青年，都要先包村。包村既可以帮助他们融入组织，又可以锻炼他们认识、分析、解决问题的能力。蒲韩乡村创造各种有利条件，积极帮助返乡青年融入社区、融入组织。通过将合作社里的返乡青年下派到青年农场分包土地、分划到各个村庄做入户调查、组织策划联谊活动等，使他们在"接地气"的系列活动中，更好地了解农户的基本状况，更好地融入社区，服务社员，融入组织，树立主人翁意识。此外，合作社还组织青年外出参观、培训、学习与交流，全面提升他们的素质。

蒲韩乡村合作社经过深入调查，掌握了社区里老年人的基本情况，在征询老人意见的基础上争取家属的支持。到 2014 年 10 月，合作社开展的居家养老服务遍及 35 个自然村，为老年人提供"7 对 1"模式、"2 对 1"模式，以及为 13 个老年人提供集中服务 3 种形式的服务，包括做饭、洗衣、聊天等基本生活照料，棋盘、绘画、乐器等休闲娱乐，以及精神慰藉等。其中，愿意接受服务的老年人家属每个月需支付 200 元，护工每人每月可得到补贴 150 元。

（资料来源：赵晓峰．新型农民合作社发展的社会机制研究［M］．北京：社会科学文献出版社，2015）

阅读案例并回答以下问题：

1. 结合案例分析合作经济组织可以提供哪些互助保障服务？

2. 合作社互助保障功能体现在哪些方面？

案例 8 - 2

丰汇水芹专业合作社——以产业实现养老

江苏省宜兴市丰汇水芹专业合作社位于宜兴市万石镇后洪村，于 2008 年成立，并注册了"陶都牌"水芹商标。后洪村地理位置偏僻，经济相对薄弱，多数青壮年都去大城市打工，村子里贫困留守老人居多。村民们世世代代都以种植水芹为业，但种植面积小且不成规模，抗风险能力低，收益甚微。合作社成立后，该村充分利用水芹种植的资源优势，创新发展"基地＋合作社＋公司＋农户"的运作模式，把农户集中到水芹种植合作社来，统一种苗、技术标准、技术管理和组织销售，共同应对复杂多变的市场。其间与多所高校合作，经过专家的技术指导和实践创新，培育出了四季水芹并申请了自主发明的专利。后来通过技术创新，合作社还开发了酱渍水芹的自主生产，后洪村水芹种植的成功经验吸引了大批外地农民慕名过来承包土地。

合作社成立之前，后洪村绝大多数老年人靠土地养老，一年下来收益甚微。有些老人甚至直接把土地荒废掉，仅仅靠着子女微薄的补贴生活。后洪村科学定位土地和农业生产的地位和意义，挨家挨户走访调查，鼓励有劳动能力的老人进入合作社，让老人从事他们最熟悉的职业。老人进入合作社之后，工作人员会给老人发放专用的设备，并对他们进行专业的技术指导、田间管理。合作社会对产收后的水芹合理定价，统一进行销售，老人也无须担心水芹产销等问题。在此基础上，合作社还为不同劳动能力的老人提供不同的就业选择，一方面，对于腿脚不便的半失能老人，可以在家里收捡水芹，通过按时打零工赚取资金；另一方面，对于失能老人，可以通过"以地养老"的方式即流转土地获取相应的收益。

老人通过参与合作社力所能及的工作赚取收益进行自我保障，加之合作社提供的集体互助，通过土地和农业生产维持了老人长期以来形成的生活习惯，提高他们经济收入的同时也提高了他们的社会地位。除了感受到合作社水芹养老模式给他们带来的经济效益外，老人的精神世界也得到了极大的丰富，一定程度上降低了对子女的依赖。水芹养老合作社不仅给农村养老带来了经济效益也带来了切实的社会效益，对完善当前农村养老保障体系、促进农村经济发展，以及构建农村和谐社会都有重大的社会意义和价值。

（资料来源：蒋舟俊. 合作社圆出幸福梦——记江苏宜兴市后洪村丰汇水芹专业合作社 [J]. 中国集体经济，2013（32）：22 - 24.

陈云霞，杨光飞. 农村合作社助力自我养老的观察与思考——以宜兴丰汇水芹专业合作社为例 [J]. 绥化学院学报，2017，37（8）：14 - 17）

阅读案例并回答以下问题：

1. 在具体的实践中，合作社养老模式的优势有哪些？

2. 合作社参与农村养老供给的运行机制是什么？有何现实意义？

本 章 小 结

（1）互助保障是指合作经济组织成员之间通过一定的机制相互提供物质帮助（包括经济援助与服务援助等）的一种生活保障系统。它由合作经济组织承办，具有自愿参加、互助共济、非营利、合作制等特点。互助保障是合作经济组织内部内生的生活保障机制，它的社会化程度不如基本社会保障制度，但属于现代农村社会保障体系的自然延伸和有益组成部分。

（2）新型农村合作医疗保险制度，是在政府组织、引导和支持下，农民自愿参加，个人、集体和政府多方筹资，以大病统筹为主的农民医疗互助共济制度。农村合作医疗制度产生于 20 世纪 50 年代农业合作化时期，在 20 世纪 60～70 年代快速发展，几乎覆盖全国农村地区。80 年代，随着农村集体经济组织管理体制改革，农村合作医疗呈现衰退状态。90 年代，党和政府重建农村合作医疗。21 世纪以来，重建农村合作医疗进入一个新的阶段，党和政府提出建设新型农村合作医疗保险制度。

（3）改革开放以来，随着我国社会经济发展和人口老龄化、家庭小型化，以及农村青壮年劳动力外流等趋势明显，在老年人口自我保障、家庭保障责任、土地保障等传统农村养老方式功能减弱的大趋势下，特别是在广大农村居民要求社会保障和提高生活水平、改善生活质量的诉求下，合作社养老方式应运而生。合作社养老事业是指合作社通过向入社老人提供物质、精神及心理等服务，以解决农村留守老人、空巢老人的养老问题。

关键术语

互助保障　互助保障目标　互助保障功能　互助保障原则　医疗保障
新型农村合作医疗　养老保障　养老方式　合作社养老

复习思考题

1. 合作经济组织互助保障存在的意义或价值是什么？

2. 合作经济组织互助保障有哪些功能？

3. 新型农民合作社医疗事业的原则和主要内容是什么？

4. 如何评价我国新型农村合作医疗保险制度？它与传统合作医疗制度有什么区别？

5. 合作社提供养老保障的优势有哪些？

6. 如何评价合作社养老模式的现实意义？

CHAPTER 9

第9章 其他合作

自有人类社会以来，在处理人与人之间的关系上，便有冲突、对抗、竞争与合作等不同的行为方式，反映了人的不同动机，本质上是反映了不同的哲学思想。合作是处理人与人之间关系的一种行为方式。但现代西方合作运动及相应产生与发展的合作社组织形式与制度安排则始于19世纪初，此后存在与发展到今天，成为世界上许多国家经济体制中的一种有机组成部分，并以其特有的治理架构和制度安排为人们所知晓。马克思曾经指出：

> "合作运动，特别是由少数勇敢的'手'独立创办起来的合作工厂，对这些伟大的社会试验的意义不论给予多么高的估价都不算过分。工人们不是在口头上，而是用事实证明：大规模的生产，并且是按照现代科学要求进行的生产，在没有利用雇佣工人阶级劳动的主阶级参加的条件下是能够进行的。①"

在中国，合作社作为一种重要的组织形式和经济发展形态，在加快推进农业现代化，繁荣城乡经济，统筹城乡发展，增加就业和收入等方面发挥着不可替代的重要作用。本章将介绍除生产合作、流通合作、信用合作，以及互助保障等典型的合作组织类型以外，具有一定的治理架构和制度安排的其他类型合作经济组织。

9.1 其他合作经济组织类型

9.1.1 土地流转合作社

农村土地流转合作社是指在家庭承包经营的基础上，由享有农村土地承包经

---

① 中共中央马克思恩格斯列宁斯大林著作编译局. 马克思恩格斯选集（第2卷）[M]. 北京：人民出版社，2012：132-133.

营权（或林地经营权）的农户和从事农业生产经营的组织，为解决家庭承包经营土地零星分散、效益不高、市场信息不灵等问题，自愿联合、民主管理，把家庭承包土地（或林地）的经营权采取入股、委托代耕和其他流转方式进行集中统一规划、统一经营的农村互助性合作经济组织。它以股份制和合作制为基本形式，实行"三权分离"，即村集体拥有土地所有权，农民拥有土地承包权，土地流转合作社拥有土地经营权，农户按入社土地面积从合作社获取分红收益。

目前，土地流转合作社大体上可以分为两种类型：一是村集体牵头成立土地股份合作社，将土地整理后通过合作社转租，在土地流转中发挥中介作用，实际上是村集体组织"统"的职能的体现。合作社自己不经营，只是充当流转中介。但是通过土地整理，合作社也可以多得到大约10%的土地租金，这部分租金除了弥补整理土地的支出外，主要用于村集体的办公经费。二是村集体或农户成立土地股份合作社自己经营。一开始合作社仅仅充当流转中介，后来逐渐组织本村的剩余劳动力自己经营。这样既增加了入股农民的分红数额，又增加了村集体的收入。表9-1展示了土地流转合作社的各项成本。

表9-1　　　　土地流转合作社公司化运营与维护的劳动力成本

占比		小苗	中苗	大苗
		20%	30%	50%
管护	1人看护土地	0.028公顷	0.07公顷	0.07公顷
	2人看护土地	0.042公顷	0.1公顷	0.2公顷
	每年管护费用	300元/人	300元/人	300元/人
锄地	每年每公顷锄地次数	90次	60次	45次
	每公顷土地用工数	225个工	60~225个工	1个工0.13~0.2公顷
	每天用工的工资	80元	80元	80元
	成本总额	7 200元	1 280~4 800元	80~120元
公司流转土地的成本		12 000元/公顷		
（平均）总成本		9 000元	4 140元	1 200元
总成本		54 630元/公顷		

资料来源：邓宏图，赵燕，杨芸. 从合作社转向合作联社：市场扩展下龙头企业和农户契约选择的经济逻辑 [J]. 管理世界，2020，36（9）：111-127.

以合作社作为土地流转的载体，引导农民将土地流转给专业合作社经营，是完善农村土地流转方式的一种创新。其意义主要有以下三个方面：一是有利于土地资源优化整合，通过合作形式进行生产经营，符合农村发展的实际，对于进一步深化农村土地经营制度、实现适度规模经营、促进生产方式转变、带动农民增收具有积极意义；二是农民把土地委托给合作社统一经营，使这些农民完全从土地中解放了出来，安心外出务工经商或就地转移从事二三产业，促进了专业化分工，同时这些农民又能得到土地收益，有利于保证农民长期而稳定的收益，也有利于农民的非农化转移和农村城镇化进程；三是实现适度规模经营，有利于加快农业产业化发展。

9.1.2 农机合作社

随着工业化的发展，农业机械逐渐进入市场，现已变成了农业生产中不可或缺的一部分。近年来，随着政府部门愈加重视农机化发展，通过不断加大扶持政策、进行农机推广，带动农民的购买热情，提高农业生产效率和人均收入，使农机化水平显著提升。

虽说农机得到了普及，但是受各种因素制约，每个农户不可能拥有各种功能的农机产品，大多数农户都是单机作业，这就是全程机械化的主要制约因素。而农机合作社有如一个农机"超市"，可以把各种不同型号、不同功能的农机有效组合起来，进行统一安排管理。进而有效开展从耕整、种植到收获一系列全程机械化服务。

农机合作社能有效整合农机资源，不仅提高了农机使用率，因闲置、无序竞争而带来的问题也得到改善。农机合作社作为农机资源的基地，根据作物成熟的先后实际情况，统筹部署，组织连篇作业，提高作业效率。如"三夏"的到来，农机合作社组织开展跨区作业，不仅为粮食丰收提供保障，还增加了农民的经济收入，增产增收得到双重保障。

农机合作社为农民与政府搭建桥梁。在生产过程中社员出现的一些问题，农机合作社可以有效地传达给政府部门，政府部门对实际问题进一步了解，从而制定或更完善的政策，对决策进行贯彻落实。合作社根据政府颁布的政策进行宣传并推行，使农民从中获益。

9.1.3 测土施肥合作社

测土施肥合作社主要由土肥技术人员、农资供应人员、配方专用肥生产企业、施肥作业人员、种粮大户、种植业生产合作社组成。主要任务除开展统一施肥等作业任务外，还包括及时向社员提供最新土肥信息、开展市场土肥信息与技术的收集和交流、为社员建立健康档案、为社员提供肥害补救措施等内容。合作社将把这些力量整合起来，织成一张科技网，从而最大限度发挥土肥社会化服务功能。

测土施肥合作社的创建，把土壤监测体系、科研单位的配方专用肥技术、市场化运作的专用肥生产企业、连锁经营的农资供应网络、统一施肥的社会化服务组织等公益型服务有机地结合起来，构建新型的土肥社会化服务体系，真正把社会化服务的功能最大限度地发挥出来，对农业生产效率等方面的提高有着积极的影响。

9.1.4 农村劳务合作社

农村劳务合作社是由农村居民经济合作社或社会团体作为成立发起人，主要吸收有劳动能力但难以寻找到合适就业岗位的农村闲置劳动力参加一种新型合作经济组织。这种以农村富余劳动力、失地农民的劳动合作为基础成立的农业合作经济组织，旨在把农村富余劳动力和失地农民的就业与土地规模经营业主、企业劳动用工、现代农业技能要求统筹兼顾起来，以农业劳务合作社为载体，实现劳资双方无缝对接，合作共赢，通过这种农业生产方式的转变，能有效解决农业业主生产管理环节的"瓶颈"，积极探索出一条农民"自我管理、自我服务、自我提升"的有效途径。

随着土地规模化经营和农村青壮年劳动力向第二、第三产业的转移，农业社会化服务体系滞后的问题日渐凸显。一方面，由于土地流转规模化经营，农村出现季节性用工难和社会服务用工难问题；另一方面，随着青壮劳动力向第二、第三产业的转移，农村富余劳动力大部分是老人、妇女或儿童，存在就业困难问题。这就催生了对劳务合作社发展的需求性。

农村劳务合作社不仅是市场经济主体，同时具有明显的公益性质，相关部门在技术上免费提供咨询，在设备上给予政策补贴，如在税收上，地方留成部分给予合作社以奖代补；在同等条件下，优先将就业机会提供给劳务合作社，提高对外承揽劳务工程的市场竞争力。江苏省太仓市通过探索和发展农民劳务合作社，将农村富余劳动力组织起来，承接城市绿化工程、道路养护、物业管理、农业生产服务等工作，在解决就业问题上做出了卓有成效的探索实践。

在实践中，劳务合作社发挥的功能主要有以下三方面：一是开展劳务输出，通过组织开展农村"失地留守弱劳动力"培训技能，有组织地向从事种植业、养殖业、加工业的业主输送劳务，开展定向、订单式用工服务；二是承包劳务技术，承包种植业、养殖业、加工业业主的劳动用工、技术管理、市场信息"一条龙作业"；三是承接专业和岗位培训，农业劳务合作社对农民进行现代农业所需的技术、技能、专业、信息等资质培训，通过考试颁发劳动技能证书，实行持证上岗。

9.1.5　保险合作社

保险合作社是合作制保险形式之一，目前全球具有影响力的保险合作社有美国的蓝十字与蓝盾协会（Blue Cross and Blue Sield Association）等。这种组织形式分布于 30 多个国家，其中，英国的数量最多。农业保险合作社是在一定区域内建立起来的、由参保的农户为主体、不以营利为目的的组织，农户加入合作社时须认缴一定金额的股本，投保时缴纳保险费。保险合作社自主经营、自负盈亏，成员有权参与日常的经营管理，业务结余留在社内归全体成员所有。作为一种风险共担、利益共享的非营利性互助合作组织，保险合作社相对于商业保险公司而言，在经营农业保险方面具备许多优势，并成为法国、德国、日本等国家农业保险的经营模式。

农业保险合作社在许多国家推广并取得成功经验，但各国国情不同，具体操作上各具特色，例如，法国主要由农户自愿组成合作社，日本是在政府大力支持下成立农业共济组合。保险合作社能够容纳不同水平的生产力，尤其在解决我国农业保险供求不足方面具有明显的优越性，因此，这种组织形式很适合我国当前农村经济发展水平，是发展我国农业保险理想的组织模式，但由于长期以来我国农村自治并不成熟，完全依靠农户组织保险合作社可能会遇到一些障碍，因此，应在各级政府的引导和扶持下，立足于自身特点，建立和发展适合我国国情的保险合作组织。

9.1.6　住宅合作社

国际上通行的住宅合作社是指社员出于共同的居住需求而自愿联合起来成立的互助合作组织。国务院住房制度改革领导小组、建设部、国家税务局在 1992 年发布的《城镇住宅合作社管理暂行办法》中对住宅合作社做了如下定义："本办法所称住宅合作社，是指经市（县）人民政府房地产行政主管部门批准，由城市居民、职工为改善住房条件而自愿参加，不以营利为目的公益性合作经济组织，具有法人资格。""住宅合作社的主要任务是：发展社员，组织本社社员合作建造住宅；负责社内房屋的管理、维修和服务；培育社员互助合作意识；向当地人民政府有关部门反映社员的意见和要求；兴办为社员居住生活服务的其他事业。"

《城镇住宅合作社管理暂行办法》中对住宅合作社有如下分类：一是由当地人民政府的有关机构，组织本行政区域内城镇居民参加的社会型住宅合作社（社会型）；二是由本系统或本单位组织所属职工参加的系统或单位的职工住宅合作社（系统型或单位型）；三是当地人民政府房地产行政主管部门批准的其他类型的住宅合作社（危改型或搬迁型等）。

作为我国住房保障制度的供应体系，合作住宅、经济适用住房和集资建房都享受了政府的有关优惠、扶持政策，但它们的运作方式是有所区别的。经济适用住房按市场规律运作，它的定价包含有一定的经营利润，建成的住房向全社会的中低收入家庭出售；集资建房一般由单位出面组织，单位提供建房用地，由参加集资的职工部分或者全额出资建设；而合作住宅则是社员自愿组织、互助合作、民主管理的一种住宅。另外，在我国，有些合作社在建房完成之后，产权归社员个人所有，合作社作为一种组织，即退出住房管理，或宣告解散，这只能称为合作建房，是我国住宅合作社不够规范的表现。

中国住宅合作社的出现，顺应了经济发展的实际需求，在一定程度上满足了部分城镇居民的住房需求。然而，由于种种原因，我国住宅合作社在 20 世纪 90 年代初期经历了短暂繁荣，目前基本处于停滞阶段。住宅合作社具有典型的非营利性特征，旨在通过社员集资合作建造住宅，改善合作社社员的居住条件。然而，从我国实际来看，住宅合作社的生存和发展却因处处受限而一直处于极为艰难的境地，在改善公民居住条件、实施住房保障的过程中，并没有充分发挥其应有的作用。

9.1.7　消费合作社

消费合作社是自愿联合的消费者，通过其共同所有与民主控制的企业，满足他们共同的经济、社会与文化需要及理想的自治联合体，它遵循国际合作社联盟的七项原则，因而在本质特征上与其他类型合作社并无实质区别。最典型的消费合作社类别是经营食品与其他非食品类生活用品的消费合作社，其广义的业务领域更可包含电力、电话、健康医疗甚至住房与金融服务等消费合作社种类。

目前，我国的消费合作社发展尚处在起步阶段，主要涉及食品和基本生活用品领域，特别是在农产品销售领域。例如，北京市农研中心成立的农研职工消费合作社与延庆北菜园农产品产销专业合作社进行"社社对接"，消费合作社搭建了社员在线购物和监督平台，通过"互联网＋物联网＋充值卡＋智能配送柜"的形式，提供随时随地在线订购北菜园蔬菜的服务。同时为了拉近生产者和消费者的距离，农研中心职工消费合作社还组织社员定期考察参观北菜园联合社的蔬菜生产环境，了解蔬菜的生产管理和配送过程，不仅让消费者用得放心，同时对产品的质量起到很好的监督作用。全国第一个由省级供销合作社成立的城市社区消费合作社——云南永德大树营消费合作社，在昆明市东风东路金马立交桥旁大树营后村成立。这是由云南省供销合作社牵头，目的在于为社区居民提供方便优惠的服务，在市场物价波动的时候，可以通过对分布各社区的消费合作社进行适当补贴进行物价调控。

由于新形势下我国发展消费合作社的经验还较缺乏，其业务领域尚未涉及太多产业，因此进一步发展消费合作社是一个总体上逐步推进的过程。

9.1.8 乡村旅游合作社

伴随着乡村旅游的发展，为避免恶性竞争的发生，为实现乡村旅游可持续发展，乡村旅游合作社应运而生。乡村旅游合作社是指以农事生产为基础，占有相关资源的农户在自愿联合、民主管理的基础上建立的互助性经济组织。乡村旅游合作社主要有两种合作类型。

9.1.8.1 实物合作

以乡村旅游发展为依托的实际存在的有形事物为入股要素进行合作，其主要包括三个方面：一是旅游资源，如属于农户私有的特色建筑、田园菜畦等；二是旅游生产要素，如土地、房屋等，对其加以征用和改造，从而使其成为旅游接待设施；三是其他相关资源，如豆腐作坊，旅游者对乡村豆腐坊生产的豆腐情有独钟，开展乡村旅游时将其作为必不可少的饮食类别，因而，可以考虑将豆腐作坊纳入乡村旅游合作社。依托实物是开展乡村旅游合作的基础。

9.1.8.2 文化合作

将文化纳入合作范围能够有效提升乡村旅游文化内涵。文化合作具有两层含义，一方面，指文化艺术载体以产品形式参与合作，如木版年画的印制、竹工艺品的编制等；另一方面，指具有某种文化艺术表演能力的人，如皮影戏的传承者，民族舞蹈的表演者，其可以通过艺术表演而加入乡村旅游合作社。文化合作是乡村旅游合作的提升。

乡村旅游合作社是农民合作组织，但其仍然需要以政府为主导，促使乡村旅游在以下方面发力：首先，获得财政支持，如政府对乡村旅游合作社予以适度的财政补贴，在税收、金融等方面给予一定的优惠政策，解决乡村旅游合作社发展中的资金问题；其次，享受惠农政策，如政府对乡村旅游制定统一的营销战略，对乡村旅游资源进行统一推广，从而为乡村旅游发展扩大宣传，节约成本；最后，接受培训教育，政府组织专家学者对乡村旅游合作社提供一定的智力支持，对服务人员进行培训和教育，从而提高合作社工作人员的综合素质。

乡村旅游合作社也需要企业的参与。企业参与乡村旅游合作社运作应当是全方位的，首先，参与融资，为乡村旅游合作社运营提供一定的资金支持；其次，参与生产，提升乡村旅游合作社竞争力，引导乡村旅游企业做大做强；最后，参与管理，以企业管理的视角，指导合作社成员规范化生产运营。

9.1.9 全国手工业合作社

中华全国手工业合作总社于 1957 年成立，是在党中央、国务院领导下，由全国各省、自治区、直辖市联社及其集体工业经济联合组织组成的集体所有制经济联合组织。总社的主要职能是，按照建立现代企业制度和把集体企业真正办成职工（社员）自己的企业要求，组织、推动城镇集体（合作）企业改革与发展，以适应社会主义市场经济发展的需要；组织指导发展新型的集体企业、合作制企业及家庭手工业，吸纳就业人员，维护社会稳定；组织成员单位开展互助合作活动，为成员单位提供供销、技术、信息、资金融通、法律咨询、人才培训等各项服务，帮助其提高素质和整体效益等。中华全国手工业合作总社及其所属各级联社已逐渐成为集体企业改革和发展的指导和组织者，集体经济政策的建议和协调者，集体资产的管理和维护者，政府与企业之间的桥梁和服务者。

2011 年，中华全国手工业合作总社第七次代表大会审议并一致通过了《中华全国手工业合作总社章程（修正案）》，并正式颁布施行。该章程规定"中华全国手工业合作总社是在党中央、国务院的领导下，由各类城镇集体工业联社、手工业合作联社和其他集体经济组织组成的全国性的联合经济组织，是各级联社及其他成员单位的指导和服务机构"。

该章程约定，中华全国手工业合作总社指导成员单位和集体企业，深化改革，发展多种形式的集体经济，互助合作，实现劳动者的共同富裕。中华全国手工业合作总社实行自愿、自主、合作、互利、民主、平等的原则。以指导、维护、监督、协调、服务为基本职能，搞好资产运营，增强经济实力，强化服务功能，成为联系政府与企业的桥梁和纽带。中华全国手工业合作总社及其各级联社依法具有独立的法人地位，是本级社资产所有者代表，其合法权益受国家法律保护。中华全国手工业合作总社下属各级联社，属于第七届理事会常务理事的各级联社名单如表 9 - 2 所示。

表 9 - 2 　　　　中华全国手工业合作总社下属各级联社
第七届常务理事单位

上海市			黑龙江	
上海市城镇工业合作联社	上海市生产服务合作联社	上海市工业合作联社	哈尔滨轻工集体企业联社	黑龙江省二轻集体企业联社

续表

辽宁省			河北省
沈阳市轻工集体工业联社	辽宁省城镇集体工业联社	大连市轻工集体工业联社	河北省轻工集体工业联社
甘肃省			宁夏回族自治区
甘肃省手工业联社			宁夏回族自治区工业合作联社
四川省			吉林省
四川省工业合作联社	成都市工业合作联社		长春市手工业合作联社
江苏省			海南省
江苏省城镇集体工业联社	南京市城镇集体企业联社		海南省二轻集体企业联社
广东省			天津市
广州市二轻集体企业联社	广东省城镇集体企业联社	天津市城市集体经济联合会	天津市二轻集体工业联社
北京市			福建省
北京市手工业生产合作社联合总社		厦门市二轻集体企业联社	福建省城镇集体工业联合社
云南省			山西省
云南省城镇集体企业联社			山西省城镇集体工业联合社
重庆市			浙江省
重庆市工业合作联社		浙江省手工业合作社联合社	杭州市手工业合作社联合社
青海省			山东省
青海省手工业合作社联合社		山东省轻工集体企业联社	青岛市二轻集体企业联社
湖北省			湖南省
武汉市工业合作联社			湖南省城镇集体工业联社
陕西省			广西壮族自治区
西安市工业合作联社			广西二轻工业联社
江西省			陕西省
江西省手工业合作联社			陕西省手工业合作社联合社

资料来源：根据《中国集体经济》2011 年第 6 期整理而得。

9.1.10 农村社区股份合作社

农村社区股份合作社是将农村集体所有的经营性资产以股权的形式量化给每个村级集体组织成员，从而形成全体社区居民（农民）所有、民主管理、民主决策、独立核算、自主经营、风险共担的新型合作经济组织。农村社区股份合作社遵循股份合作制的原则，一般以村级组织为单位，也有的以村民小组为单位。农村股份合作社的大发展时期是20世纪90年代，主要是一些比较富裕的村，把村集体中无法分割或没有承包到户的资产，以股份的形式按照一定的规则平均分配到每一个社区成员，年底按股分红。尽管各地的做法不完全相同，但总的来看都体现了加强农村集体资产经营管理这个核心，体现了资产保值增值、增加农民收入的目标。进入新世纪以后，尤其是《中华人民共和国农民专业合作社法》出台后，一些地区还根据《中华人民共和国农民专业合作社法》对社区股份合作社进行了规范，如江苏省在2011年出台了《江苏省工商局关于农村社区股份合作社登记的指导意见》，主要是规范登记管理，促进其进一步发展。

9.1.11 农产品电子商务合作社

随着农民专业合作社的发展壮大和农民专业合作社信息化建设的推进，农民专业合作社电子商务正在逐步兴起，农产品网上交易电子商务平台发展较快。

农民专业合作社主要的电子商务活动是农产品的销售和生产资料的采购。在农产品销售活动中，其对象主要是个人客户和组织客户，采用B2B和B2C的混合电子商务模式，为个人和组织提供便利的农产品交易渠道，如开通农产品网上零售店、"社超对接"系统、"社校对接"系统等；合作社生产资料的采购借用互联网，开通网络采购平台，提升采购活动的效率。

无论是产品的销售，还是生产资料的采购，都是通过电子商务的交易平台来实现的，打破了农产品销售和生产资料采购的地域局限性，也降低了交易成本。交易平台对贸易双方进行身份认证后，通过标准质量检测体系对农产品进行质量检测，并向贸易双方提供信息服务、中介服务、交易服务，对整个交易过程进行监控管理，保证交易的安全性和规范性。农产品供应体系的建立，使农产品生产规模化、标准化，保证了农产品的供应；第三方综合平台的建立，保证农产品的质量及整个交易过程安全、规范的进行；交易双方通过规范化的交易，加强彼此的合作，有助于电子商务供应链体系的建立。农产品电子商务平台供应链如图9-1所示。越来越多的省份根据自身农产品的特色，与各大知名电商合作，共建电子商务平台。如淘宝网的"特色中国"版块，云集了全国各地的特色农产品、土特产，它是典型的"农民专业合作社＋电子商务"的运作模式，不仅使扩大了农产品的销路、推动了当地农村富余劳动力的就业，并且提供电商操作的相关培训课程，提高了当地农民的电子商务营销能力。

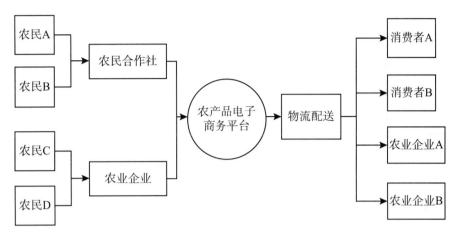

图 9 - 1　农产品电子商务平台供应链

资料来源：笔者根据资料整理而得。

9.1.12　农产品期货合作社

目前，我国大部分粮食品种已经放开价格，棉花也逐步实现市场化改革，市场经济活动无不充满了风险和不确定性，尤其是农产品，生产周期长，受天气影响很大，天灾减产无收，丰收了粮多价贱愁卖，市场价格波动给农民的利益造成了很大风险。特别是我国加入 WTO 以后，农民面临国内、国外两个市场的竞争，价格波动更加剧烈。

农民与商业性的公司一样，能够通过期货市场进行套期保值，来分散农产品价格风险。例如，在存在期货市场的条件下，农民在播种小麦的同时，可以预先在期货市场上卖出与他预计的小麦产量数量相等的小麦期货合约。如果收获季节小麦价格下跌，农民在期货市场上的收益将能完全或部分弥补在现货市场上的损失。农民是农产品现货市场的主体，如果没有一定数量的农民进入期货市场，就很难说农产品期货市场的发育是完善的。但是，在今后较长的时间内要使一定数量的农民直接从事期货交易是不现实的。

发展农产品期货合作组织是目前发达国家常用的做法，美国、日本都有农民合作社，为农民利用期货市场规避风险提供了便利条件。美国农民参与期货市场的方式有多种，大的农场主资金实力雄厚，信息来源充足，可以直接参与期货市场，但大多数农民则是通过合作社的形式间接参与期货市场。据统计，美国目前有近 2 000 个谷物合作社，控制了国内谷物销售量的 60%。农民一般预先和合作社签订合同，将粮食按某一约定价格销售给合作社，合作社则通过期货市场规避价格风险。

农民利用期货市场的关键是把分散的农民组织起来参与期货市场，从而解决小生产同大市场之间的矛盾。我国农民无论从知识层次上，还是资金实力上，都不具有直接参与期货市场的条件。因此，我们可以借鉴国外经验，根据当地的资源优势和农业发展的特点，鼓励农民成立各种不同类型的农产品期货合作组织，由农民自己经营管理，把分散的农民组织起来。合作社可以帮助农民利用期货市场规避风险，并为农民提供更多的市场信息和有价值的建议。

9.1.13 中国工合国际

中国工合国际委员会（International Committee for the Promotion of Chinese Industrial Cooperatives），简称工合国际（ICCIC），是国内现存历史最悠久的全国性社会组织和国际性社团组织。为支援中国人民抗日战争，争取海外援助，促进中国工业合作社运动，由宋庆龄与国际友人发起，于 1939 年在香港成立中国工合国际委员会。1952 年因全国合作总社成立等原因，工合国际停止活动。1987 年为配合国家改革开放发展战略而恢复，1988 年党中央明确规定工合国际统战等工作由中共中央统战部指导，主要从事促进城乡合作社发展、促进国内外合作事业、扶贫、妇女培训、生态环境、灾后重建等社会公益事业。

该组织的宗旨是：促进城乡合作社的发展，通过合作社实现经济与社会公平，缩小贫富差距，建设和谐社会。具体任务包括：宣传和推行国际通行的合作社原则，探索适合中国国情的合作社发展道路；促进各种类型和各种形式的合作社组织的发展；推动合作社法规、政策的调整和完善，为合作社发展营造良好的政策和法律环境；开展合作社教育和培训；提供合作社咨询服务，促进合作社支持系统的建立和发展；支持合作社理论与实践的研究；加强国际联系，促进国内外合作社交流与合作，争取对中国合作社发展的国际支援；关注和致力于减少贫困、妇女参与、生态环境保护、灾后救助、食品安全和行业自律等公益事业。

自 1987 年在北京恢复组织活动以来，中国工合国际为改革开放事业再作贡献。例如，支持各地合作社的发展，组织合作社培训，促进合作社规范化建设，执行生态环境项目，实施妇女发展项目，援助灾后重建，开展国际交往等。

9.2 其他合作组织面临的问题与发展

9.2.1 其他合作组织发展中存在的问题

可以看出，我国各种类型的合作社近年来有了较大的发展，但也存在不少问题，具体来说有以下五点。

9.2.1.1 无统一统计口径

目前，关于合作经济组织的统计数据中，对于其他类型合作经济组织的统计缺乏统一性，统计数据较少，内容较为笼统，成为研究其他类型合作社的障碍之一。

9.2.1.2 无合法身份确认

大量的合作经济组织是在无合法身份的状态下运作，导致合作经济组织难以与其他经济主体签订合同，难以获得正规金融机构的资金支持，使原有的资金短缺问题更为突出，阻碍了合作经济的发展步伐。

9.2.1.3 合作社发展不充分，功能有待完善

目前，许多合作经济组织的业务活动单一、服务领域狭窄、产业链不够长。多数合作经济组织主要是自身领域内生产者或经营者的合作，业务范围向后延伸和向前延伸的合作经济组织很少见，导致这些合作经济组织的业务能力和影响力不够。而受经济实力、科技投入、市场风险等影响，大部分合作经济组织在发展加工、销售等附加值方面投入不足。

9.2.1.4 人才匮乏

合作经济组织发展离不开专业人才，但是，目前在我国合作经济组织发展中，农村人口的文化水平相对于城镇人口来说总体偏低，事实上，对于合作经济组织的领办人都应该是具有创新能力、市场意识、管理经验，并且懂生产、有技术、会管理的复合型人才，而这类人才往往很难得，人才的匮乏成为制约各类合作经济组织发展的绊脚石。

9.2.1.5 运转资金不足

大部分专业合作社的成立发展，需要投入大量的资金进行设备的购置，同时机械的折旧、维修、油料等都需要大量资金来保持运转，但是当前不少专业合作社由于受到经营资金运转不力、资金回流不及时等一系列问题的影响，容易出现资金短缺的问题，从而影响了专业合作社的持续发展。

9.2.2 其他合作组织的可持续发展

合作组织的可持续发展可从以下四个方面考虑。

9.2.2.1 尽快出台综合性的《合作社法》

要修改完善《中华人民共和国农民专业合作社法》，使这部法律尽可能多地融入现有农民合作的内容，促进多元化、多类型农民合作社的发展。从全球来看，许多国家政府接受罗虚戴尔消费合作社原则，制定了《合作社法》，提倡发展合作经济，让广大弱势群体，通过互助合作提高收入水平，改善生活，走向共同富裕。根据国际合作社运动发展的成功经验，我国各级政府必须要给广大城乡弱势群体组织各种合作社的结社权，让其自主地广泛发展各类合作社组织，通过互助合作，增强其生存的能力。

我国立法部门应抓紧起草制定一部综合的《合作社法》，对众多弱势群体组建合作社（消费合作社、住宅合作社、信用合作社、手工业合作社、运输合作社、幼儿合作社、托老合作社等）提供指导和法律保护，通过制定《合作社法》促进广泛发展合作经济，以增加就业，促进和谐社会的建设。

9.2.2.2 深入理论研究，统一统计口径

目前，针对农民专业合作社的研究较多，针对其他类型合作经济组织的研究相对较少。随着市场经济的发展，新形式、新类型的专业合作社也在不断呈现，因此对其他类型合作经济组织的进一步研究有着积极的现实意义。在统计数据的获取上，也要统一统计口径，以便能够更全面、更详细地获取相应的统计数据，使理论研究能更直观、更深入。

9.2.2.3 不要用某一固定模式限制合作社的发展

既然合作社是实践中的现实选择，那就不存在一个固定的模式，应该允许自

由选择合作方式。不同类型的合作社，不论合作深度、合作内容、合作形式如何，只要对群众有益处，都应该鼓励。对于符合规范的合作社，政府可以用委托项目等方式进行鼓励，但对于不完全符合规范的合作社，要承认广大农民选择的自由，承认其合作精神和合作行为的合理性。

9.2.2.4 加大对合作社发展的支持力度

相关部门如农业、工商、财政、税务、金融、交通、国土、电力、外贸、供销、粮食等单位要各司其职、相互配合，促进各部门的协调，形成一套有效的、针对合作社的管理和服务系统，并给予财政、税收、金融等方面的政策支持。要在充分调查研究各类合作社发展中存在的问题的基础上，采取一系列配套的政策，支持合作社的可持续发展。

首先，地方政府和各级供销社应联合高校、企业等单位，加强与合作社的协调和指导，在产业发展基础良好、农民有合作倾向，但合作方式不明朗的地区，地方政府和各级供销社要在寻找合作途径、选择合作社领办人、协助制定合作社章程等方面做一些实实在在的工作，推进合作从萌芽状态进入现实状态。其次，处于发展初期阶段的微小型合作社最渴望得到支持。乡镇经管部门要雪中送炭，在信贷资金、税收优惠、项目选择等方面给予切实支持，促进其由小变大，由弱变强。最后，县级经管部门在农闲期间要加强对合作社领导人和部门工作人员的培训，使其逐步掌握经营管理、财务会计、谈判技巧等专门知识。

案例 9 – 1

济南市社的第一家消费合作社

济南市鲍山花园社区是在农村城镇化、农民居民化后，由 4 个村组建的新型城镇社区，拥有 4 000 户 2 万人，源于社区居民品质生活需求的提升，2020 年 1 月份，鲍山花园消费合作社应运而生。

鲍山花园消费合作社由郭店供销合作社、供销新合超市、鲍山花园社区三方共建，采用会员制，按照"入社自愿、退社自由、互利合作"的原则，发展鲍山庄园社区居民为会员，会费只需 10 元。消费合作社遵循"政府主导、供销合作社主办、市场化运作、民主管理、利益共享"的原则管理运营，现已发展会员 600 户。

据区社合作指导科科长李昌栋介绍，供销新合超市共有 17 家大中型超市、151 家村级加盟店，实现了乡镇全覆盖，年盈利 698 万元。依托流通服务优势，供销新合超市鲍山店上架产品 9 000 种，会员指定优惠商品500余种，主要包括米面粮油、日用品等基本生活用品，全部平价销售。

会员凭会员卡不仅可以购买指定优惠商品，还能参加消费合作社的会员大会，为超市经营建言献策，并享受年终盈余分配。居民不仅仅是消费者，还是供销新合超市鲍山店的"当家人"。由此，超市也实现了由"经营"向"经营＋服务"转型。在消费合作社的带动下，鲍山店日均销售额为4万元，比之前的2.5万元增加了1.5万元。"年底我们计划拿出日消费额的2%，约15万元，为会员返利，每人约1000元。"李昌栋介绍，供销合作社在聚起人气、财气的同时，也凝聚了民心。

有效参与到社区公益服务和社区治理中，不仅是消费合作社的特点，更是历城区社为农服务的创新之举，尤其在2020年新冠肺炎疫情期间，其担起了保障社区居民生活的重任。面对社区封闭管理，供销新合超市鲍山店承诺所经营商品保质量、不涨价、保供应。在人、物、车等资源都非常紧缺的情况下，供销新合超市鲍山店确保供应链不中断，稳定了居民情绪，为社区疫情防控贡献了供销合作社力量。

利用消费合作模式，可以有效便捷采集客户消费需求信息，为建立社区微商平台、云端定制服务全覆盖创造条件。消费合作社年底前将优先为1000户入社会员建立线上直采平台，然后再推广到社区全体居民中，并融入供销合作社正在建设的"村村云"电商服务网络，构建"线上订单＋线下订单＋快递物流配送"的多方位服务模式。

（资料来源：笔者收集整理）

阅读案例并回答以下问题：

1. 消费合作社运作的基本形式是什么？

2. 说一说你身边类似的消费合作社。

案例 9－2

农村集体经济改革与社区股份合作社

中国的农村集体经济组织建立是一个从未有过的理论难题。这不仅因为村庄所在地的自然禀赋、经济结构、社情民意等外部因素不一样，还在于在其内部还有着复杂的人地关系，土地的所有权归集体所有，这个集体可能是村，可能是村民小组，农户获得30年不变的承包经营权，另外还有一块宅基地。而在承包地之外，还有大量的所谓机动地和荒地，有些地方还有所谓的建设用地。在实行联产承包责任制的初期，面对的市场是一个农产品供不应求的市场，所以农户生产力的解放获得了可观的发展成果。进入 21 世纪以来，快速发展的工业化、城市化对农业、农村和农民的挤压越来越突出，这使得农村治理弱化的问题逐步凸显出来。

改革开放以来，中国的合作经济发展有了长足的进步，但是各种合作经济组织和集体经济组织不兼容的问题正在阻碍中国形成一个完整的农村合作组织体系。我们需要依据中国的国情来构建农村经济组织结构，为农村集体经济组织进入市场提供通道。加速推进建立合作制与股份制相结合的农村社区股份合作制是适应市场经济要求的。通过各地的不断尝试与努力，我国农村集体经济有了一定的发展并取得了初步成效，形成了"晋江模式""苏南模式""温州模式"等，但是农村社区股份合作制改革仍处在摸索阶段。

华西村的经济发展之路是对"苏南模式"的扬弃，它吸收原模式的精华，又结合了现代股份制的优点，走出了一条新路。对于村民实行既可以搞集体经济又可以从事个体经营的一村两制，实行"多提积累少分配，少分现金多转制"的分配方式。这种分配方式，使闲置资金在统一经营中实现裂变增值，既避免了收入差距过大，又保证了广大农民在资产的不断增值中持续增加收益。

华西村通过"一分五统"（村企分开；经济统一管理，干部统一使用，劳动力在同等条件下统一安排，福利统一发放，村建统一规划）的办法和周围 16 个行政村合并组成了一个大华西村，成立华西村集团，下辖 9 大公司、60 多家企业。现在的华西村集团正是集体控股 70%，村民参股 30% 构成的社区合作经济模式。对超额利润按 20% 上缴集团公司，80% 留给企业进行分配。留归企业的部分按"一三三三"比例分配，即 10% 奖给承包者，30% 奖给予技术、管理人员，30% 奖给职工，30% 留作公共积累。村一级的社区成员之间有一定的血缘关系，活动范围较小，较易实现对经营者的监督，在实行股份合作制的过程中，便于实行折股量化，以分为主的方式，农民也乐于接受。这种分配机制既平衡了集体、个人的利益关系，又调动经营者和职工群众的积极性。

华西精神的核心是"创富"的使命感和"共富"的社会责任感，尊重市场是配置资源基础要素的要求，使农村集体经济组织的改革融入市场发展的循环中。但华西模式并不一定适用所有的农村社区，一方面，要学习华西村发展集体经济、共同富裕的理念；另一方面，要结合本地实际，因地制宜走适合本地发展的道路。

（资料来源：笔者收集整理）

阅读案例并回答以下问题：

1. 农村集体经济与社区股份合作社之间的关系是什么？
2. 你还知道其他比较成功的社区合作经济模式吗？

本 章 小 结

（1）合作是处理人与人之间关系的一种行为方式，合作组织是具有特定的治理架构和制度安排的国家经济体制的组成部分。合作社作为一种重要的组织形式和经济发展形态，在加快推进农业现代化，繁荣城乡经济，统筹城乡发展，增加就业和收入等方面发挥着不可替代的重要作用。

（2）现代合作组织类型多种多样，不存在某一个固定的模式。不同类型的合作社，不管合作深度、合作内容、合作形式如何，只要对群众有益处，都应该鼓励。

关键术语

合作　合作组织　土地流转合作　农机合作　测土施肥合作　劳务合作
保险合作　住宅合作　消费合作　乡村旅游合作　全国手工业合作
社区股份合作　农产品电子商务合作　农产品期货合作　中国工合国际

复习思考题

1. 合作与合作组织的区别是什么？
2. 结合实际，谈谈农村土地流转合作社的发展现状。
3. 中国农产品电子商务合作发展的环境是什么？
4. 农产品期货合作是如何帮助农民规避价格波动风险的？
5. 请展望中国其他合作经济组织的发展趋势。

CHAPTER 10

第 10 章　合作经济统计

统计存在于我们日常生活的方方面面。美国著名统计学家劳（C. R. Rao）曾在书中这样写道：

> "知识是我们已知的，也是我们未知的。基于已有知识之上，我们去发现未知的，由此知识得到扩充。我们获得的知识越多，未知的知识就会更多，因而知识的扩充永无止境。在终极的分析中，一切知识都是历史；在抽象的意义下，一切科学都是数学；在理性的基础上，所有的判断都是统计学。统计思维总有一天会像读与写一样成为一个有效率公民的必备能力。[①]"

本章主要讲述统计在合作经济中的应用。

10.1　合作经济统计的内涵

通常来说，统计包含三个方面的含义：统计工作、统计资料和统计科学。

10.1.1　统计工作

统计工作是指用科学的方法对社会经济现象进行搜集、整理、分析和提供定量数据的工作，是统计的基础，也称统计实践，或统计活动，是在一定统计理论指导下，运用科学方法，对数据进行收集、整理、分析的一系列活动。它随着人类社会的发展、治理和管理的需要而不断发展，已有四五千年的历史。在现实生活中，统计工作作为了解整体社会经济现象总体和自然现象的一种实践过程，通

---

① ［美］C. R. 劳. 统计与真理［M］. 北京：科学出版社，2004.

常包括四个环节：统计设计、统计调查、统计整理和统计分析。

10.1.2　统计资料

统计资料是指通过统计工作获得的，用以反映社会经济现象的数据。从统计工作中获得的各种数据和相关书面数据，通常反映在统计表、统计图、统计手册、统计年鉴、统计数据汇编和统计分析报告中，又称为统计信息，是数字资料、文字资料、图表资料及其他相关资料的整体社会经济现象，或自然现象特征或规律的反映。它包括刚从调查中获得的原始数据，以及在一定程度上经过分类和处理的二手数据。其形式包括统计表、统计图、统计年鉴、统计公报、统计报告和其他有关统计信息的载体。

10.1.3　统计科学

统计科学也称统计学。它是统计工作经验的总结和理论总结，是一个系统的知识体系。它是指研究如何搜集、整理和分析统计数据的理论和方法。统计学是应用数学的一个分支，主要通过使用概率论建立数学模型，收集观测到的系统数据，进行定量分析、汇总，然后进行推理和预测，为相关决策提供依据和参考。它被广泛地应用于物理、社会科学到人文科学的各个学科，甚至在工商业和政府信息决策中也有运用。

统计可分为描述统计和推论统计。给定一组数据，统计可以汇总和描述数据，称这种用法为描述性统计。此外，学生可以以数据的形式建立数学模型，以解释随机性和不确定性，从而推断出研究中的步骤及母体，这种用法称为推论统计学。这两种方法都可以被称作为应用统计。此外还有一门学科叫作数理统计，用于讨论该科目背后的理论基础。

一般来说，"统计"一词的三个含义是密切相关的，统计资料是统计工作的结果，统计工作与统计科学之间的关系是实践与理论之间的关系。

合作经济统计是运用一系列统计方法来处理合作经济方面问题的。

10.2　合作经济统计——回归模型

相关关系是变量之间存在着的一种不确定的关系。在现实生活中，相关关系是普遍存在的。因变量与自变量的关系分为两种：线性的和非线性的。"线性回归方程"就是用来反映相关变量之间线性关系的，这就是本节的重要内容。回归直线方程将一部分观测值所反映的规律性进行了扩展，我们可以对有线性相关关系的两个变量进行分析和控制。

10.2.1　指标的选取与计算

现如今，合作经济形式逐渐扩大规模，那么如何分析合作经济的影响因素呢？本节选取合作经济背景下的人民生活水平、农业合作经济与工业合作经济 3 个方面的指标，资料来源于 2010～2018 年中国统计年鉴数据。

在选取具体指标时，我们遵循以下四点原则：

（1）针对性：从合作经济入手，从人民生活、农业、工业三方面进行指标选取。

（2）特色性：以历史为鉴，体现了农业、工业在经济合作中的地位，为合作经济发展状况提供现实依据。

（3）可操作性：指标数据要容易获取，可以进行研究分析。

（4）前瞻性：从发展角度选取前瞻性指标，更好地把握合作经济的发展进程。

因此，在指标体系构建上，我们主要选取了三个指标：第一个指标，在合作经济背景下的人民生活水平方面，主要以城镇非私营单位人均工资（元）为代表；第二个指标为农业合作经济，主要选取农场数（个）、职工人数（万人）、耕地面积（千公顷）和农业机械总动力（亿瓦）四个指标为代表；第三个指标为工业合作经济，主要选取四个指标：企业单位数（个）、资产总计（亿元）、负债总计（亿元）、利润总额（亿元）。

在农业合作经济和工业合作经济两个方面，我们通过 SPSS 进行操作，利用其主成分分析中的综合得分来计算其代表指标。主成分分析是用于测量多个变量之间的相关性的多元统计方法。它主要研究如何通过几个主要成分来解释多个变量的内部结构。换句话说，从原始变量中选择几个重要的主成分，并使它们在互不相关的前提下保留尽可能多的原始变量中的信息。主成分分析的应用目的可以概括为两个词：数据压缩和数据公开。它通常用于查找判断某种事物或现象的综合指标，并对综合指标中包含的信息进行适当的解释，以更加深刻地揭示事物的内在规律。但是在实际运用中，主成分分析主要作为达到目的的一种中间手段。它往往会被作为许多大型研究的中间步骤，用来对数据进行浓缩，然后再选用其他多元统计分析方法来解决问题。

在农业合作经济方面，选取以下四个指标：X_1 代表农场数（个）、X_2 代表职工人数（万人）、X_3 代表耕地面积（千公顷）、X_4 代表农业机械总动力（亿瓦）。

第一步：导入数据。

"统计产品与服务解决方案"软件（SPSS）可以直接读取许多种数据格式，可以使用菜单栏选择"File – Open – Data"或直接在工具栏上的快捷方式上找到并单击快捷按钮，SPSS会弹出"Open File"对话框，单击"文件类型"列表框，这里就能看到可以在SPSS中直接打开的数据文件格式，包括如表 10 – 1 所示的16 种类型。

表 10 – 1　　　　　　　　　　　　数据文件格式

数据标识	数据类型
SPSS Statistics（∗. Sav, ∗. zsav）	SPSS 数据文件
SPSS/PC +（∗. sys）	SPSS 数据文件
Systat（∗. syd）	∗. syd 格式的 Systat 数据文件
Systat（∗. sys）	∗. sys 格式的 Systat 数据文件
SPSS Portable（∗. Por）	SPSS 便携格式的数据文件
Excel（∗. Xlsx）	Excel 数据文件
Lotus（∗. W ∗）	Lotus 数据文件
SYLK（∗. slk）	SYLK 数据文件
dBase（∗. dbf）	dBase 系列数据文件
SAS Long File Name（∗. sas7bdat）	SAS 7 ~ 8 版长文件名类型数据文件
SAS Short File Name（∗. Sd7）	SAS 7 ~ 8 版短文件名类型数据文件
SAS v6 for Window（∗. sd2）	SAS 6 版（for Windows）数据文件
SAS v6 for UNIX（∗. ssd01）	SAS 6 版（for UNIX）数据文件
SAS Transport（∗. Xpt）	SAS 便携格式的数据文件
Text（∗. txt）	纯文本格式的数据文件
Data（∗. dat）	纯文本格式的数据文件

资料来源：SPSS 软件数据文件。

选择我们需要的文件类型，然后选择要打开的文件，软件会根据要求打开相应的数据文件，并可以自动转换为 SPSS 格式。

第二步：提取指标。

打开文件后在 SPSS 中的操作如下：

Analyze – Data Reduction – Factor Analysis

Variables 框：$X_1 \sim X_4$

Descriptives：Correlation Matrix 框组：$\sqrt{}$Coefficients

OK

其中，Factor Analysis 如图 10 - 1 所示，Descriptives 如图 10 - 2 所示。

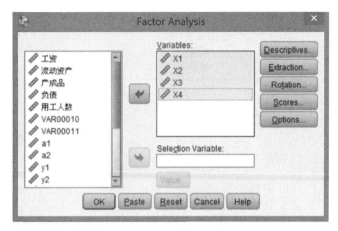

图 10 - 1　Factor Analysis

资料来源：SPSS 软件。

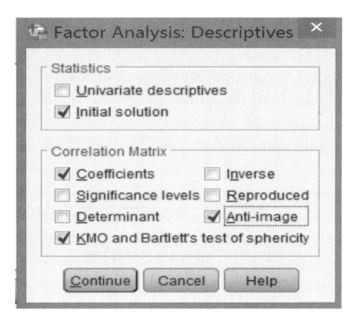

图 10 - 2　Descriptives

资料来源：SPSS 软件。

KMO 和巴特利特检验的目的是检验各变量之间有没有相关性。一般情况下，KMO 值应该大于等于 0.6，Sig 值应该小于等于 0.05。在此次检验中，KMO = 0.762（见表 10 - 2），Sig < 0.05，所以我们有理由认为该检验通过，各变量之间没有关联程度。

表 10 – 2　　　　　　　　　　**KMO 和巴特利特检验**

KMO 取样适切性量数		0.762
巴特利特球形度检验	近似卡方	31.727
	自由度	6
	显著性	< 0.0001

资料来源：SPSS 软件数据。

碎石图（见图 10 – 3）的功能是显示每个因素的重要性。横轴是因子的序数，纵轴是特征根的大小。在碎石图中，这些因素是按照特征根从大到小的顺序排列的，因此我们可以直观地看出哪些因素更为重要。较大的特征根对应于该图的较陡峭部分，并起着明显的作用；后面的平坦部分对应于具有较小值的特征根，其影响不明显。此图可选取前两个因子。

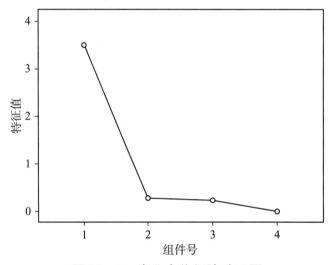

图 10 – 3　农业合作经济碎石图

资料来源：SPSS 软件。

第三步：计算主成分。

表 10 – 3 给出的是各个成分的方差贡献率和累积方差贡献率。第一主成分特征根的值 $\lambda_1 = 3.458$，其方差占所有主成分方差的 86.445%；第二主成分特征根的值 $\lambda_2 = 0.280$。前两个主成分的累计方差贡献率为 93.433%，已经超过了 90%，因此，选取前两个主成分已足够描述农业合作经济这个指标。

表 10 – 3   总方差解释

成分	初始特征值			提前载荷平方和		
	总计	方差百分比（%）	累积方差贡献率（%）	总计	方差百分比（%）	累积方差贡献率（%）
1	3.458	86.445	86.445	3.458	86.445	86.445
2	0.280	6.988	93.443	2.80	6.988	93.433
3	0.244	6.017	99.540	—	—	—
4	0.018	0.460	100.00	—	—	—

注：提取方法为主成分分析法。
资料来源：SPSS 软件数据。

表 10 – 4 输出的是主成分系数矩阵，这样就可以计算各主成分在各变量上的因子载荷（见图 10 – 4），具体公式如下：

$$a_i = \frac{成分_i}{\sqrt{\lambda_i}}, \ i = 1, \ 2 \tag{10 – 1}$$

表 10 – 4   农业合作经济成分矩阵

变量	成分	
	1	2
农场数	– 0.902	0.019
职工人数	– 0.889	0.435
耕地面积	0.958	0.243
机械动力	0.968	0.177

注：（1）提取方法为主成分分析法；（2）提取了 2 个成分。
资料来源：SPSS 软件。

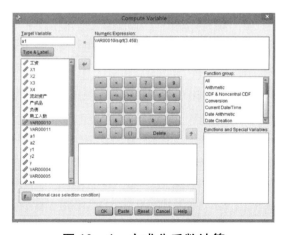

图 10 – 4　主成分系数计算

从而得出各主成分的表达式：

$$Y_i = a_{i1}X_1 + a_{i2}X_2 + a_{i3}X_3 + a_{i4}X_4 \tag{10-2}$$

农业合作经济主成分的表达式如下：

$$Y_1 = -0.49X_1 - 0.48X_2 + 0.52X_3 + 0.52X_4$$

$$Y_2 = 0.04X_1 + 0.82X_2 + 0.46X_3 + 0.33X_4$$

农业合作经济综合得分为：

$$Y = 0.86445Y_1 + 0.06988Y_2$$

在工业合作经济方面，同样选取 4 个指标：

Z_1 代表流动资产合计（亿元），Z_2 代表产成品（亿元），Z_3 代表负债合计（亿元），Z_4 代表平均用工人数（万人）。

同样通过 SPSS 操作可得出输出结果如表 10-5 所示。

表 10-5　　　　　　KMO 和巴特利特检验

KMO 取样适切性量数		0.616
巴特利特球形度检验	近似卡方	49.648
	自由度	6
	显著性	<0.0001

资料来源：SPSS 软件数据。

在此次检验中，KMO = 0.616，Sig < 0.05，所以通过该检验，各因素之间没有关联程度。

从表 10-6 可知，第一主成分特征根的值 $\lambda_1 = 3.445$，其方差占所有主成分方差的 86.114%；第二主成分特征根的值 $\lambda_2 = 0.528$；累计方差贡献率为 99.322%，累积方差贡献率超过 90%。

表 10-6　　　　　　工业合作经济总方差解释

成分	初始特征值			提前载荷平方和		
	总计	方差百分比（%）	累积方差贡献率（%）	总计	方差百分比（%）	累积方差贡献率（%）
1	3.445	86.114	86.114	3.445	86.114	86.114
2	0.528	13.208	99.322	2.80	13.208	99.322
3	0.022	0.553	99.875			
4	0.005	0.125	100.00			

注：提取方法为主成分分析法。
资料来源：SPSS 软件数据。

　　根据碎石图（见图 10 - 5）与总方差解释（见表 10 - 6）中累计方差贡献率，选择前两个主成分进行因子载荷（见表 10 - 7）。

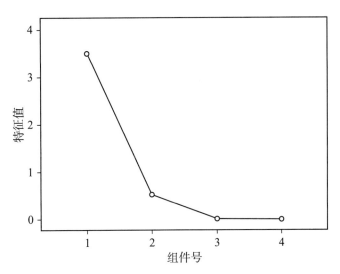

图 10 - 5　工业合作经济碎石图

资料来源：SPSS 软件。

表 10 - 7　　　　　　　　**工业合作经济成分矩阵**

变量	成分	
	1	2
用工人数	- 0.775	0.632
职工人数	- 0.980	0.167
耕地面积	0.942	0.317
机械动力	0.998	0.027

注：（1）提取方法为主成分分析法；（2）提取 2 个成分。
资料来源：SPSS 软件数据。

　　工业合作经济中，各个主成分的表达式为：

$$Z_1 = -0.42X_1 + 0.53X_2 + 0.51X_3 + 0.54X_4$$

$$Z_2 = 0.87X_1 + 0.23X_2 + 0.44X_3 + 0.04X_4$$

　　综合得分为：

$$Z = 0.86114Z_1 + 0.13208Z_2$$

　　因此，城镇非私营单位人均工资、农业合作经济和工业合作经济 3 个指标的变量值如表 10 - 8 所示。

表 10 − 8   **2010 ~ 2018 年指标变量值**

年份	城镇非私营单位人均工资	农业合作经济	工业合作经济
2010	36 539	2 106.64	55 740.62
2011	41 799	2 185.03	63 869.5
2012	46 769	2 200.57	71 473.84
2013	51 483	2 250.75	80 812.16
2014	56 360	2 275.89	87 296.27
2015	62 029	2 326.81	93 525.33
2016	67 569	2 396.95	96 897.27
2017	74 318	2 415.56	98 270.23
2018	82 413	2 427.94	94 613.21

资料来源：笔者根据《中国统计年鉴》（2010 ~ 2018 年）数据整理。

10.2.2 建立回归模型

在处理实际问题时，我们往往会遇到同时研究几个变量的情况。举例来说，在电路分析中需要研究电压、电流和电阻之间的关系；在炼钢过程中，分析了钢的物理性能和钢水中碳含量之间的关系；在医学上经常研究分析人的年龄和血压的关系，这些变量之间是相互影响的。

一般而言，变量之间的关系可以分为两类：一类是变量之间的完全确定的关系，可以用特定的函数关系式表达；例如电路分析中的欧姆定律：$I = \dfrac{U}{R}$，其中，I 表示电流，U 表示电压，R 表示电阻。另一类是变量之间有一定的相关关系，但由于实际情况比较复杂无法精确分析，或者是由于无法避免的误差等原因导致无法用具体的函数关系表示出变量间的相关关系。这样就需要进行大量的试验和观测获得数据来研究这一类相关变量之间的关系，选用合适的统计方法去寻找它们间的关系，这种关系客观地反映了变量之间的统计规律。回归分析是研究此类统计规律的方法之一。

回归分析中的变量可以分为两类：一类是因变量，它们往往是实际问题中研究者所关心的指标，通常用 Y 表示；另一类是自变量，它是影响因变量变动的变量，往往用 X_1，X_2，$\cdots$，X_p 来表示。

在回归分析中主要的研究问题是：

（1）确定 Y 与 X_1，X_2，$\cdots$，X_p 间的定量关系表达式。该表达式是回归方程。

（2）验证在上一步中获得的回归方程的可靠性。

（3）判断自变量 $X_j(j=1，2，\cdots，p)$ 是否影响 Y。

（4）将所求得的回归方程用于预测和控制。

在分析农业合作经济 X_1 和工业合作经济 X_2 对城镇非私营人均工资 Y 的影响时，我们面临如下问题：第一，当变量之间没有一个明确的函数关系时要如何分析其他对合作经济有影响的因素呢？第二，城镇非私营人均工资与这两个变量有怎样的函数关系呢？第三，我们如何在其他条件不变的前提下描述城镇非私营人均工资、农业合作经济与工业合作经济之间的关系呢？

我们通过写出如下方程来解决以上的问题：

$$Y=\beta_0+\beta_1 X_1+\beta_2 X_2+u \tag{10-3}$$

这就定义了一个线性回归模型。该模型满足以下三个基本假定：

（1）误差项 u 是一个期望值为 0 的随机变量，即 $E(u)=0$。

（2）对于所有的 X 值，u 的方差 σ^2 都相同。

（3）误差项 u 是一个服从正态分布的随机变量，且相互独立。即 $u\sim N(0，\sigma^2)$。

将城镇非私营单位人均工资、农业合作经济与工业合作经济指标数据导入 SPSS，建立模型的操作路径如图 10-6 所示。

Analyze – Regression – Linear

Dependent 框：Y

Independent 框：X_1，X_2

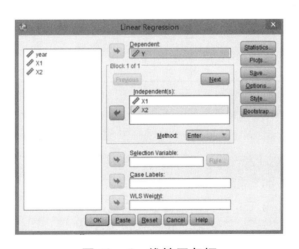

图 10 - 6　线性回归框

资料来源：SPSS 软件。

表 10-9 表示模型选取自变量的方式，输出结果显示变量没有涉及筛选问题，所以农业合作经济和工业合作经济这两个指标都是被强制纳入回归模型的（方法为输入），所以在这里就不需要剔除变量了。

表 10 - 9   输入/除去的变量

模型	输入的变量	除去的变量	方法
1	工业合作经济	—	输入
	农业合作经济	—	

注：1. 因变量为城镇非私营单位人均工资；2. 已输入所请求的所有变量。
资料来源：SPSS 软件数据。

表 10 - 10 给出回归模型的常数项、农业合作经济、工业合作经济的偏回归系数（未标准化系数一列），分别为 - 303 394. 302、167. 415、- 0. 265。其中，常数项是当自变量取值为 0 时因变量的取值。此时我们可以写出以下回归模型（见表 10 - 10）。

表 10 - 10   回归模型系数

模型	未标准化系数		标准化系数	t	显著性	B 的95.0%置信区间		共线性统计	
	B	标准误差	β			下限	上限	容差	VIF
（常量）	303 394. 30	60 957. 32	—	- 4. 98	0. 00	452 551. 49	154 237. 11	—	—
农业合作经济	167. 42	35. 38	1. 24	4. 73	0. 00	80. 85	253. 98	0. 08	12. 00
工业合作经济	- 0. 27	0. 26	- 0. 27	- 1. 03	0. 34	0. 89	0. 36	0. 08	12. 00

注：因变量为城镇非私营单位人均工资。
资料来源：笔者根据公式整理。

$$\hat{Y} = -303\ 394.\ 30 + 167.\ 42X_1 - 0.\ 27X_2$$

其中，$\hat{\beta}_1 = 167.415$ 表示当固定工业合作经济 X_2 不变时，农业合作经济每变动一个单位，城镇非私营单位人均工资平均变动 167. 415 个单位；$\hat{\beta}_2 = -0.265$ 表示当固定农业合作经济 X_1 不变时，工业合作经济每变动一个单位，城镇非私营单位人均工资平均变动 - 0. 265 个单位。

10.2.3　回归模型的假设检验

首先，模型中自变量与因变量之间是否存在线性关系，即检验各自变量的回归系数是否均为 0，这里运用方差分析的基本思想进行分析。

建立假设：$H_0: \beta_1 = \beta_2 = 0 \leftrightarrow H_1: \beta_1, \beta_2$ 不全为 0

因变量 Y 的总平方和（Total Sum of Square），可以表示为 $SS_{total} = \sum(Y_i - \bar{Y})$，它是包括了响应变量的全部变异。它由以下三部分组成：

（1）回归平方和（Regression Sum of Square，SSR），$SSR(X_1, X_2)$，它是指在响应变量的变异里，可以由回归模型中两个自变量（X_1，X_2）所解释的部分。

（2）误差平方和 $SSE = \sum e_i^2$，（Error Sum of Square），在统计软件中结果常输出为 Residual Sum of Square，它涵盖了总平方和中所有不能被解释变量解释的部分。因此，$SS_{total} = SSR + SSE$。SS_{total}、SSR 和 SSE 与样本量 n 及模型中自变量个数有关，样本量 n 越大，相应变异就越大。分别除以各自的自由度，取其平均变异指标，得相应均方差 MS（Mean Square）。

（3）组间均方差 $MSR = \dfrac{SSR}{p}$，组内均方差 $MSE = \dfrac{SSE}{n-p-1}$

对于模型 $Y_i = \hat{Y}_i + e_i = \beta_0 + \beta_1 X_1 + \beta_2 X_2 + e_i$，可以证明 $E\{MSE\} = \sigma^2$。

$$E\{MSR\} = \sigma^2 + \beta_1^2 \sum(X_{i1} - \bar{X}_i)^2 + \beta_2^2 \sum(X_{i2} - \bar{X}_i)^2 \qquad (10-4)$$

理论上，$E\{MSR\} \geq E\{MSE\}$。若无效假设成立，则 $MSR = MSE$。

$$F = MSR / MSE \qquad (10-5)$$

根据上式来构建 F 检验统计量。

如果由自变量引起的变异大于随机误差，则说明因变量 Y 与两个自变量之间存在线性回归关系。相反，则说明两个自变量与因变量 Y 不存在线性回归关系。在无效假设成立的情况下，F 值服从自由度为（p，$n-p-1$）的 F 分布。

表 10-11 为 SPSS 输出的对模型中对所有自变量的回归系数等于 0 的 F 检验结果。

表 10-11　　　　　　　　　　　ANONA 模型

模型	平方和	自由度	均方	F	显著性
回归	1 799 814 421.3	2	899 907 210.7	84.662094	0.000040
残差	63 776 396.7	6	10 629 399.4	—	—
总计	1 863 590 818.0	8	—	—	—

注：（1）因变量：城镇非私营单位人均工资；（2）预测变量：（常量），工业合作经济，农业合作经济。

资料来源：笔者根据 SPSS 数据整理。

$F = 84.662$，$p < 0.001$。说明在线性回归模型中至少存在一个回归系数不为零的自变量，它表示我们这里建立的回归模型是有意义的。

在得出整个回归模型有统计学意义之后，还需要检验具体某个自变量 X_i 与因变量之间是否存在线性关系，实质上也是检验其偏回归系数 β_i 是否等于0。通常我们可以选用 t 检验来解决这个问题。

$$T = \frac{\beta_i - 0}{S_{\beta_i}} = \frac{\beta_i}{S_{\beta_i}} \qquad (10-6)$$

式（10-6）中，β_i 是第 i 个自变量 X_i 的偏回归系数，S_{β_i} 是其标准误。表10-10中不仅输出了回归模型中各项的偏回归系数，还输出了各自标准误（Std. Error），以及对各参数是否为0的 t 检验结果。

10.2.4　衡量多元线性回归模型优劣的标准

当建立回归模型所使用的自变量有 P 个时，如果只考虑各个因素的主效应，可以建立 2^p 个仅含常数项的模型。那么如何评判这些模型的优劣呢？通常我们会采用以下4种标准来衡量：

10.2.4.1　复相关系数 R

复相关系数（Multiple Correlation Coefficient）又称多元相关系数，它体现了模型中包括的所有自变量（X_1, X_2, …, X_p），与因变量 Y 之间线性回归关系的密切程度。实际上它就是 Y_i 与其估计值 $\hat{Y}_i$ 的简单线性相关系数，即 Pearson 相关系数。R 的取值范围为（0，1）。线性回归关系越密切，则 R 值越大。R 值为多少时是优秀的标准在不同的学科研究中也不一样。比如，社会科学研究学者可能在 $R > 0.4$ 时就已经觉得足够优良了，而医学研究学者在 $R = 0.8$ 时仍然会认为偏小，这可能是因为社会科学研究中有很多对反应变量有影响但又无法进行测量的变量，所以无法对它们进行统计分析。此外，用多元相关系数来评价多元线性回归模型优劣也不完善，添加对模型统计意义不大的变量，R 值依旧会增大，这会造成很大的误差。在此线性模型中，复相关系数为0.983（见表10-12）。

表 10-12　　　　　　　　　　　模型摘要

模型	R	R^2	R^2 调整后	标准估计的误差	德宾-沃森（Durbin-Watson）
1	0.983	0.966	0.954	3 260.27598	2.041

注：（1）预测变量：（常量），工业合作经济，农业合作经济；（2）因变量：城镇非私营单位人均工资。

资料来源：笔者根据公式计算所得。

10. 2. 4. 2　决定系数 R^2

模型的决定系数（Determinate Coefficient）等于复相关系数的平方。与简单线性回归中的决定系数相类似，它表示响应变量 y 的总变化的比例，可以通过回归模型中的自变量来解释。它是可以用于衡量已建立模型的效果的指标之一。显然，越大的 R^2 值效果越好，同样地，也会有与复相关系数一样的不足。决定系数的计算公式如下：

$$R^2 = \frac{\text{SSR}}{\text{SS}_{\text{total}}} = 1 - \frac{\text{SSE}}{\text{SS}_{\text{total}}} \qquad (10 - 7)$$

由式（10 - 7）可以看出，$0 \le R^2 \le 1$。对于本模型中，决定系数为 0.966（见表 10 - 12）。

10. 2. 4. 3　校正的决定系数 R^2_{adj}

在 R^2 评价拟合模型的好坏的方式下，即使向模型中增加没有统计学意义的变量，R^2 值仍然会增大。因为其存在一定的局限性，所以我们需要对其进行校正，这样也就形成了校正的决定系数（Adjusted R Square）：

$$R^2_{adj} = 1 - \frac{\text{MSE}}{\text{MS}_{\text{total}}} = 1 - \frac{n-1}{n-p-1}(1 - R^2) \qquad (10 - 8)$$

式（10 - 8）中 n 为样本含量，p 为模型中自变量个数。可以证明 $R^2_{adj} < R^2$ 总是成立的。但与 R^2 存在着不同，当模型中增加的变量没有统计学意义时，校正决定系数会减小，因此，校正 R^2 是衡量所建模型好坏的重要指标之一，校正 R^2 越大，模型拟合得越好。但当 p/n 很小时，如小于 0.05 时。校正作用近乎消失。经计算可知，该模型的 $R^2_{adj} = 0.9947$。

实际应用中，R^2、R^2_{adj} 值还与研究中实际观测到的自变量取值范围有关。一种可能性是，即使实际观察的自变量范围非常狭窄，但是此时所建模型的 R^2 很大，但是，这并不意味着该模型在外部应用时将运行良好。此外，有时校正决定系数（或决定系数）可能会很大，但是误差的均方仍然很大，这样就会导致估计的 $\hat{Y}$ 可信区间变得很宽，从而失去实际应用价值。

10. 2. 4. 4　剩余标准差 s_{Y,X_1X_2}

表 10 - 12 中还输出了剩余标准差（Std. Error of the Estimate），在不引起混淆的情况下，其符号也可以记为 S_{Y,X_1X_2}，它等于误差均方 MSE 的算术平方根，是残差的标准偏差，它反映了用于预测因变量的模型的准确性。剩余标准差越小，表示我们建立的模型效果越好。此模型 $s_{Y,X_1X_2} = \sqrt{\text{MSE}} = 3\,260.276$，而未引入自变

量时 Y 的标准差为 15 262.662。结果表明,将自变量引入模型后,反应变量的变化明显减小。与校正系数相似,当将无统计意义的自变量添加到模型时,剩余标准差还是会增大。此外,剩余标准差还在 $\hat{Y}$ 的可信区间估计、自变量的选择等很多方面有着重要作用。

10.3　回归预测与区间估计

线性回归的一个重要应用就是对反应变量进行预测,最常用的是对反应变量的点值估计。既可以用于对一个未知结果的预测,又可用于对某已知结果是否合理进行考察,如果不合理,则可以考虑进一步修正。

10.3.1　回归分析的预测值

Linear Regression 过程中的 Save 对话框中提供了将预测值、残差等许多分析结果保存为新变量的功能。在此,我们先介绍有关预测值(Predicted Values)的几个复选框。SPSS 中提供以下几种类型的预测值,如图 10 - 7 所示。

图 10 - 7　线性回归:保存

资料来源:SPSS 软件。

10.3.1.1　非标准化预测值（Unstandardized）

根据拟合的回归模型计算的反应变量预测值（未标准化）。对于此模型的第一条数据而言，$X_{11} = 2\,106.64$，$X_{12} = 55\,740.62$，则首先在 Output 窗口中，双击回归系数表格，进入编辑界面。在此状态下查到更为精确地回归参数估计结果，然后对数据库中的第一条记录，计算出准确的预测值为：$\hat{Y}_1 = -303\,394.302 + 167.415 \times 2\,106.64 - 0.265 \times 55\,740.62 = 34\,517.5693$。其结果与 SPSS 的预测结果差异不大。

10.3.1.2　标准化预测值（Standardized）

将所有反应变量的预测值根据其算术平均数及标准偏差进行标准化后得到的结果，其平均数为 0，标准差为 1。应用 SPSS 提供的 Descriptive 过程对所有的反应变量预测值计算其算术平均数与标准差，结果见表 10 - 13。

表 10 - 13　　　　　　　　　　残差数据[a]

项目	最小值	最大值	均值	标准偏差	N
预测值	34 529.6445	78 027.3203	57 697.6667	14 999.22674	9
残差	- 4 665.35205	4 385.68115	0.00000	2 823.48182	9
标准预测值	- 1.545	1.355	0.000	1.000	9
标准残差	- 1.431	1.345	0.000	0.866	9

注：因变量——城镇非私营单位人均工资。
资料来源：笔者根据公式计算所得。

应用 SPSS 的 Transform 菜单中的 Compute 过程进行如下计算：

Comptest = (PRE$_1$ - Mean)/Std. Deviation

Exec.

即可得到标准化预测值。

10.3.1.3　修正后预测值（Adjusted）

从当前数据库中删除当前记录，并根据删除的数据拟合回归模型计算出的当前记录反应变量的预测值。

10.3.1.4　预测值的标准误（S. E. of Mean Predictions）

公式为 $\sqrt{h_i \mathrm{MSE}} = \sqrt{x_i (X'X)^{-1} x_i'}$，对此不感兴趣的可以忽略它。式中 x、X

均表示矩阵，前者表示当前记录的自变量向量 $(1, X_{11}, X_{12})$，向量中元素"1"对应回归模型中常数项，后者表示所有记录的自变量矩阵。MSE 为残差均方。

预测值的标准误差主要用于计算对应自变量组合 (X_{11}, X_{12}) 下因变量预测值的可信区间（Confidence Limits of Expected Value of Dependent Variable）。第一条记录预测值的标准误等于 2009.356。据此计算其 95% 的可信区间为：

$$34\,529.6445 \pm t(0.05, 9) \times 2\,009.356 = (24\,810.064, 44\,249.224)$$

10.3.2 回归分析的区间估计

"保存"子对话框还提供了一个复选框，用于保存预测值 95% 可信区间和单个参考值区间。当应用回归分析的结果时，经常会涉及区间估计的问题，在此进行简单的介绍。

10.3.2.1 总体回归平面的可信区间

如果在各种自变量组合下连接相应变量的预测值的置信区间，则可以估算出回归平面总体进行置信区间。置信区间的估计范围在散点图上表现为空间中二个弧形曲面所包含的空间，也被称为回归线的置信带（Confidence Band）。以 95% 的区间为例，这意味着在线性回归的假设下，包含真实总体回归直线的置信度为95%。

10.3.2.2 个体 Y 值的容许区间估计

是当 X 为某个固定的值时，个体 Y 值的参考值范围的波动范围。该范围是两个曲线表面，它们距离整体回归线的置信区更远。以 95% 的区间为例，它表示预期有 95% 的数据点所落入的范围。实际上，在利用回归方程进行预测时，就应当使用该区间来估计其范围。

10.4 线性回归衍生模型

在上一节中简单学习了多重线性回归模型，并从中得知该模型有自身的使用条件。但在实际分析项目中，数据并不会完美服从以上假定，这样就需要对数据进行一系列的变换使之符合模型需求，或者对模型进行合理的改进使之能处理相应的数据，总而言之，这是一个双向的努力过程。本节简单介绍直接提供的基于线性回归的衍生模型，它们均可用于处理违反线性回归的某些使用条件的数据。

10.4.1　非直线趋势的处理——曲线直线化

在多重线性回归中，每个自变量和因变量之间应存在线性相关性。可以说，这是线性回归最重要的应用条件，也是最容易进行检查的条件。散点图可以在分析之前用于观察，而残差可以在模型拟合之后进行分析。违反此适用条件时，必须采取相应的处理措施。其中，最为简单和常用的方法之一就是曲线直线化。其基本原理是将变量进行变换，从而将曲线方程化为线性回归方程进行分析。例如，通过查阅文献或者观察散点图，会发现两变量的联系可能如下：

$$y = a + b/x \qquad (10-9)$$

其中，a 和 b 均为待估参数，在分析时可设变量 $z = 1/x$，从而将该方程转化为：

$$y = a + b \times z \qquad (10-10)$$

通过对该方程进行标准的线性回归分析，就可以得到相应参数的估计值。

10.4.2　方差不齐的处理——加权最小二乘法

标准的线性回归模型假设在所研究的整个总体中方差是恒定的，即因变量的变异不会随着自身预测值或其他自变量值的变化而变动。但是在有的研究问题中，这一假设可能被违反，因变量的变异会明显随着某些指标的改变而改变，这可能是因变量的变异随自身数值增大而增大，也可能是随其他变量值而改变。例如，在金融分析中研究通货膨胀和失业率对股票价格的影响，由于高价股票位置较高，股价有足够的波动空间，而且炒作的人较多，因此，其股价的波动一般都会大于低价股票。在这样的情况下，如果采用普通的最小二乘法（OLS）来分析，就使得结果会主要受变异较大的数据的影响，从而可能发生偏差。而如果能够根据变异的大小对相应数据给予不同的权重，在拟合时对变异较小（即测量更精确）的测量值赋予较大的权重，则能够提高模型的精度，达到更好的预测效果。

除方差波动外，另外一种情况是根据分析目的，人为地处理了一些样本数据，这是实验室研究绘制标准曲线时最常见的问题。一方面，由于标准曲线的浓度范围通常较宽，并且样品测试的绝对误差通常随浓度增加而增加，因此，如果使用普通 OLS 进行拟合，则在高浓度区域标准曲线的准确性会更高，但是低浓度区域的准确度明显降低。另一方面，标准曲线更重视的是相对误差而不是绝对误差，并且在不同浓度区域内的相对误差和绝对误差常常不成比例。例如，浓度在 100ng/ml 时，5ng/ml 的误差只能使其相对误差达到 5%；而当浓度为 1ng/ml 时，相对误差则达到了 500%。显然，为了保证曲线的准确性，有必要对低浓度数据赋予更高的权重。为了解决对不同测量值赋予不同的权重的问题，SPSS 特别提供了加权最小二乘法（WLS），可以根据用户提供的权重变量的大小为不同的数据赋予不同的权重，从而有效地平衡了不同变异数据的影响。但是，应该指出的是，加权最小二乘法是有偏估计，如果变异程度实际上并没有波动，或者选择了错误的变量用来预测变异程度，则它的拟合结果将不如普通最小二乘法精确。因此在使用上应格外小心。

10.4.3　共线性的处理——岭回归

当自变量间存在明显共线性时，最小二乘法不能直接用于回归分析，必须采用相应的方法进行处理。岭回归就是一种有偏估计回归方法，专门用于共线性数据分析。它实际上是一种改良的最小二乘法，通过放弃最小二乘法的无偏性，它寻求一种效果更小但回归系数更大的回归方程，但会损失一部分信息并降低精度。故岭回归所得剩余标准差比最小二乘回归者要大。但这样一来，它对病态数据的耐受性就远远强于最小二乘法。岭回归的原理较为复杂，因此我们必须引入一些数理统计公式：当自变量间存在共线性时，自变量的相关矩阵之行列式就近似为 0，或称奇异的（Singular）。此时，$X'X$ 也是奇异的。但如果将 $X'X$ 加上正常数矩阵 kI，则 $X'X + kI$ 的奇异性就会比 $X'X$ 有所改善。因而，可用 $\hat{B}(k) = (X'X + kI)^{-1}X'Y$ 作为回归系数的估计值，此值比最小二乘估计稳定。称 $\hat{B}(k)$ 为回归系数的岭估计。显然，当 $k = 0$ 时 $\hat{B}(k)$ 就退化为最小二乘估计；而当 $k \to \infty$ 时，$\hat{B}(k)$ 就趋于 0。因此 k 不宜太大。但是，由于 k 的选择是任意的，岭回归分析时一个重要的问题就是 k 取多少合适。由于岭回归是有偏估计，k 值不宜太大；而且一般来说我们希望能尽量保留信息，即尽量能让 k 小些。因此，可以观察在不同 k 的取值时方程的变动情况，然后取使得方程基本稳定的最小 k 值。

SPSS 中没有为岭回归分析提供对话框界面，但为之编制了一套完整的宏程序，名为 Ridge Regression. sps，就放在 SPSS 的安装路径之中，它的调用方式如下：

在程序中应当先使用 INCLUDE 命令读入该宏程序，然后使用 ridgereg 名称调用，注意程序中凡有默认值的都可以不进行设定。最后的". "表示整个语句结束，不能遗漏（见图 10 - 8）。

INCLUDE'SPSS 所在路径 \ Ridge Regression. sps'.
　　Ridgereg enter = 自变量列表
　　/dep = 因变量名
　　/start = K 值起始值，默认为 0
　　/stop = K 值终止值，默认为 1
　　/inc = K 值搜索步长，默认为 0.05
　　/k = K 允许搜索的 K 值个数，默认为 999.
图 10 - 8　岭回归

资料来源：SPSS 软件数据。

10.4.4　分类变量的数值——最优尺度回归

在线性回归模型中，因变量必须为数字类型。实际上，由于同一个自变量的回归系数是一个常数值，例如，假设 x 从 1 上升到 2 和从 100 上升到 101 对 y 值的影响均为 b，这实际上定义了自变量的测量方式也应当是等距的。但是，现实问题中大量的数据为分类资料，例如，收入级别在问卷中被收集为高、中、低、极低 4 档，如果将其编码为 4、3、2、1，直接作为自变量纳入分析，则实际上是假设这 4 档间的差距完全相等，或者说它们对因变量的数值影响程度是一致的增减，这显然是一个太理想和简单的假设，很有可能导致错误分析的结论。

另外，对于无序多分类变量（例如国籍），它们之间的数量根本没有差异，因此，不可能给出回归系数的单个估计值来表示因变量数量的变化趋势。对于上述分类变量，统计标准的做法是使用虚拟变量进行拟合，然后根据分析结果考虑并简化结果。但是，虚拟变量分析的操作很麻烦，并且需要分析人员的更高的统计知识。而且，当研究问题中绝大多数变量都是分类变量时，这种分析思路实际上是很难实现的。

那么，是否有一种方法可以转换类别变量，并为每个类别提供适当的定量分数，以反映类别之间的差异？例如"优秀"为 2 分，"良好"为 1 分，"中等"为 0.5 分，这表明，当等级从良好变为优秀时，对因变量数值的影响大约是等级从中等变为良好的 2 倍。同样地，对于无序的独立变量，不同类别之间的差异也可以通过评分来表示。如果分数相似，则表示影响程度相似，反之，分数相差越大，影响程度差异也越大。统计学家对此进行了很长时间的研究，并最终得出了令人兴奋的结论：最优尺度变换。

最优尺度变换致力于解决统计建模问题中如何量化分类变量的问题，其基本思想是基于希望拟合的模型框架，在各个层面分析对因变量影响的强弱变化情况；在保证变换后，各变量间的联系成为线性的前提下，采用一定的非线性变换方法进行反复迭代，从而对每个类别的原始分类变量找到最佳的定量得分，然后在相应模型中使用量化评分代替原始变量进行后续分析。这样，各种传统分析方法的应用范围可以一次扩展到所有的测量尺度，如对无序多分类分析、有序多分类变量和连续性变量同时进行回归分析、因子分析等。

案例 10 - 1

主成分中的信息

统计分析在处理多变量问题时，由于变量较多，分析过程会较为复杂。但是在实际问题中，变量之间往往会存在一定的相关性。因此，多变量中可能存在信息的重叠。人们自然希望通过克服相关性、重叠性，用较少的变量代替原来较多的变量，而这种代替可以反映原来多个变量的大部分信息，实际上也就是一种降维思想。由于多个变量之间的相关性，人们自然希望通过线性组合的方式，从这些指标中尽可能快地提取信息。当第一个线性组合不能提取更多的信息时，在考虑用第二个线性组合继续这个快速提取的过程，直至所提取的信息与原指标相差不多时为止，这就是主成分分析的思想。一般来说，在主成分分析适用的场合，用较少的主成分就可以得到较多的信息量。当变量只取一个数据时，这个变量提供的信息量就很有限。所以当变量的变异性越大，说明其对各个场景的"遍历性"就越强，提供的信息就越充分，信息量就越大。主成分分析中的信息就是指标的变异性，用标准差或者方差表示。

（资料来源：https：//baike：baidu. com/item/% E4% B8% BB% E6% 88% 86% E5% 88% 86% E6% 9E% 90/829840）

阅读案例并回答以下问题：

1. 请结合正文中指标的提取过程，思考为什么要利用方差或者标准差来寻找主成分。

2. 请结合材料思考累积方差贡献率的含义与作用。

案例 10 - 2

莎士比亚的"新诗"

1985 年 11 月 14 日，研究莎士比亚的学者泰勒（G. Taylor）从 1775 年以来就保存在 Bodelian 图书馆的收藏中发现了写在纸片上的九节新诗，新诗只有 429 个字，没有记载谁是诗的作者。这首诗会是莎士比亚的作品吗？两个统计学者提斯特德和埃夫隆（Thisted & Efron，1987）

利用统计方法研究了这个问题，得到的结论是这诗用词的风格（规范）与莎士比亚的风格非常一致。这个研究纯粹基于统计学的基础，其过程可描述如下：

已知莎士比亚所有著作的用词总数为 884 647 个，其中 31 534 个是不同的。这些词出现的频数如表 10 – 14 所示。

表 10 – 14 　　　　　　　　　　**不同单词所使用的频率**

单词使用的频率	不同单词数
1	14 376
2	4 343
3	2 292
4	1 463
5	1 043
6	837
7	638
……	……
>100	846
总数	31 534

表 10 – 14 中所包含的信息可用来回答下列类型的问题，如果要求莎士比亚写一篇含有一定数量单词的新作品，他会使用多少新单词（以前作品中未使用过的）？在他以前所有的作品中，有多少单词他仅使用过次一次，两次，三次，……这些数字可以用费歇等（1943）提出的划时代的法则来预测。在完全不同的领域内，费歇利用他的方法估计了未被发现的蝴蝶总数！利用费歇的理论，如果莎士比亚用与他已有的所有作品中出现的单词数 884 647 完全一样数目的单词来写他的新剧本和诗，则估计他将使用约 35 000 个新词。这种情形下，莎士比亚的总词汇估计至少有 66 000 个单词（在莎士比亚时代，英语语言的总词汇约有 100 000 个，目前约有 500 000 个）。

（资料来源：https：//max. book118. com/html/2017/0119/85330864. shtm）

阅读案例并回答以下问题：

1. 是否可以通过以上数据对莎士比亚单词的使用频率建立模型？

2. 请对图书馆发现的新诗做假设检验，判断是否可以认为是莎士比亚的作品。

本 章 小 结

（1）统计包括统计工作、统计资料和统计学。统计工作是收集、整理有关社会经济或者是自然现象在总体数量方面数据的总称。统计资料涵盖了统计工作中所获得的各种数据资料，以及其他相关资料，要求数据资料具有客观性、及时性与准确性。统计学是一门全面系统研究如何收集、整理、显示、分析客观现象总体数量的数据，以便给出正确认识的方法论科学。

（2）主成分分析是将多个指标转化为少数几个综合指标的一种多元统计分析方法，通常把转化生成的综合指标称之为主成分。主成分的目的是简化变量。一般情况下，主成分的个数应该小于原始变量的个数。关于保留几个主成分，应该权衡主成分个数和保留的信息。

（3）运用回归分析需要按照特定的操作步骤：第一，做出散点图来观察变量间的趋势；第二，根据数据的分布对数据进行预处理；第三，进入直线回归分析这一步骤初次选择所需的变量及方法等；第四，进行残差分析，对模型进行诊断；第五，对强影响点进行诊断并且判断是否存在多重共线性等问题。

关键术语

线性模型　主成分分析　累积方差贡献率　假设检验　复相关系数　决定系数　预测与区间估计　加权最小二乘法　岭回归

复习思考题

1. 回归分析中研究的主要问题是什么？

2. 线性回归模型需满足哪几个基本假定？

3. 试对 SPSS 自带数据库 Plastic 进行统计分析，以 extram、additive、gloss、opacity 为自变量，以 tear_res 为反应变量建立合适的多重线性回归模型。

4. 根据上一题所建立的线性回归模型，在95%的水平下对 tear_res 变量进行预测和区间估计。

5. 表 10 – 15 为 DF 市 2010～2019 年农业合作经济的数据，试用主成分分析法进行分析。

表 10 - 15　　　　DF 市 2010～2019 年农业合作经济情况

年份	农场数（个）	职工人数（万人）	耕地面积（千公顷）	农业机械总动力（亿瓦）
2010	2 026.0	391.9	4 801.0	115.9
2011	1 961.0	366.0	4 814.6	120.1
2012	1 945.0	355.7	4 740.7	124.4
2013	1 967.0	353.7	4 690.1	129.9
2014	1 928.0	339.6	4 820.1	136.4
2015	1 923.0	335.9	5 038.1	146.3
2016	1 896.0	329.3	5 187.0	153.9
2017	1 885.0	330.1	5 308.1	168.2
2018	1 893.0	334.5	5 498.9	180.0
2019	1 818.0	339.7	5 598.3	197.1

CHAPTER 11

第 11 章　数字合作

如今，我们生活在大数据时代中，互联网、移动互联网、物联网等大数据技术广泛融合到商业、金融、教育、医疗等领域，数以万计的数据分析了市场、喜好；同时，个人信息遭到了前所未有的威胁。联合国秘书长安东尼奥·古特雷斯这样说道：

> "作为一个全球社区，我们面临数字时代的安全、平等和人权问题。我们需要加强合作，应对挑战、缓解风险。①"

使用"数字合作"（Digital Cooperation）一词是为了在合作框架内对数字问题进行讨论；还要通过鼓励跨领域思考和行动破除孤岛意识，并在各利益方之间建立信任。

11.1　数字经济含义与特征

11.1.1　数字经济含义

美国人唐·塔普斯科特于 1995 年在自己的著作《数字经济》中最早提出了"数字经济"这一概念。1998 年 7 月，美国商务部发布了《浮现中的数字经济》，这是有关数字经济的第一部著作。在此之前，日本通产省于 1997 年 5 月提出"数字经济"，又称其为"信息经济""网络经济""失重经济""知识经济""E 经济"或"新经济"。1999 年 6 月，美国商务部在《新兴数字经济》报告中把数字经济看成是电子商务，以及使电子商务成为可能的信息技术产业等两个方面。

---

① 联合国．秘书长数字合作高级别小组：健康地球上的和平、尊严与平等 [EB/OL]．（2019 - 8 - 15）[2021 - 05 - 11]．https：//www.un.org/zh/digital - cooperation - panel.

数字经济的本质特征在于信息化的加速发展，即信息产业化与产业信息化同步推进并相互作用。信息产业化要以高新信息技术及相关产业，如微电子产品、通信器材和设施、计算机软硬件、网络设备制造等领域的全面发展为重要前提，同时，又以信息和数据的采集、处理、存储、保护，以及在传统经济领域的广泛运用为标志。近年来，电子商务、在线教育、在线医疗、在线会议、在线展会等新的经济活动方式、工作学习方式和联络交往方式迅速普及，其实质是数字经济全面渗入人类生活的重要表现。人们经常谈论的智慧城市建设，实际上是要运用最新的信息和通信技术手段，通过感测分析、综合利用城市运行系统的各种关键信息，对经济、社会、民生、环保、治安等一系列重要事项和诉求，进行智能化的处理和响应。

随着社会发展和技术进步，越来越多的数字经济与传统经济交织在一起，使得明确的划分更加困难，迄今对数字经济的定义也还没有统一公认的概念，但普遍认为数字经济具有区别于传统经济的新特征，特别是有数字技术作为基础这一鲜明特征。《澳大利亚的数字经济：未来的方向》中指出，数字经济主要是通过互联网、传感器网络、蜂窝网络等信息通信技术，实现经济的全球性和网络化。美国学者贝翁淑金（Beom SooKim）则认为数字经济的本质是将商品和服务通过数字化方式进交易，是一种特殊的经济形态。美国 TechTarget 网络媒体公司将"数字经济"定义为由信息通信技术（ICT）实现的全球经济活动网络，主要包含数字基础设施、数字化过程、电子商务三个关键组成部分。维基百科、牛津词典的定义则更为简要，前者认为数字经济是几乎数字计算技术的经济，后者定义为通过数字技术特别是使用互联网进行电子交易的经济。

当前，以数字技术产业化和传统产业数字化为特点的新经济突飞猛进，以数字经济发展水平为重要标志的综合国力竞争日趋激烈。数字经济发展对社会进步和国家安全的深刻影响，引起世界各国的高度关注。无论发达国家还是发展中国家，都已十分重视数字经济，都把加快推进信息化作为数字经济、智慧社会、智能国家建设的战略性任务。2016 年 G20 杭州峰会将数字经济作为主要议题，发布了《二十国集团数字经济发展与合作倡议》，数字经济开始成为全球最重要的国际经济论坛的关注对象。这次峰会也进一步明确了数字经济的定义："数字经济是指以使用数字化的知识和信息作为关键生产要素、以现代信息网络作为重要载体、以信息通信技术的有效使用作为效率提升和经济结构优化的重要推动力的一系列经济活动。①"应该说，通过将数字化、智能化的信息技术与生产和消费深度融合，与传统产业深度融合，与经济社会发展深度融合，深刻改变了企业生产和人民生活方式，深刻改变了社会运行方式，也使现代经济的应变性、适应性更强。G20 杭州峰会的

---

① 中国网信网. 二十国集团数字经济发展与合作倡议［N/OL］.（2016 – 9 – 29）［2020 – 12 – 10］. http：//www. cac. gov. cn/2016 – 09/29/c_1119648520. htm.

定义包含了三方面的要素，即数据是关键的生产要素，信息网络是重要载体，信息通信技术（ICT）是重要的推动力。这一定义与我国 2015 年 7 月提出的"互联网＋"核心理念有一定重合性和一致性[①]。"互联网＋"是把互联网技术、互联网创新成果与经济社会深度融合，推动技术、效率、质量和组织变革，提升经济的质量和效益，形成以互联网为基本支撑和创新要素的经济社会发展新形态。数字经济定义比"互联网＋"的范畴更广，不仅包括"互联网＋"，还包括"智能＋"；不仅包括互联网技术及其对经济社会的影响，更包括人工智能、大数据等新兴技术及其对经济社会的影响。

11.1.2　数字经济特点

数字经济与传统经济相比，呈现出全新的经济形态，也表现出其自身独有的特征。

一是数据资源的重要性日益凸显，已成为数字经济时代最关键的生产要素。在传统农业、工业时代，社会主要生产要素是土地、劳动力、矿产和机械设备等，而在数字经济时代，价值的携带和创造主要由数据完成，数据也成为这一时期最必不可少的生产要素。特别是随着移动互联网的普及和新一代通信信息技术（5G）的快速发展，万物互联、人机互动逐渐成为现实，深度学习得以推进，人工智能快速发展，而驱动这些应用快速发展的背后则是海量数据的支撑。当前，受香农定理等理论瓶颈的影响，技术创新难度越来越大，企业的核心竞争力差距也越来越小，企业要实现模式创新和行业领跑，必须加强对行业细微、敏感变化的认知，这就需要企业具备及时、全量获取和分析用户、交易、环境等数据资源的能力，加强对数据的使用，以及基于数据的创新。

二是数字技术是数字经济发展的重要驱动力。在传统经济中，信息技术只是经济发展的辅助手段，通过信息化的方式，简化业务流程和提高业务流转效率。因此，信息技术迟迟未能进入核心业务决策，也未能成为经济发展的驱动力。数字经济的经济发展由"信息技术＋数字资源"驱动，信息技术是根本，数字资源是核心，两者缺一不可。在技术的引领和推动下，生产领域和消费领域、流通领域和管理领域、制造领域和服务领域等都以网络化、数字化、智能化的形式表现出全新的形态，产品和服务的供给质量、效率和成本向着更加有益增加社会总体福利的方向发展。同样，得益于数字技术的帮助，企业内部的经营管理、生产销售、组织结构等也发生了根本性的变革，企业的适应性变得更强。

---

① 国务院. 关于积极推进"互联网＋"行动的指导意见［EB/OL］.（2015 – 7 – 4）［2020 – 12 – 10］. http：//www. gov. cn/zhengce/content/2015 – 07/04/content_10002. htm.

三是与传统经济融合发展是数字经济的内在要求。在传统经济中，经济发展集中于农业、工业、服务业等传统领域，三次产业间的融合逐步加深，现代农业的机械化、工业制造领域的服务化，以及服务业向各个领域的渗透，都在表明产业融合是经济发展的重要趋势。数字经济时代，融合依然是产业发展的主旋律。互联网、移动互联网、人工智能等新兴数字技术和技术载体持续作用于传统产业，助推传统产业持续迸发出新活力。由此可以预见，在不久的将来，人工智能、深度学习、智能计算等数字技术有望引领性一轮产业革命。

四是生态系统（平台）战略竞争是数字经济的主流商业模式。传统经济中，产业竞争力由生产要素、需求因素、相关支持产业、企业的战略和组织结构、政府、相关机会等要素决定。数字经济中，数字技术改变了企业的决策模式，产业竞争逐渐进入大规模、大范围的平台战略竞争，产业生态系统的构建变成产业竞争力的核心内容。哈佛大学 2016 年的一项研究指出，平台模式正被越来越多的互联网公司所采用，全球市值前 100 名的互联网公司采用平台模式运营的有 60 家[1]。此外，随着新技术在各行业的深度应用，O2O（即 Online To Offline，指将线下的商务机会与互联网结合，让互联网成为线下交易的平台）、分享经济、众包众筹等模式、新业态也大都采取平台模式运营。据统计，截至 2017 年 7 月，全球排名前 10 位的平台经济公司总市值已经超过排名前 10 位的传统公司，平台经济日益成为数字经济时代主要的商业模式[2]。

五是多主体共治越来越成为数字经济的主要治理方式。数字经济给社会治理带来严峻挑战，政府已无法反凭一己之力对数字经济进行监管。数字经济是一个庞大、复杂、多变的生态系统，用户主体多、技术难度大、需求变化快，加之线上线下融合程度深，行业内竞争激烈，简单问题通过网络发酵变成复杂问题，很多时候依靠政府传统监管方式是难以应对的。因此，面对数字经济治理，社会治理模式必须加速从以单一政府监管为主向多主体共同参与为主转变，核心是要将平台企业、用户和社会组织等重要参与主体纳入数字经济治理体系，最大限度发挥好每一个主体的优势和作用，从而构建多主体协同共治的模式，不断推动数字经济治理创新。比如，平台经济改变了传统社会的资源配置方式，平台逐渐成为最重要的市场交易主体和资源配置单元。对于平台上出现的各类纠纷和问题，平台既有义务进行治理，也有技术优势和数据优势协助其他各方参与治理。因此，将平台企业纳入治理体系，明确其治理职责和治理边界，赋予其治理权和参与权，已成为社会的共识。

---

[1] 刘玉龙，李犇，李宇佳，周旭：打造数字时代中国大宗商品核心竞争力［N/OL］．（2019 – 12 – 25）［2020 – 12 – 10］．https：//baijiahao. baidu. com/s？ id = 1654307853710063488&wfr = spider&for = pc.
[2] 中国日报网．阿里联合德勤发布报告：平台经济成创新引擎［N/OL］．（2017 – 10 – 11）［2020 – 12 – 10］．http：//www. chinadaily. com. cn/interface/toutiaonew/53002523/2017 – 10 – 11/cd_33125012. html.

11.1.3　数字经济外延

数字经济是一种新的经济形态，与此相关的概念很多，如信息经济、知识经济、网络经济、数字世界、数字鸿沟、数字货币、经济数字化、经济网络化、经济智能化，以及大数据、云计算、区块链、物联网、电子货币、电子商务、跨境支付、移动支付、智慧经济、智慧城市等。目前，国际社会对"数字经济"的概念尚不明晰，很大程度上是因为其概念有一个广泛的相似概念"家族"。维基百科提出，数字经济时常与互联网经济（Internet Economy）、新经济（New Economy）、网络经济（Web Economy）等概念表达相似或相同的观念。这些概念是不同时期和不同学科背景下的产物，并没有明确的是非之分，甚至于在数字经济刚刚被提出的时候，这些概念与数字经济的内涵外延并没有太多的区别。但随着数字经济的深入发展，理论界和国际社会对数字经济的认识越来越深刻，逐渐趋于形成某种共识。因此，这些概念之间的区别也越来越多的被提及。

11.1.3.1　信息经济

信息经济是与数字经济最相似的概念，也是引起最广泛研究的概念之一。维基百科认为，信息经济是这样一种经济，它日益强调信息活动和信息产业的重要性。按照两位信息经济理论开创者马克卢普和波拉特的观点，信息经济是指以生产或获取信息、加工和处理信息，以及保有或应用信息为主的经济[1][2]。可以说，这种定义涵盖了以信息为核心产生的一切经济活动，具有较好的扩展性。这一概念还催生出了"信息经济学"和"信息经济论"。"信息"无疑是信息经济的核心，对"信息"的内涵和作用的不同理解，构成了信息经济不同内涵和外延的核心。具体来说，"信息"可能扮演着4种不同维度的角色。一是"信息"是日常经济活动产生的知识产物。在主流经济中，有一个分支为博弈论与信息经济学，其开创者之一的诺贝尔经济学奖获得者肯尼斯·阿罗认为，由于对分析不确定性下经济行为工具的运用，信息的经济作用就变得十分重要了[3]。这里所指的"信息"就是人类社会活动的信息活动要素的集合。在信息对称或信息不对称的情况下，信息对不同经济主体之间的行动、策略及最终的收益和均衡将产生重要的影响。二是将"信息"视为一种生产要素，也称为"信息资源"，类似于土地、劳动力、资本等生产要素，由此引发的是对信息作为一种生产要素参与生产

---

① 弗里茨·马克卢普. 美国的知识生产与分配 [M]. 北京：中国人民大学出版社，2007.

② 马克·波拉特. 信息经济论 [M]. 长沙：湖南人民出版社，1987.

③ 李艺铭，安晖. 数字经济：新时代再起航 [M]. 北京：人民邮电出版社，2017.

和分配的关注和理解。三是将"信息"看作一种商品，进行商品定价、产品市场结构等分析。四是从产业层面理解"信息"。在国际上，信息产业又称为信息通信技术产业（ICT），在我国也被称为电子信息产业，主要包括电子信息制造业、软件和信息技术服务业及通信业（或电信业）3 部分，并运用多种统计方法对信息技术带动的产业进行规模统计、结构分析及展望测算。

11.1.3.2 信息技术经济学

有学者将信息技术经济学作为技术经济的分支进行专题研究，重点强调由信息技术带来的经济活动演变。信息技术的变革性已受到广泛认可，近年来提出的"第三次工业革命"和"第四次工业革命"等科技革命概念，都将电子计算机、互联网、通信等信息技术作为支柱或核心，因此，信息技术经济学更加强调技术或科技革命带来的广泛影响。

11.1.3.3 互联网经济

互联网经济广义上是指基于互联网的经济活动总和，是信息化、数字化、网络化社会产生的一种新的经济现象。狭义上是指基于互联网运行的经济活动，包括网络游戏、社交通信、搜索引擎、电子商务等。互联网经济的主要特征是社会主体越来越多的活动都依赖网络开展，比如，企业类主体的设计、生产、物流、销售等经济活动，居民个体的消费行为和休闲方式，以及金融机构和政府部门等主体的监管和服务行为，都离不开互联网。各类主体不仅要从互联网获取经济信息，依托互联网进行交易交割，还要依靠互联网提供预测分析和决策信息。

11.1.3.4 网络经济

这一概念是学术界较为公认的术语，甚至有了"网络经济学"的分支学科。这一学科在商科或管理学科中更受认可，被国内外电子商务专业作为专业课，却并不是很正规的经济学概念。有学者认为，网络经济研究的是当社会的生产方式与交换方式以网络形式组织起来以后，社会主体之间经济关系所发生的变化。由于网络形态的变化，当前的网络经济较 20 世纪末的网络经济从内涵到外延已经发生了相当大的变化。

11.1.3.5 新经济

新经济可以理解为各种层面、各种形态的具有创新性的经济活动的综合，这一概念在学术层面、实践层面和政策层面都有广泛的应用。例如，1999 年美国发展政策学会对"新经济"的理解包括三方面：一是经济结构和其运行规则发生质的变化；二是更加注重知识更新；三是更加关注将新技术、新观念融入产品和服务中。2000 年，时任美国总统克林顿在《总统经济报告》中提出，当前美国经济快速扩张、就业充分增长，并未出现持续的通货膨胀，这突破了传统宏观经济学中对经济增长与通货膨胀此消彼长的桎梏，这种现象一度被称为"新经济"。在学术界，对"新经济"的定义更是多种多样，技术创新、技术变革、贸易全球化等带来的宏观经济模式变化，以及低碳、环保、绿色等发展理念孕育出的经济发展模式的创新，都可被理解为"新经济"。近年来，在经济增速放缓和转型加速的背景下，我国多次提出加速孕育"新经济"的理念，这里的"新经济"涉及产业范畴较广，不仅包括服务业中的"互联网＋"、云计算、物联网等，还包括以技术为依托发展起来的电子商务、网络游戏、流通快递等新产业；不仅包括工业领域里信息技术类产品的制造，还包括基于信息技术的工业品智能制造、定制化生产等。由此可见，"新经济"的内涵更广泛，其覆盖范围也远远大于数字经济。

11.1.3.6　虚拟经济

虚拟经济最早出现于经济学概念中，针对"实体经济"的概念而存在，如果实体经济表现为物质层面的产品和看得见的服务，那么虚拟经济则更广泛地存在于资本等金融产业中，存在较大的波动性，并且具有较为独特的定价方式和价格体系。广义的虚拟经济包括金融业、房地产业，以及体育经济、博彩业、收藏业等。近年来，在研究新的数字经济形态的过程中，有学者将这种看不见的"数字"塑造的产业和经济形态理解为虚拟经济。总体而言，这一概念具有较大的歧义，不具有清晰的内涵外延。从以上概念比较来看，数字经济与互联网经济这两个概念最接近，都指向基于新技术的经济活动，只不过数字经济所包含的技术范畴较互联网经济更广，是互联网经济的扩展。为了便于分析，本书对数字经济与互联网经济这两个概念不做明显的区分，同样对数字经济治理和互联网经济治理也不做明显区分。但本书对数字经济治理与互联网治理是有区分的，这两个概念也有本质的区别。

11.2　中国数字经济与数字合作

11.2.1　中国数字经济发展

中国作为世界第二大经济体，同时也是全球第二大数字经济体。中国在移动互联网发展、网民有量、网络零售额、电子商务、移动支付、跨境支付等诸多方面，早已领先于世界，并且实现了一系列信息技术创新、信息革命引领。特别是在 4G 移动网络建设、5G 网络标准研发方面，中国拥有世界公认的比较优势，而中国在数字经济领域拥有较强比较优势的另一突出例证是，我们的"数字丝绸之路"科研水平领跑全球。有关方面打造的"数字丝绸之路"地球大数据平台，目前已经研发出有关"一带一路"国际合作的资源、环境、气候、灾害、遗产等专题数据集 94 套、自主知识产权数据产品 57 类、共享数据超过 120 万亿字节。借助这个大数据平台，中国和参与"一带一路"合作的所有国家、地区和企业，都可以获得有关经济发展、民生诉求、生态环境、灾害监测、工程建设等方面的信息支持①。

中国高度重视信息技术革命和数字经济发展。2019 年 10 月，经党中央、国务院批准，工业和信息化部、河北省政府在石家庄市成功地举办了中国国际数字经济博览会（以下简称"石家庄数博会"），这是全国唯一以数字经济冠名的国家级展会。在工业和信息化部的大力支持下，展会以"国际化、专业化、高端化、产业化"为原则，以"数字经济引领高质量发展"为主题，参展项目包括 5G 智能驾驶、5G + VR 健身、5G 远程控制等许多数字经济新技术。"石家庄数博会"是中国参与并推动世界数字经济合作的一个重大举措，我们的目标，是要将数博会打造成为推动经济发展质量变革、效率变革、动力变革的加速器，成为中国数字企业与各国同行合规竞争的新高地，成为中国与世界各国开展数字经济合作的新平台。习近平总书记高度重视我国的数字经济发展。石家庄数博会召开时，他在致石家庄数博会的贺信中指出，当今世界，科技革命和产业变革日新月异，数字经济蓬勃发展，深刻改变着人类生产生活方式，对各国经济社会发展、全球治理体系、人类文明进程影响深远。他特别强调，中国高度重视发展数字经济，在创新、协调、绿色、开放、共享的新发展理念指引下，中国正积极推进数字产业化、产业数字化，引导数字经济和实体经济深度融合，推动经济高质量发展。希望与会代表深化交流合作，探讨共享数字经济发展之道，更好造福世界各国人民②。

按计划，第二届中国国际数字经济博览会应于 2020 年 9 月在石家庄（正定）国际会展中心举行。届时，除开幕式外，还将举行高峰论坛、综合展览、主题沙龙、成果发布、世界大学生电子竞技锦标赛决赛、数字经济技能竞技大赛等系列活动，打造一个"会展赛 + 体验 + 发布 + 对接"的六位一体的国际化数字经济交流大平台。但由于疫情原因，这届数博会未能举行。2020 年，突如其

① 于洪君．中国的数字经济发展与国际数字经济合作［EB/OL］．（2021 - 1 - 12）［2021 - 2 - 10］．https：//m.guancha.cn/YuHongjun/2021_01_12_577592.shtml.

② 人民时评．数字经济，高质量发展新引擎［N］．人民日报，2019 - 10 - 21（5）．

来的新冠肺炎疫情蔓延到全世界，全球经济衰退触目惊心。在此背景下，中国更加关注数字经济的发展，中国的数字经济也的确获得了更大发展。我们的目标，是要通过一切经济活动数字化，改变原有的社会生产方式和商业模式，提高所有经济活动的效率，让数字生产力与传统生产关系和谐共存，整体提升数字经济对我国现代化发展进程的综合价值。

11.2.2　中国数字丝绸之路

数字丝绸之路建设，特别是数字基础设施建设，是"一带一路"国际合作进程中最为关键的内容之一，也是中国参与和推动全球数字经济合作的重要途径和手段。2017 年 5 月，习近平主席在"一带一路"国际合作高峰论坛开幕式演讲中指出，我们要坚持创新驱动发展，加强在数字经济、人工智能、纳米技术、量子计算机等前沿领域合作，推动大数据、云计算、智慧城市建设，连接成 21 世纪"数字丝绸之路"[①]。

在中国的积极推动和引导下，2017 年第四届世界互联网大会召开期间，中国、老挝、沙特、塞尔维亚、泰国、土耳其、阿联酋等国共同发起了《"一带一路"数字经济国际合作倡议》。此后，越来越多的国家参与到共建和平、安全、开放、合作、有序的网络空间中来。国际社会越来越普遍地认识到，推动数字丝绸之路建设，将有助于"一带一路"国际合作可持续地、高质量地向前发展。截至 2019 年，中国除与前面提到的 7 国共同发起了《"一带一路"数字经济国际合作倡议》，还与老挝等 16 国签署了"数字丝绸之路"建设合作谅解备忘录，与有关国家共建了 30 多条跨境陆缆和 10 余条国际海缆。在共建"一带一路"国家的共同努力下，"数字丝绸之路"正在从理念转化为行动，从远景转变为现实。

目前，中国仍在大力推进"一带一路"沿线国家的数字基础设施建设，尤其是互联网、电信、电子商务等领域的基础设施建设，同时，全力促进"一带一路"沿线国家基础设施的互联互通。例如，巴基斯坦—东非海底光缆工程，通过东非国家吉布提，将位于南亚次大陆的巴基斯坦与地处东非的肯尼亚连接起来。我国自主研发的北斗卫星导航系统兼容的卫星导航应用产品，已经覆盖"一带一路"沿线国家，为各国提供最先进、最精准和全方位的时空信息服务。这是我国目前为全球数字经济发展提供的最大的公共服务产品。

此外，新加坡的公交卡、沙特阿拉伯的数字化变革计划、迪拜的智慧城市建设，也是我国为"一带一路"沿线及相关国家提供互联网智能技术，推动和引

---

① 新华社. 习近平在"一带一路"国际合作高峰论坛开幕式上的演讲［N/OL］. (2017 - 5 - 14)［2020 - 10 - 20］. http：//cpc. people. com. cn/n1/2017/0514/cb4094 - 29273979. html.

领数字经济发展的成功范例。我国一些地方政府，也围绕"数字丝绸之路"开展广泛对外合作。如浙江省已正式成立"数字丝绸之路国际产业联盟"，数字经济和"数字丝绸之路"建设推进大数据、物联网、云计算、新型智慧城市等诸多领域发展。

统计数据显示，近年来通过电商平台，中国商品已经销往俄罗斯、乌克兰、波兰、泰国、埃及、沙特阿拉伯等"一带一路"沿线国家。同时，越来越多的"一带一路"沿线国家的商品，也包括大量发达国家的商品，通过电商走进中国的千家万户。过去 5 年，支付宝与包括印度、巴基斯坦、菲律宾、孟加拉国在内的一些国家的本地伙伴进行合作，成功地打造出多个本土化"支付宝"，为支付行业的跨境发展提供了良好范例。

2020 年是中国—东盟数字经济合作年，中国与东盟将 2020 年的东博会主题确定为"共建'一带一路'，共兴数字经济"，充分体现了中国作为"一带一路"倡议国，积极推动周边地区乃至全球数字经济发展、共同打造"数字丝绸之路"的真诚意愿和决心。可以说，中国通过一系列信息产业合作与数字经济合作，与"一带一路"国家分享了自己的创新驱动发展经验，推动了相关国家的数字经济、人工智能和智慧城市建设，为缩小全球数字鸿沟做出了重要贡献。

总而言之，建设"数字丝绸之路"，既是中国推动新一轮高水平对外开放和坚持创新驱动发展的新领域，又是中国参与和推动数字经济全球化注入的新动能。中国有意愿也有能力在推动全球数字化转型上做出自己的努力，有意愿也有能力为全球经济治理特别是数字经济治理提供中国智慧和方案，为构建造福于整个人类的数字经济发展共同体做出独特贡献。

11.2.3 中国数字合作

当前，数字经济已成为全球经济增长点，以使用数字化的知识和信息作为关键生产要素、以现代信息网络作为重要载体、以信息通信技术的有效使用作为效率提升和经济结构优化的重要推动力，数字时代的经济活动正呈现出前所未有的创造力。数字经济也已经成为全球合作契合点。数字经济有力地驱动了区域和全球经济整合，促进全球自由贸易发展和市场一体化进程。2015 年以来，欧盟推动数字化单一市场建设；2016 年，G20 杭州峰会宣布将数字经济作为全球经济增长日益重要的驱动力；经合组织召开的数字经济部长会议确认了数字化议程的四个关键政策领域。数字经济已经成为近年来众多自由贸易协定的重要合作部分，而且被公认为是实现联合国《2030 年可持续发展议程》所设定目标的重要途径。

然而，我们也要看到，信息科技虽属于全人类，但并不是所有国家所有地区的人们都能具备同等运用信息科技的能力。互联网的聚集与放大效应使网络发达国家占尽先机，客观上拉大了发展中国家与发达国家的差距。信息鸿沟加剧了发展的不平衡。目前，全球仍有约半数人口未使用过互联网，最不发达国家和地区网民数量普及率不到1/3。在 IPv4 时代，根服务器分布与域名管理典型体现了各国之间权力分配的不平等。国际互联网发展不平衡、规则不健全、秩序不合理的基本态势没有变，信息鸿沟及其所加剧的南北差距依然严峻。因此，面对以上问题，构建网络空间命运共同体这一蕴含着当今互联网时代人类利益攸关、命运相通特征的方案，彰显了中国方案的智慧与担当，也成为人类社会的美好愿景。

11.2.3.1 中巴农业与产业数字合作

为扎实推进中巴经济走廊高质量发展，促进产业、农业和科技合作，中巴农业与产业合作信息平台（以下简称"平台"）于 2021 年 1 月 26 日在线上正式启动。参加启动仪式的专家表示，作为中巴间首个农业与产业合作平台，该平台的启动标志着两国农业合作交流进入快车道。平台主要承担收集、整理和发布来自中巴双方政府部门、科研机构、行业协会和工商企业的产业合作信息，展示与农业相关的科技产品、农机具、农产品及农业合作成果等，同时也将组织开展商业论坛、研讨会和项目对接会等活动，促进中巴农业与产业领域的交流合作。平台启动仪式上，中国驻巴基斯坦大使农融在主题演讲中表示，中巴双方将聚焦农业和产业合作向高质量发展迈进，通过平台实现两国互惠共赢，在平台架构下组织开展商业论坛、研讨会等活动，为两国人民带来福祉。平台可以汇聚农业现代化力量，巴基斯坦土地条件好、气候适宜、人力成本低，中国农业技术先进、资金充裕，中巴农业合作可各取所长。农业项目周期长、收益低，推广农业项目并不像其他项目那样简单。从当前来看，中巴农业合作并不多，中间存在信息屏障。平台将建立一个有效沟通渠道，在此基础上，建立项目和企业信息数据库，以平台为依托，组织各类活动，包括对中国企业和中国经验的推广。

2018 年，中巴建立农业合作联合工作组，并于 2020 年在中巴经济走廊联合合作委员会下增设了农业工作组。中巴经济走廊对中巴双方经济发展有很大益处，也有助于实现中巴命运共同体。在启动仪式后，平台将继续开展系列线上研讨交流活动，深入种植业、畜牧业和渔业、乳制品和农产品加工、农资农机械和冷链仓储、园艺作物等农业细分领域。

11.2.3.2 供应链数字合作：第三方数字合作伙伴

随着数字技术的迅猛发展，供应链的数字化趋势创造了新的商业模式，也衍生了一种新角色——"第三方数字合作伙伴"。它们带来商业价值的同时，也让组织和供应链中角色共担风险。"第三方"字面定义为"一个不受特定组织直接控制的实体"。许多人将供应链中的第三方等同于供应商，但实际并非如此；它广泛包含了产品或服务的供应商（或商业合作伙伴）、商业伙伴（合资伙伴联盟等）、市场合作伙伴、战略咨询顾问、政府机关、监管机构、客户等。传统供应关系划分复杂而界限层次分明，企业供应链上游有产品或服务的供应商等；企业供应链下游有用户、分销商等；企业合作伙伴有市场、商业、战略合作人等；企业上层有监管政府机关、监管机构等。传统供应链中，供应关系或外包模式清晰。数字化发展为供应链带来新的角色——第三方数字合作伙伴。传统供应关系是组织可通过供应商提供基础设施，自行或通过外包商来进行生产或开发等环节，但这些都建立在自主可控的大环境下。如今，数字化供应链正在改变这种简单依赖的供应关系。

国内首个专注数字化供应链安全解决方案的专业安全团队——"安全值"首次提出了"第三方数字合作伙伴"的概念。数字化供应链各节点的角色将区别于传统供应关系，它们将逐渐淡化供求角色与边界的划分，这些将自身核心业务深度嵌入或捆绑的关系伙伴，共称之"第三方数字合作伙伴"。它们共同构成产业链，同样地，也共同面临和承担风险。比如，云的应用，让组织将自己的核心生产环境或重要信息迁移到供应商提供的软件平台或基础设施上。云服务模式，它让供应商的接入也从企业边缘地带转变为与企业核心业务的捆绑，从根本上改变了传统供应关系。云租户可能在任意一个逻辑层次接入，既有可能成为供应链下游客户，也有可能成为供应商，甚至是兼顾二者的角色。比如，组织租赁提供商的 PaaS 服务，部署软件应用，又以 SaaS 模式发布。类似地，除了云计算的应用，还有更多数字化技术正在或即将推动供应链的变革。随着计算能力的高速发展与数字化程度的深度渗透，衍生了无数新时代的产物，也改变了商业模式与供应关系。例如，物联网（IoT）技术，IoT 对公司进入供应链管理的方式产生了巨大的影响。诸如此类，从传感器、云服务到纳米技术、大数据，越来越多的技术驱动了数字化趋势的发展，同时，数字化的趋势影响着整个商业模式从而改变传统的供应链管理。

不少电商平台企业演化出来一个新的设计和概念，即中台。中台产生的背景是因为供应链的业务量和业务结构发生了巨大的变化，在电商爆发之前，ERP的设计基本上是处理平缓订单，比如，每天几百单、几千单，多一点的话，几万单，可是电商来了，一天几百万单、几千万单，传统的 ERP 系统无法经受这个冲击。电商的特点是客户多、供应商多、订单多、时间少，传统的 ERP 处理不了，就需要对系统的规划提出方案，来应对这种海量订单的存储和处理。中台主要负责存储和处理数据，前台负责接单。良品铺子就是典型的案例，从 2014 年开始，良品铺子与 IBM 合作，业务处在快速发展期，业务活动越来越多，营销推广也越来越频繁，这样的情况对 IT 方面的挑战非常大，为了应对"双十一"这样的大型促销活动，良品铺子需要提前 3 个月租用或者采买高性能服务器，因为涉及采购、测试、联网，造成成本很高、浪费很大，这是硬件方面面临的挑战。软件方面也是一样，良品铺子在底层所有板块中，共有 43 个业务系统，涉及供应商、加盟商、物流、会员、营销、门店、订单、客服、财务等，系统繁杂，管理难度大，协同难度大，这是在软件方面面临的挑战。良品铺子通过阿里云和中台解决这两个问题，良品铺子根据自身的业务特点，将业务中台划分为 7 大块，即会员、营销、商品、库存、订单、渠道、物流。优先启动的是会员和订单，因为零售行业最核心的就是会员和订单，反映到前端也是这两块变化最大。对于良品铺子而言，前端是销售，后端是供应链，销售往往变化很大，而供应链则往往相对稳定。

数字化供应链将现代数字技术和供应链模式进行结合，通过数据、流程、智能算法等技术，打通供应链各个环节中信息交流的壁垒，实现"数字驱动供应链"的供应链管理。随着业务量增加、业务复杂程度增加、全球化进程的加速、信息技术的进一步发展，企业的客户、供应商可能遍及世界各地，如果不能解决信息不对称的问题，供应链的管理难度就会越来越大。因此，数字化供应链是行业发展的必然趋势。新兴的数字技术，比如，云计算、物联网 IoT、大数据、人工智能等，为传统供应链实现数字化转型创造了很好的条件，以客户需求驱动的实时在线的供应链形态，可以通过多渠道实时获取数据，实现供应链端到端可视，并最大化利用数据，为智慧决策提供依据。

11.3　国际数字合作组织

11.3.1　中国—东盟信息港数字经济产业联盟

11.3.1.1　中国—东盟信息港数字经济产业联盟简介

近年来，数字经济日渐成为中国—东盟合作的热点，而中国—东盟博览会、峰会作为中国—东盟自贸区建设的"助推器"，亦与时俱进。在论坛、会议、展览等经贸活动中不断充实数字经济的内容，为中国—东盟数字经济合作"奠基"。中国—东盟信息港数字经济产业联盟（以下简称"联盟"）是受广西壮族自治区人民政府委托成立的，数字经济联盟的性质是在自愿、平等、互利、合作的基础上，由中国与东盟国家数字经济领域行业协会、企业、投资机构、高等院校和科研机构自愿结成的开放型、生态型组织。联盟的指导单位为广西壮族自治区发展和改革委、工业和信息化委、网信办、科技厅、商务厅、国际博览事务局、通信管理局等自治区级单位。联盟成立的目的是进一步拓展中国与东盟国家在数字经济领域的开放合作，推动中国—东盟"数字丝绸之路"建设，共同研究探讨利用数字经济机遇促进经济发展，通过加强在互联网、云计算、云通信及科技金融等数字产业领域的务实合作，推动我国与沿线国家的数字经济合作，为打通中国—东盟"数字丝绸之路"做出努力。联盟宗旨是促进相关主体之间的交流和深度合作，促进中国与东盟国家间数字经济产业信息、项目及资金等要素的供需对接和知识共享，形成优势互补、互利共赢的发展局面，有效推进中国—东盟数字经济产业健康发展，切实解决企业发展现实问题。

通过搭建产、学、研、用、投合作平台，联盟成员可实现联盟内信息资源有效共享、项目互通有无、灵活融通资金，构建互利共赢、高质量发展的联盟合作伙伴关系，形成互惠共享的良好氛围，共同拓展中国—东盟数字经济市场，携手共建中国—东盟数字经济全方位产业生态圈。

联盟理事长及副理事长单位由中国—东盟数字经济行业龙头企业和著名高校、智库、投资机构组成，理事单位汇集中国与东盟国家相关政府机构、行业协会、企业和科研机构。联盟遵循"政府引导、企业运作，开放发展、合作共赢"的基本原则，以"114"运营模式，即以 1 个门户、1 个信息通信网络及数字经济产业信息共享平台、项目聚合平台、资金融通平台和联盟智库平台 4 大合作平台体系运营联盟，全面服务联盟成员。智能机器人、无人机智能管控系统、卫星遥感系统、"气象科普"、VR 等都能呈现在每年的东博会先进技术展区，以互联网、大数据、人工智能为代表的先进科学技术产品异彩纷呈，吸引众多参展观众驻足观看和体验。高端论坛架起合作桥梁。中国—东盟博览会（简称"东博会"）通过举办中国—东盟信息港论坛、中国—东盟电子商务峰会等高端论坛，汇聚各方共识、对接发展战略。

11.3.1.2　中国—东盟数字经济合作

自 2014 年起举办的中国—东盟电子商务峰会或相关电商论坛，聚焦跨境电商、农村电商等议题，开展主题演讲与高端对话，交流探讨中国—东盟数字经济合作新热点，并推动一批电商项目落地，包括中泰跨境贸易投资促进平台、中国—东盟（南宁）跨境电子商务产业园等，构建中国—东盟电商生态体系。而早在 2015 年举办的第十二届东博会上，就启动了中国—东盟信息港建设。

此后，东博会定期举办中国—东盟信息港论坛，使其成为中国—东盟数字经济产业合作的重要平台。在论坛助推下，中国与东盟国家形成一系列数字经济合作机制，落地一批重大项目，比如，成立中国—东盟信息港数字经济产业基金、启动中国—东盟信息港数字经济产业联盟等，形成了中国—东盟信息港数字经济生态圈。

除了举办系列高端论坛之外，东博会还以专业展览展示数字技术发展。将5G技术与应用、数字经济技术与应用、智慧城市等备受关注的互联网技术和高科技产品作为展览展示的重点内容之一，为参会客商提供开展合作的前沿窗口。在第十五届东博会上，华为以"新ICT，迈向数字化转型之路"为主题，精心呈现"微缩智慧城市"未来场景及5G新体验，让参会观众充分领略5G与家居、汽车、生产等传统行业融合所带来的翻天覆地的变化。京东展示了由无人仓、无人配送站、无人机、无人车共同构成的智能物流，展示了行业发展的风向标。中泰技术转移中心展示了涉及化妆品、农产品和功能性食品的生产和研发技术、水果加工和草药创新等泰国签约热门产品。

2020年是中国—东盟数字经济合作年，第十七届东博会的主题确定为"共建'一带一路'共兴数字经济"，并将围绕这一主题举办系列活动，全力推动中国与东盟国家在数字经济领域的深入合作。在先进技术专题，重点展示生物医药、数字经济、人工智能、先进制造、智慧城市、"互联网+"、电子信息、新材料、环保技术等技术创新成果和产品。四川省、贵州省等省份及华为技术有限公司、深圳华大基因股份有限公司、中国—东盟信息港股份有限公司等数字技术企业将展示最新的数字经济成果。当前，新冠肺炎疫情给世界经济发展带来严峻挑战，数字经济对各国抗击疫情、加快经济复苏将发挥重要作用。在这一关键节点，中国—东盟博览会、峰会适时推出的系列活动无疑为中国—东盟深化数字经济交流合作提供了平台。相信在多方有力举措下，更多数字经济合作成果将开花结果，助推中国—东盟经贸合作提质升级。

11.3.2　联合国数字合作高级别小组

11.3.2.1　联合国数字合作高级别小组简介

联合国数字合作高级别小组，又称联合国秘书长数字合作高级别小组（以下简称"小组"），是为了推动各项相关建议，加强各国政府、私营部门、民间社会、国际组织、技术和学术界，以及其他相关利益攸关方在数字空间的合作而设立的。2018年7月12日，数字合作高级别小组由联合国秘书长安东尼奥·古特雷斯宣布设立。

数字技术带来的变革在规模、传播和速度方面都是前所未有的，而国际合作的手段和水平与相关挑战并不相称。数字技术对实现 2030 年可持续发展议程具有重大贡献，并以独特方式跨越国际边界、政策孤岛和专业领域。因此，跨领域和跨国界的合作对于充分发挥数字技术的社会和经济潜力、减轻数字技术带来的风险和避免意外后果都至关重要。该小组将提高各方认识，使人们更多地了解数字技术给社会和经济带来的变革性影响，并推动开展更广泛的公开辩论，探讨如何在顾及相关人权规范的情况下，确保人人享有安全和包容的数字未来。小组共同主席由阿里巴巴集团执行主席马云（中国）与比尔及梅琳达·盖茨基金会共同主席梅琳达·盖茨（美国）担任，小组成员包括：阿联酋内阁事务和未来部长穆罕默德·卡尔卡维（阿联酋），挪威数字化部长尼古拉·阿斯特鲁普（挪威），谷歌副总裁兼首席互联网传播官文顿·瑟夫（美国），Chehadé 公司董事长法迪·谢哈德（美国），Adriel 人工智能和 Solidware 创始人索菲·欧（Sophie Soowon Eom，大韩民国），IMAGO 全球基层组织主任兼哈佛大学肯尼迪学院讲师伊莎贝尔·格雷罗·普尔加（智利），全球网络空间稳定委员会主席玛丽娜·卡尤兰德（爱沙尼亚），博茨瓦纳投资、贸易与工业部长博霍洛·凯内文多（博茨瓦纳），高级主管、企业家兼世界经济论坛全球青年领袖玛丽娜·科列斯尼克（俄罗斯联邦），瑞士联邦委员会前主席及联邦委员多丽丝·洛伊特哈德（瑞士），帝国理工学院加密货币中心访问研究员凯茜·马利根（英国），信通技术倡导者兼企业家阿卡丽扎·凯扎·恩特瓦里（卢旺达），南里约格朗德联邦大学信息学研究所教授埃德松·普雷斯特斯（巴西），易贝（eBay）数据科学总监基拉·拉金斯基（以色列），万维网基金会数字平等倡导经理南吉拉·桑布利（肯尼亚），乐施会首席执行官达南贾扬·斯里斯坎达拉贾（澳大利亚），图卢兹经济学院和图卢兹高等研究所主席让·提洛尔（法国）。所有小组成员均以个人身份任职，而非作为各自机构的代表。小组的审议工作将由一个小型秘书处提供资助，该秘书处由数字合作高级别小组秘书处执行主任阿曼迪普·辛格·吉尔（印度）与约万·库尔巴利亚（塞尔维亚）共同牵头。

11.3.2.2　数字互助时代

联合国设立的数字合作高级别小组 2019 年 6 月 10 日发布首份报告，呼吁通过建设更包容的未来数字经济与社会等举措，使数字技术收益最大化，并最大限度减少其危害。这份名为《数字互助时代》的报告（以下简称《报告》）呼吁，为了建设包容、信任与合作的数字未来，应该让每位成年人到 2030 年前有能力负担数字网络接入费用及数字化金融和健康服务；应采取具体政策确保妇女和边缘群体被数字社会充分包容，同时建立国际公认的衡量数字包容性的方法。该报告还建议对人权规范适用于数字技术的方式进行全球审查，并呼吁全球在数字信任和安全等方面做出承诺。

（1）背景。数字技术正在快速地改变着社会，使人类生活条件取得前所未有的进步，同时带来严峻的新挑战。数字技术应用创造的增长机会与其严重的滥用和意想不到的后果同在，数字技术带来的红利与其造成的鸿沟并存。技术变革在不断加速，但相应的合作机制和治理办法未能跟上步伐。数字时代的本质特征就是互联性，而各种不同的应对办法打破了这种互联性，导致各种标准和方法之间的相互竞争、互信减少，以及合作受阻。鉴于当前的紧迫形势，联合国秘书长于 2018 年 7 月设立了数字合作高级别小组，专门研究"数字合作"相关事宜，即如何共同努力应对数字技术带来的社会、道义、法律和经济影响，最大限度地趋利避害。秘书长特别要求小组研究如何使数字合作助力可持续发展目标的实现，该目标是 2015 年由 193 个联合国会员国共同制定的保护人类和地球的宏伟议程。他还要求小组研究相应的数字合作模式，以推进关于数字治理的讨论。

小组在开展了广泛的磋商（既有内部的，也有与其他利益相关者的）后，认为这个充满活力的数字世界迫切需要改进数字合作。这种合作必须以共同的人类价值观为基础，如包容、尊重、以人为本、人权、国际法、透明和可持续性的价值观。在当今快速变化和充满不确定的时代，这些共同价值应是引导人们前行的光芒。尽管目前存在各种压力，但只有加强多边主义才能实现有效的数字合作，同时还应辅以多方参与，即不仅有各国政府，还有更广泛的其他利益相关者，如民间社会、学术界、技术专家和私营部门共同参与合作。我们要让更多的利益相关者发声，特别是发展中国家和传统上被边缘化的群体，如女性、青年、原住民、农村人口和老年人等。

（2）目标。在《报告》序言中强调了改进数字合作的紧迫性，邀请读者共同对《数字时代相互依存宣言》作出承诺。《报告》着重关注三大相互关联的问题，每个问题都在其后面的章节都进行了讨论。作为一个小组，力争达成共识，但并非在所有的问题上观点都相同。《报告》阐明了观点的不同之处，尝试着把小组的讨论和观点进行不偏不倚的总结。虽然小组成员对最后的建议没有完全达成一致，但本着促进数字合作的精神，小组对该《报告》整体表示支持。

《报告》第二章"一个都不落下"论述了人们只有进行更广泛的思考，而不仅限于互联网接入和数字技术等问题时，才能使数字技术有助于全面实现可持续发展目标。能够访问互联网是必须的，但这不足以向前更进一步。我们需要在更广泛的生态系统中开展合作，以包容普惠的方式使用数字技术，这样才能真正发挥数字技术的力量。这需要制定直接支持经济和社会融入的政策框架，特别关照那些传统上被边缘化的群体，着重投资人力资本和基础设施、智能监管环境，并重点帮助那些生计因技术发展而受到影响的工人。该章节还涉及金融服务的普惠性（包括移动支付、数字身份识别和电子商务），可负担且实用的互联网服务、数字公共产品、教育的未来，以及全球和区域性经济政策合作的必要性。

《报告》第三章"个人、社会和数字技术"强调普遍人权在网络上同线下一样适用的事实，目前，迫切需要研究的是在数字合作和数字技术中一些历史悠久的人权框架和公约如何应用的问题。我们需要在广泛的社会范围内进行对话，探讨如何通过设定界限、应用规范、回应公众对于使用数字技术的共同愿望，以实现包容和公正，包括研究隐私、人类自主性和安全等复杂问题。该章节还讨论了隐私权、明确自动控制系统人为责任的必要性，呼吁各方在制定和实施网络安全全球标准方面加大努力。

（3）建议。为实现《报告》第二章和第三章中所阐述的愿景，小组认为应尽快采取以下行动：

①一个包容的数字经济和社会。

a. 小组建议，截至 2030 年，每个成年人都应拥有负担得起的数字网络接入，以及数字化的金融和健康服务，这是实现可持续发展目标的重要手段。这些服务应防止被滥用，遵守新兴原则并参照最佳实践，比如提供选择加入和退出功能，并且鼓励公众参与讨论。

b. 小组建议由广泛的多利益相关方联盟创建一个平台，由联合国参与，以尊重隐私的方式，在涉及可持续发展目标的领域共享数字公共产品、吸引人才和汇集数据。

c. 小组呼吁私营部门、民间社会、各国政府、多边银行和联合国采取具体政策，为女性和传统上边缘化群体提供全面普惠、平等的数字化机遇。世界银行和联合国等国际组织应该加强研究并采取行动，解决妇女和边缘化群体在普惠和平等的数字化进程中面临的障碍。

d. 小组认为急需制定一套数字包容性指标，用以衡量全球范围内的进展，其中应包含联合国、世界银行、其他的多边开发银行和经合组织等在其年度报告中按性别分列的数据。在此基础上可制定相关的战略和行动计划。

②人力和机构能力。

小组建议建立区域性和全球性的数字技术服务平台来帮助政府、民间社会和私营部门理解数字化问题，提高能力，开展应对数字技术社会和经济影响的合作。

③人权和人类自主性。

a. 鉴于人权完全适用于数字世界，小组敦促联合国秘书长在整个机构重新审视在新兴的数字技术中如何适用现有的国际人权协定和标准，并邀请民间社会、政府、私营部门和公众提出关于如何在数字时代积极透明地应用现有人权规则的意见。

b. 面对日益严重的人权和安全威胁（包括儿童在内），小组呼吁社交媒体企业同各国政府、国际和当地民间社会组织，以及人权专家合作，充分理解并回应对现有的或潜在的侵犯人权行为的关切。

c. 小组认为自主智能系统的设计应能够解释其决策的逻辑，并且人类要对其使用负责。对人工智能系统合规性的监控和认证应以工程学和道德标准来审核，这些标准应由多个利益攸关方通过多边合作的方法制定。呼吁多方利益相关者加强数字合作，共同思考如何在不同的社会环境中设计和应用关于自主智能系统的透明及无偏见的标准和原则。

④信任、安全和稳定。

小组建议制定《全球数字信任与安全承诺》来塑造共同的愿景，确定数字稳定性的属性，阐明并加强对技术负责任地使用的规范，并提出行动重点。如果要实现数字技术对可持续发展目标的帮助，避免其遭受被滥用的风险，人们需要做出有针对性的数字合作安排。为此，在《报告》第四章"全球数字合作机制"中，小组分析了当前全球数字合作机制的不足，确定需要加强的功能，并概述了3套改进全球数字合作架构的模式，这些是以现有结构和安排为基础制定的，并符合我们共同的价值观和原则。鉴于上述问题的广泛性，必然会有众多形式的数字合作，有些可能由私营部门或民间社会而非政府或国际组织主导。此外，在所有新的或升级的全球数字合作的安排中，应特别努力确保女性和其他传统边缘化群体的包容性参与。

上述提议的3个数字合作架构旨在激发多方利益相关者之间有针对性、灵活性和开放性的磋商，以快速完善数字治理机制。2020年联合国成立75周年将是我们取得《全球数字合作承诺》的初步收获，包括承诺的目标、原则和优先行动方案的良机。该章节还讨论了联合国的作用，不仅包括如何适应数字时代，而且包括如何助力加强全球数字合作。

⑤全球数字合作。

a. 小组建议，联合国秘书长的当务之急是主持召开一个灵活开放的磋商来发展完善全球数字合作机制，可将《报告》第四章中讨论的选项作为起点。小组提出了一个初步目标，建议2020年通过《全球数字合作承诺》庆祝联合国成立75周年华诞，完善全球数字合作框架，承诺中应包含共同的价值观、原则、理解和目标。在这一过程中，我们认为联合国秘书长可能任命一名技术问题特使。

b. 小组支持通过多利益相关方系统化的方法进行合作和监管，该方法应适应性强、灵活、包容普惠，并能够适应快速变化的数字时代。

小组希望这份《报告》及其建议将成为建设包容和相互依存的数字世界的基石，构造适用的新治理架构。相信在未来，更完善的数字合作能够支持实现可持续发展目标，减少不平等现象，凝聚各国人民，加强国际和平与安全，并促进经济发展和环境的可持续性。

案例 11-1

"盒马村"订单农业数字合作

"盒马村"指的是，根据订单为盒马种植农产品的村庄，是阿里巴巴数字农业基地的典型代表，也是当下农村转型、发展的新样本。盒马村通过阿里巴巴建设的"产—供—销"三大中台，让农村从分散、孤立的生产单元升级为现代农业数字产业链的一部分，农民成为数字农民，可以用新的办法，种出好东西，卖出好价格。

全国首个盒马村，出在四川省丹巴县八科村。2019 年，根据"定口味、定大小、定品种"的订单农业，经过 3 周时间黄金荚走向全国，从无人知晓到供不应求，成为盒马网红蔬菜。随后，在湖北省的武汉市、孝感市，江苏省的溧阳市，河北省的迁西市，陆续出现盒马村。卢旺达籍中科院博士赫尔曼（Herman），是第一位把盒马村复制到国际的人。在卢旺达 Gashora 村，他建起了非洲第一个盒马村，为盒马提供哈瓦那辣椒。2020 年，新冠肺炎疫情期间，受到餐饮企业、农贸市场歇业及物流供应链受阻的影响，全国多地出现农产品滞销的问题。盒马通过线上线下供应链将产品送到消费者手中，也替农民排忧解难。一些滞销村在接入新零售之后，成为盒马村。2020 年 4 月 17 日，盒马百亿产业基地及总部正式落户上海市浦东新区，在浦东新区航头镇与盒马共建一批盒马村。将围绕盒马鲜生产业基地，构建从数字化农业基地到生鲜产业基地，再到盒马新零售门店的全链路数字化农产品供应链体系。

2020 年 5 月 13 日，上海市首家"盒马村"亮相——阿里巴巴翠冠梨数字农业基地，有近 50 项高科技设备加持，农民只需操控手机屏幕，无人机就"放飞自我"做低空植保，水肥一体化设施会自动配液"挥汗如雨"，真正实现用手机种田。产出的高品质翠冠梨直供盒马，据评估，待梨上市，每公顷产值将超过 22.5 万元。

目前，阿里巴巴在全国落地 1 000 个数字农业基地。新冠疫情期间，在上海市、山东省、四川省、广东省等地，盒马村、盒马县也陆续出现。2020 年 6 月 29 日，农业农村部与阿里巴巴集团达成战略合作协议，双方一起为中国农村做几件重要的事：数字农业、乡村治理、农业社会化服务。合作协议中显示，在推进农民合作社质量提升、全国乡村治理、全国农业社会化服务等层面，农业农村部将阿里巴巴作为主要合作方。今后，中国农村会建起更多的数字化生产基地，农业将会有更多的高科技、大数据加持，合作社、农民将获得更多金融服务。科技兴农是双方合作最关心的内容。据了解，未来，农业农村部和阿里巴巴将建立更多的数字农业基地，不同于传统的农田，连接物联网的数字农业基地会将更多的天气数据、生产数据、种植数据上传，进行数据储存、分析，专业人员会根据科学数据，指导农产品种植，把控品质。数字农业基地的典型代表"盒马村"，开展订单农业模式，基地优质农产品直供盒马，让农民丰产也丰收。

（资料来源：环球网．农业农村部与阿里巴巴战略合作在数字农业上"放大招"［N/OL］．（2020 - 6 - 29）［2020 - 10 - 20］．https：//3w. huanqiu. com/a/c36dc8/3yqg2jmFI9Y？agt = 11）

阅读案例并回答以下问题：

1. 农民成为数字农民后，发展前景如何？数字农民带来的利益及其弊端在哪里？

2. 结合案例分析互联网公司是否有助于解决"三农"问题？

案例 11 -2

敦煌研究院与腾讯合作"云展览"打造数字文保新案例

古老的敦煌不仅仅是全球唯一横向汇聚了中华文明、印度文明、希腊文明和伊斯兰文明的圣地，也是中国唯一一个可以纵向看到中华文明几千年历史长河中各个时代横截面的地方。到过敦煌的人，大多会被这里的浩瀚历史和多彩文明深深吸引。2020 年新冠肺炎疫情期间，由于线下游客锐减，文化旅游产业发展面临一定挑战，敦煌研究院自 2020 年 1 月 24 日起对所管辖的莫高窟等石窟暂停开放后，利用数字资源推出了"数字敦煌"精品线路游、"云游敦煌"小程序等一系列线上产品。其中，在腾讯公司的助力下，首个集探索、游览、保护敦煌石窟艺术功能于一体的微信小程序——"云游敦煌"抢先体验版已正式上线。在"云游敦煌"小程序上，用户可以按照壁画、彩塑、石窟形制、朝代、颜色等维度获得分类介绍和深入解读，不仅能通过图像感受到"未开放洞窟"的艺术魅力，还能在生成页面中定制属于自己的"敦煌画语"。用户还可通过小程序了解壁画病害类型、文物数字化工作特点，为敦煌石窟保护工作贡献力量。

敦煌研究院近年来不断在数字文物保护领域创新表现形式，除了此前推出的"大盛敦煌艺术大展"沉浸式展览外，还与王者荣耀团队合作打造杨玉环飞天皮肤，从造型、表情、服饰、妆容、云鬓形式等全方位严格把关，耗时 6 个月才最终定型。这种基于现代互动娱乐元素与传统文化 IP 的"云端"融合，有效扩大了受众范围，丰富了传统文化的当代传承形式。而推出"云游敦煌"小程序，也是这一思路的重要体现。作为一家以互联网为基础的科技和文化公司，腾讯也一直在思考，如何以新文创战略为契机，更好地与国内外博物院进行合作，利用数字技术让文化遗产"活"起来，推动传统文化的创造性转化与创新性发展，助力传统文化 IP 的现代表达。不论是与故宫、敦煌等文博机构深度合作数字文保解决方案，还是重建"数字巴西国家博物馆"助力其废墟重生，都是这方面思考的具体展现。

从文化价值角度来看，以小程序、飞天皮肤、"数字敦煌"精品线路游为代表的"云上"看敦煌，在保护敦煌壁画、激发民众文物保护意识的同时，也是更好地融合传统媒体和新兴媒体，广泛传播文物蕴含的文化精髓和时代价值的重要探索。其借助数字化、信息化等手段实现文物线上化，不仅有利于敦煌文化艺术资源在国内的数字化共享，未来也将有利于国际学术交流和全球共享。与此同时，敦煌文化作为历史上各种文明长期交流融汇的结晶，也是中华文化"走出去"的重要组成部分。期待敦煌博物院"云展览"带来的文物数字化，能够推动"敦煌"这一传统中华文化 IP 成为年轻人和民众心中的"酷"文化，带来文化价值与产业价值的良性循环，并在此基础上，进一步成为能够讲好中国故事、推动中华文化"出海"的文化符号。

（资料来源：新华网．敦煌研究院与腾讯疫情期间合作"云展览"打造数字文保新案例［N/OL］．（2020 - 2 - 27）［2020 - 10 - 20］. http：//www. wenbozaixian. com/portal/news/newsdetail/id/23177.

刘学辉"云游敦煌"小程序刷屏背后，是腾讯式的 C2B 打法［N/OL］．（2020 - 3 - 12）［2020 - 10 - 20］. https：//tech. sina. com. cn/roll/2020 - 03 - 12/doc - iimxyqvz9750765. shtml）

阅读案例并回答以下问题：

1. 数字文保的受益方是谁？表现在哪些方面？

2. 从文化价值角度来看，借助数字化、信息化等手段实现文物线上化，文化艺术资源如何实现文化共享与传播？

本 章 小 结

（1）数字经济是指以使用数字化的知识和信息作为关键生产要素、以现代信息网络作为重要载体、以信息通信技术的有效使用作为效率提升和经济结构优化的重要推动力的一系列经济活动；数字经济与传统经济相比，呈现出全新的经济形态，也表现出其自身独有的特征；数字经济是一种新的经济形态，与此相关的概念还有信息经济、互联网经济、网络经济、新经济、虚拟经济等。

（2）中国是全球第二大数字经济体。中国打造的"数字丝绸之路"地球大数据平台，中国和参与"一带一路"合作的所有国家、地区和企业，都可以获得有关经济发展、民生诉求、生态环境、灾害监测、工程建设等方面的信息支持。数字丝绸之路建设，特别是数字基础设施建设，是"一带一路"国际合作进程中最为关键的内容之一，也是中国参与和推动全球数字经济合作的重要途径和手段。

（3）联合国数字合作高级别小组，是为了推动各项相关建议，加强各国政府、私营部门、民间社会、国际组织、技术和学术界，以及其他相关利益攸关方在数字空间的合作而设立的。该小组将提高各方认识，使人们更多地了解数字技术给社会和经济带来的变革性影响，并推动开展更广泛的公开辩论，探讨如何在顾及相关人权规范的情况下确保人人享有安全和包容的数字未来。2019 年小组发布首份报告呼吁通过建设更包容的未来数字经济与社会等举措，使数字技术收益最大化，并最大限度减少其危害。

关键术语

数字经济　数字经济合作　数字经济特点　数字经济产业　农业数字合作
第三方数字合作伙伴　供应链数字合作　数字合作组织
联合国数字合作高级别小组

复习思考题

1. 简述数字经济含义与特点。
2. 与数字经济相关联的概念还有哪些？它们之间有何区别与联系？
3. 结合当前经济形势，分析数字经济与各产业如何融合？
4. 联合国数字合作高级别小组成立的目标与主要任务有哪些？
5. 简述联合国数字合作高级别小组首份报告"数字互助时代"的主要内容。
6. 结合本章数字合作案例，请展望数字经济及数字合作的发展趋势。

CHAPTER 12

第12章 国外合作经济发展

合作经济在世界范围内已积累了170余年的成功经验，对世界各国的社会经济发展做出重大贡献。加尔·阿尔佩罗维茨（Gar Alperovitz）曾评价：

> "合作经济可以为一个全新的制度体系提供种子，它可能既不是资本主义制度，也不是社会主义制度。①"

合作经济从实践中孕育而来，在西方和东方国度呈现出不同的发展历程。在西方国家，合作经济始于"自下而上"的阶级斗争；而在东方国家，合作经济则源于"自上而下"的政治推动。在经济全球化和全球性突发公共卫生事件的冲击下，世界经济格局发生重大变化，各国合作经济都面临着全新的挑战，但也表现出巨大的弹性和韧性。

12.1 西方国家合作经济的发展

西方合作运动最早是作为资本主义经济制度的一种反抗力量产生的，资产阶级政府不会给予其任何援助。但是，合作运动也并不同资本进行直接斗争，因此，统治阶级对它也不像对直接从事政治斗争的工会运动那样敌视。这样的经济社会背景决定了，西方早期的合作经济必然是在没有任何国家援助的情况下，依赖自身资源的利用谋求生存、巩固与发展。西方合作经济的萌芽与各国合作运动积极分子的努力分不开。

随着资本主义社会的发展和合作思潮的转变，统治阶级逐渐认识到，合作运动并不会对他们构成真正的威胁，相反，一个强有力的合作经济体系能够分担国家社会服务职责，协助政府缓和资本主义社会矛盾，改进资本主义经济体系的竞

---

① "The Cooperative Economy". Https：//orionmagazine.org/article/the－cooperative－economy/.

争机制,从而达到经济的均衡状态。20世纪,随着西方工业化的初步完成,西方政府开始通过政策手段直接干预合作经济发展,试图将合作经济纳入整个资本主义制度框架之中。同时,西方统治阶级也认识到,必须尊重合作经济的自主性和独立性,才能充分发挥其对于资本主义社会的积极作用。本节将详细介绍英国和加拿大的合作经济发展情况。

12.1.1 英国合作经济发展

英国在合作经济发展史上具有举足轻重的地位,它是世界上第一个合作社的诞生地,也是世界公认的第一个成功合作社的诞生地。同时,英国还是现代意义上合作社原则的发源地,并颁布了世界上第一部关于合作社的法律。

如果说罗虚代尔公平先锋社(Rochdale Society of Equitable Pioneers)是英国合作经济初期的标志,那合作批发社(Co-operative Wholesale Society,CWS)的成立,则标志着英国合作经济发展进入第二阶段。19世纪四五十年代,罗虚代尔公平先锋社的成功,引发英国各地的争相效仿。到1851年,在英格兰和苏格兰工业区效仿公平先锋社的零售合作社就多达130余个,合作社之间再合作的条件已初具。1863年,在公平先锋社的积极推动下,300家零售合作社联合成立了北英格兰合作批发业与储蓄互助社(North of England Co-operative Wholesale Industrial and Provident Society Ltd),1872年更名为合作批发社(CWS),旨在通过批发采购组织货源,支持成长中的零售业消费合作社,形成联合的行业强势力量。

合作批发社(CWS)始终围绕其社员的需求扩展经营范围、升级组织架构。初创时期,为了解决成员零售合作社的货源供应问题,CWS从事食品批发业务,建立了爱尔兰黄油、丹麦烟熏猪肉、印度茶叶和美国小麦的供应链,以亲民的价格向成员社供应货源。随后,CWS建立仓储、加工和运输的垂直一体化业务,为成员社进一步节约成本,并将批发经营的商品类别从食品扩展到布匹、肥皂、鞋靴及其他日用消费品。此后,CWS于1867年成立合作保险社(Co-operative Insurance Society,CIS),于1872年成立合作银行(Co-operative Bank),开展保险业和银行业服务,以更好地支持成员社经营;1873年CWS进入制造业,直接为社员加工制造更符合他们需求的价廉物美的商品。之后,为了满足成员社和它们的社员除商业以外的其他需求,CWS将经营范围陆续扩展到药房、旅游、乳制品供应、汽车与家电经销、法律服务、殡葬服务等,并在这些产业部门占据举足轻重的地位。比如,其成立的国民合作大药房(National Co-operative Chemists,NCC)是英国第四大药房,也是全英国第一家以连锁店形式经营的属于合作社的零售商;其成立的旅行社Travelcare和殡仪馆Funeralcare是英国最大的独立旅行社和最大的殡葬承办商。历经157年发展,CWS如今已成为具有强大竞争实力的合作社集团，尽管其组织形式随着社员需求和外界环境的变化而不断发展，但始终坚守"由社员所有、受社员控制、为社员服务"的根本合作原则，是现今英国乃至世界上最大的消费者合作社。

根据 The Cooperatives UK 年度合作经济报告最新公布的数据显示，截至 2020 年，英国共有合作社 7 063 家，相比 2008 年的数据（合作社总数 4 820 家）增长了 46.5%，是 1900 年（合作社总数 1 439 家）的 5 倍；2020 年合作经济向英国经济贡献了 382 亿英镑，社员总数达到 1 400 万人，20% 以上的英国人口都加入了合作社。如表 12 - 1 所示，从行业分布上来看，目前英国合作经济主要集中于农业、住房业、零售业、体育娱乐业、健康与福利业、能源与环境业、教育业等领域。其中，零售业合作社的年营业额最高，达到 269.28 亿英镑，占英国合作经济总营业额的 70% 以上；其次是农业合作社，年营业额 79.3 亿英镑，占英国合作经济总营业额的 21%。然而零售业合作社和农业合作社的数量却只占英国合作社总数的 9.9% 和 6.1%。

表 12 - 1　　　　　　　2020 年英国合作经济的行业分布情况

行业	合作社数量（家）	营业额（百万英镑）
农业	432	7 930
住房业	704	578
零售业	700	26 928
体育娱乐业	550	737
健康与福利业	101	140
能源与环境业	255	24
教育业	286	502

资料来源：The Cooperatives UK, Cooperatives Economy, https：//www.uk.coop/sites/default/files/2021 - 06/Co - op - Economy - 2020. pdf.

12.1.2　加拿大合作经济发展

加拿大的合作经济起源于其作为英属殖民地的历史时期。19 世纪 40 年代，英国劳工试图在英属加拿大地区开办与英国罗虚代尔公平先锋社类似的零售合作社，但未获成功。19 世纪 60 年代，在从卡普顿到维多利亚沿线的工业区曾短暂出现过一些合作组织。19 世纪 80 年代，以劳动骑士工会（Knights of Labor）的创办为标志，加拿大发生了合作经济浪潮，涌现了一大批生产合作社、劳工合作社和住房合作社，但是由于经济衰退、管理不善、成员漠不关心等原因，很快也以失败告终了。

加拿大第一个成功发展合作社的群体是农民。19世纪80年代，随着太平洋铁路的修建和向西延伸，移民涌入加拿大，带来铁路沿线的土地繁荣。但是1883～1886年的经济萧条，加上西部的恶劣气候，造成移民耕作困难、生活艰苦，大量居民南迁。为了遏制人口锐减，加拿大联邦政府实施《自治领土地法案》，规定移民只需缴纳少量登记费即可在曼尼托巴省和西北地区申请一块64.8公顷的土地，耕植3年后可成为该块土地的主人，还可以优先购买临近的土地。在这一政策的引导下，1895～1914年，加拿大迎来了历史上最大的一次移民潮，约有250万人涌入，其中，约82万人定居在中西部的集中农业区。要耕种这么广阔的土地，农户独自经营是非常困难的，亟须配套服务。于是，农业领域的合作社应运而生并迅速发展起来。到1900年，安大略省和魁北克省等地的农民发展起来的乳制品合作社就有1 200余家。很多水果种植、畜牧生产、烟草种植合作社虽然规模不大，却在第一次世界大战之前提供着重要的采购、供应和销售渠道。

然而，当时的加拿大农村交通不发达，控制农产品市场的是私人粮食中转站和粮食公司，它们在收购农产品时压级压价，不给农民合理的价格，而农民与外界隔绝，对于农产品的市场、价格、等级等别无选择，只能将农产品低价卖给这些私人粮食公司。1915年，一些农民自己的粮食中转站建成，但是依然难以保障农民的收入。因为秋季粮食集中收获，上市量大、市场价格低，但农民因无法储藏必须将粮食全部卖出；而过了秋季粮食价格猛涨，农民又没有粮食可卖了。因此，第一次世界大战之后，农民逐渐认识到合作联营（Co–operative Pooling）的重要性。1923～1924年，加拿大西部的萨斯喀彻温省、阿尔伯塔省、曼尼托巴省的农民建立起自己的小麦合作社（Wheat Pools），在收购时由合作社付给农民一定的价格代农民销售，年终再以一年的平均价格或平均利润返还农民，大大提高了农民收入。

20世纪90年代，加拿大农业人口日益减少，农业合作社的资金来源受到影响。如何筹措资金、增强合作社的经济能力是当时加拿大合作社关注的重点。萨斯喀彻温省的小麦合作社决定在不违背合作原则的基础之上做出改革，于1996年引进股份制机制，发行B股上市，形成A、B两种股份的制度结构。A股为社员股，持有者有投票权，一人一票，但不参与分红；B股是上市股，任何人都可以购买，只有分红的权利，没有投票的权利，且不允许任何人或公司持有B股超过B股总量的10%，以此保证合作社的性质和原则不受影响。为了兼顾A股持有者（即农民）和B股持有者的利益，合作社鼓励A股持有者购买B股。合作社代表社员用历年积累的社员红利购买B股，如此就不需要社员农民再支付现金，社员农民也因此购回了50%以上的B股。通过上市，小麦合作社增加资本近 6 000 万加币，并逐步发展成一个综合性的合作社集团。

目前，加拿大的合作经济组织大致可分为 4 个层级：第一层是基层合作社，分布在各个社区，包括合作商店、住房合作社、基层信用社等，拥有广泛的个人社员；第二层是省级或地区级合作联合社，如批发合作社、信贷联盟等，其社员是第一层级的合作社；第三层是全国性的合作机构，为第二层级合作社及其成员社提供服务，如加拿大合作协会（Canadian Cooperative Association）、加拿大合作与互助协会（Co‐operatives and Mutuals Canada）、加拿大信用合作社协会（Canadian Credit Union Association）等；第四层是国际合作同盟，作为国际性、非政府的中央合作机构，联合国内外合作社。

据国际合作社联盟统计，加拿大 40% 的人口是合作社社员，其中，魁北克省和萨斯喀彻温省的社员人数分别占全省人口的 70% 和 56% 以上。合作经济在加拿大社会经济发展中的地位举足轻重，尤其是在农业领域，是将加拿大建设成为世界上最发达的农业国之一的功臣。世界枫糖产量的 35% 都是加拿大枫糖合作社所生产和供应的。加拿大农业人口仅占该国总人口的 2%，不仅养活了全国 3 700 余万人，还出口小麦量达世界前 5 强。100 余年的合作经济实践使加拿大农民成为较高收入群体。同时，加拿大合作经济还广泛活跃于金融、保险、信托、生产、消费、服务等各个经济领域，近代合作经济组织还承担着教育和发展社区的责任，对维护社会稳定和促进社会发展起着重要作用。

12.2　亚洲国家合作经济的发展

20 世纪 20 年代末，随着苏联社会主义的兴起，社会主义合作学派指导了苏联、东欧为代表的社会主义国家，以及亚洲、非洲、拉美摆脱了殖民统治的新兴独立国家的合作运动；而此时，在西方国家，则是合作企业学派占据上风。由此，合作经济发展逻辑形成了东西两大阵营。与西方市场经济国家不同的是，东方发展中国家政府从合作经济发展之初就将其纳入整个国家的发展框架之中，将其视为促进经济发展、实现社会公平的重要手段。

这样的差异是由这些国家的客观条件所决定的。其一，这些国家普遍人民文化水平低、民主意识薄弱，合作运动自下而上地自发产生有一定难度，因此许多国家制定合作经济相关法律、设置专门机构来直接发起、推进合作运动；其二，这些国家普遍工业化尚未全面实现，农业、农村经济落后，城乡差距显著，因此，政府普遍积极实施政策促进农业领域的合作，农业合作经济为这些国家解决农业农村问题起到了举足轻重的作用。

本节将详细介绍日本和印度的合作经济发展情况。

12.2.1 日本合作经济发展

18 世纪以后，日本开始在世界范围内明显落后于经过工业革命洗礼的西方国家。1868 年，日本推行明治维新，开启了追赶西方国家的改革进程。这一时期，在茶叶和蚕丝业出现了一批由农民和手工业者自发组织的"同业组合"，是日本合作经济的雏形。这种"同业组合"借鉴德国经验，最初从事的并不是农业生产合作，而是率先从金融领域组织农民之间的信用合作，通俗地说就是办银行。与一般商业银行不同，"同业组合"银行的性质是合作制的，存贷业务中的债权人和债务人都是其成员。"同业组合"的出现有效解决了农民贷款难的问题，使得盘剥农民已久的高利贷在日本农村经济中迅速消失。

20 世纪初，经济危机席卷日本，农业生产和农村经济受到严重冲击。在此期间，日本农业发生了两次重大历史事件，一次是 1918 年的"米骚动"，另一次是 1925～1931 年的"农业恐慌"。"米骚动"的爆发是由于当时日本所维持的封建土地所有制使得农业生产无法满足资本主义工业、连年战争，以及不断增长的城市人口对粮食和原料的需求，地主和资本家趁机囤积居奇、哄抬米价，造成低收入阶层饿殍遍野，不得不抢劫米店，由此爆发全国性的动乱。"农业恐慌"的经济震荡方向则恰恰相反，是由于农产品价格持续暴跌，农民收入难以为继而陷入极端贫困化，恐慌不断扩大，最终引发严重的社会动荡。在此时期，为了稳定农业经济供需关系，避免粮食价格再出现这种过山车式大起大落的波动，日本政府开始指导农业产业组合发展。从 1925 年开始，"全国购买组合联合会""产业组合中央金库""大日本生丝销售组合联合会"等全国性组织接连成立。1929年日本政府开始实施《扩充产业组合五年计划》，推进"一市町村一组合"战略，要求每一个市町村成立至少一个产业组合，吸收全体农户加入。此后至1936 年，日本产业组合蓬勃发展。

1937 年，日本发动全面侵华战争。战争阶段，日本产业组合失去了原有的"自主协同"功能，成为战时生产生活资料的专营机构。1943 年，为了进一步满足战时需要，日本颁布《农业团体法》，对农户施行强制性加入举措，不再认可自愿入社退社的基本合作原则，通过此举将产业组合改组成统治性经济团体——"农业会"，由国家统一收购和分配农产品。正因如此，第二次世界大战结束之初，日本"农业会"被美国视为军国主义性质的组织而加以取缔。《农业团体法》的颁布，标志着日本合作经济进入发展停滞期。

战后日本百业凋敝，民不聊生，粮食库存寥寥。为了调动农民的生产积极性，日本政府决定解决地主与农民之间长期存在的尖锐矛盾。1946 年，日本颁布《农地改革法案》，旨在废除封建土地所有制。政府从地主手中收买土地，再以低价卖给佃农，使得几乎所有农民都有了面积基本相等的、归自己所有的土地。农民可以在自己的土地上自主耕作，收获归己，生产积极性得到极大的激发。这一法案确立了战后日本农业基于家庭经营的基本制度，为战后农村经济的复苏奠定了基础。然而，家庭经营的弊端很快显现出来，主要表现在家庭经营的生产力水平低下，不利于发展社会化大生产和现代化农业，小农生产的盲目性易导致市场供求关系失衡，分散经营不便于政府管理和指导等方面。为了解决这些制约农业发展的问题，日本曾想效仿美国的家庭农场办法，但是由于日本人多地少，户均耕地面积仅有约 1.2 公顷，仅相当于美国家庭农场的 0.7%，根本没有条件复刻美国经验。

在这一背景下，农业经济学家东畑精一在其著作《日本农业的发展过程》中提出的理论对战后日本农业经济体制与政策的制定产生了深刻影响。他提出，日本农业经济发展的原动力是生产要素更高效率的重新配置，而日本农业发展过程中，能够主导农业资源重新配置的既不是传统小农，也不是地主，而是政府；日本政府可以通过财政和金融渠道在农业发展过程中不断追加货币资本，而这些货币资本不是追加给小农和地主的，而是追加给由包括小农和地主在内的全体农民构成的"农业团体"，也就是"组织起来的农民"；日本政府虽然掌握着发展农业的货币资本，却不承担市场风险，农业团体为了拿到政府通过财政和金融渠道投放到农业中的货币资本，就要组织农民落实政府的农业发展政策，因此，农业团体成为政府的"别动队"。日本政府后期建立起来的农协系统正是这样一支"别动队"。

1947 年，日本政府颁布《农业协同组合法》，标志着日本合作经济以"农业协同组合"（简称"农协"）的形式得以恢复。该法案明确了农协是不同于经济团体和政治团体的特殊法人；承认农协的自主经营权和民主管理权，以保证其不受行政干扰；规定农协的服务属性和非营利性，其各种事业所获收入应归全体成员所有。从该法颁布至 1950 年，短短 3 年内，日本全国成立的基层农协就多达40 000 余个，99% 以上的农民都加入了农协[①]。1950~1956 年，日本政府出台了一系列保护和支持农协的政策，在政策指导下，农协与农民紧密结合，农村经济得到振兴，农民收入得到提高。但是从 1957 年开始，日本农业和农协面临的外部条件逐步恶化，主要表现在农产品市场竞争日趋激烈，早期一哄而上的小规模农协越来越难以适应商品化大生产的需要。1961 年，《农业基本法》和《农业协同组合合并助成法》颁布。在法律指导下，日本各地发生大规模的农协合并，

---

① 郭素贞：日本农协会的发展对建立我国农民合作经济组织的启示 [J]. 安徽农业科学，2007，35 (14)：4370，4376.

小农协向大农协合并、专门农协向综合农协合并，全国农协数量很快锐减到1964 年的 23 846 个①。日本农协逐步形成了一套与国家行政层级相对应的"三段式"组织体系，即若干农户成员组成市、町、村基层农协；若干基层农协组成都、道、府、县一级农协；在此基础上再组成全国的中央农协。各级农协都是独立法人，接受上级农协的领导。全国和都道府县级农协都设有农协中央会，负责农业发展规划设计、农政指导、监察、教育等工作；此外还设有经济联合会、信用联合会、共济联合会、厚生联合会等专门机构，分别负责农业投入品购买和农产品销售、农业金融、农业保险、农村医疗等专门业务。据统计，日本目前共有全国性联合会 18 个，都道府县联合会 103 个，市町村级农协 2 961 个，会员人数 943 万人，覆盖日本 90% 以上的农民②。

农协为振兴日本经济做出了重大贡献，其政治影响力巨大，经济辐射力遍及农村各个角落。日本的重要农产品，比如，大约 95% 的大米和 90% 的水产品都依赖农协加工、存储和运销；农户所需生产资料和生活资料的 70% 以上都通过农协获取；农户所需农业资金的绝大部分也是靠农协信用部门提供。此外，政府对农业的行政指导与政策，也要通过农协系统来贯彻实施，农协系统是执政党不敢小觑的"票田"。得益于农协的合理有效运作，日本发展出轻劳作、优品种、高收入的现代化农业。

12.2.2　印度合作经济发展

印度的合作运动兴起于信贷领域。19 世纪末至 20 世纪初，印度是一个人口密集且落后的农业国家，农民深受殖民者和封建地主的掠夺和剥削，生活极其贫困。印度农民中小农和佃农占绝对比例，他们改良土地、修建农业生产基础设施、进行宗教活动等都需要资金，却几乎没有任何储蓄，只好依赖于借贷获取资金。而当时，农民因缺乏抵押品和可靠的偿还能力，无法从国家获得贷款，商业银行的发展也十分缓慢。因此，农民只能以自己贫瘠的土地做抵押，向剥削性极强的高利贷者进行借贷。高额的利息和复利使得农民很快深陷债务危机，在无力偿还的情况下，只得出卖自己的土地，造成无地农民的比例逐年增加。据印度人口普查数据显示，无地农民数量 1882 年有 750 万人，1921 年激增至 2 780 万人，占农业雇佣劳动者的 1/4；而到 1931 年，无地农民总数已高达 3 350 万人，占整个务农劳动者总数的 1/3。③ 农业生产濒临崩溃，农民生活困苦，农村社会动荡。

① 陈柳钦：日本农协的发展历程、组织、功能及经验 [J]. 郑州航空工业管理学院学报, 2010, 28 (1)：84－91.
② 耿大立：日本、韩国农民协会发展经验浅探 [J]. 世界农业, 2013 (7)：114－117.
③ [印] R. P. 萨拉夫. 印度社会 [M]. 北京：商务印书馆, 1977：253.

在这一背景下，为了抵制农村中众多的非正规金融机构，缓解农业农村的紧张局面，帮助农民摆脱高利贷商人的剥削，1904 年印度政府颁布了《信贷合作社法》，1912 年修订后又颁布了新的《合作社法》，使得合作经济以法律的形式被推广到广泛的经济领域。自此以后，各种类型的农业合作经济组织开始涌现，包括农产品销售合作社、牲畜保险合作社、牛奶供应合作社、农机具零售合作社等。

在印度政府的大力扶持和引导下，印度农业合作经济历经了一百余年的长足发展。截至 2010 年，印度全国共有 54.5 万余个各类合作社，约 2.49 亿农户加入了合作社，政府拨款逾 58.5 亿卢比。到 2020 年，合作社几乎覆盖了印度 100% 的乡村，成员占农村总人口的 67%，合作经济占农村地区农业信贷供应总量的近 49%，占总产糖量的 60%，占全国化肥分配总量的 35%。除此之外，印度合作社还掌握着本国大约 60% 的棉花采购量、29% 的小麦采购量和 50% 的石油销售量。

印度大约 70% 的人口居住在村庄，这使得印度政府深刻地认识到，国家的发展离不开农民的繁荣。合作社既能实现社会经济目标，又能真正把成员的利益放在心上，因而被政府视作发展农村的有效组织形式，逐步建立起"村级—区级—邦级—国家级"的层级合作组织体系。村级合作社主要负责组织农户生产，帮助农户提高产量，保障农户报酬得到支付；区级合作社是农产品进入市场的重要环节，主要负责向村级合作社分配原材料、提供技术和培训服务，组织村级合作社收购、加工、销售农产品；邦级合作社主要负责建立品牌、营销宣传，以及各种农副产品的生产、加工和销售；处于体系中最高层次的全国合作社联盟（National Cooperative Union of India，NCUI）主要负责为成员提供资金支持，教育成员遵循合作原则、提高合作意识，组织成员扩大合作领域，促进和发展印度的合作运动。同时，印度政府还成立了农业与合作部（Department of Agriculture And Cooperation），负责制定合作社相关法律政策，向各层级合作组织提供质量保障、信息供给、机制建设、教育支持、利率补贴、农业保险等惠农政策。近年来，印度的政策趋向于减少政府对合作社的干预，更加尊重合作社的独立与自治，专注于改善合作社的制度环境，合作经济发展愈发健康蓬勃。目前，印度农业合作社体系是世界上最大的合作经济体系之一。印度农业合作社在稳定农产品价格、帮助印度广大弱势阶层脱贫致富、改善社会地位等方面做出了重要贡献。

12.3　世界各国合作经济的立法进程

百余年来，世界范围内的合作运动均证明，立法对合作经济的发展至关重要。从立法目的来看，主要有三类：一是确定合作社合法性，为合作经济发展创造良好的制度环境；二是将合作社从反垄断中豁免出来，尤其是允许农民通过集体行动联合起来对抗加工商、中间商的剥削；三是以法律形式控制或推动某种经济社会发展。

世界上第一部关于合作经济的法案颁布于英国（1852 年），此后，德国（1867 年）、奥地利（1873 年）、荷兰（1875 年）等相继出台了合作社法案，而瑞士和意大利最早在《宪法》中赋予了合作经济的合法性。亚洲最早引入合作制度并颁布合作社法的国家是日本（1900 年）和印度（1912 年），分别参照的是德国和英国的法令蓝本。

然而，合作经济立法的路径和功能在东西方国家却表现出明显的差异性。

12.3.1 西方发达国家：合作经济立法是自下而上的不懈努力

英国最初的合作经济组织都是根据《互助会法》（The Friendly Societies Act）登记注册的。但是互助会团体与合作社的宗旨存在差别，前者是在成员患病、失业及遭受其他不可预见的紧急事故时提供慈善性质的帮助，而后者是通过联合自助来加强弱势群体的经济地位。因此，实践中发现，互助会法的法律框架并不适合合作经济组织。例如，互助会法只保护购买行为，却禁止依据此法案注册的组织购买土地、与非成员交易，或进行除购买政府债券之外的投资，大大限制了合作社的贸易活动，急需专门的法律赋予合作社合法性。经过多年的努力，英国国会终于在 1852 年通过了世界上第一部合作社法——《工业及互助会法》（Industrial and Provident Societies Act），为世界各国的合作立法开辟了道路。

1867 年，美国第一个全国性农民组织——农民协进会（Grange）在华盛顿明尼苏达州创立。1873 年，美国爆发农业危机后，协进会组织农民反抗垄断，呼吁公平立法，成功迫使伊利诺伊、威斯康星、艾奥瓦 3 个州制定了针对货运运输的管制法律。但是，1876 年以后，合作运动反对派引用《谢尔曼反托拉斯法》（Sherman Antitrust Act）指控合作组织限制贸易，企图使其成为非法的。比如，1913 年美国衣阿华州成立的一个农民协会因要求其成员必须通过该协会运输及销售生猪，否则需要向协会缴纳每英担生猪 5 美分的费用，而遭遇了限制贸易的起诉。最高法院最终裁决，该协会影响了其他中间商的生意，限制了其成员的销售自由，因而以限制贸易为由判决该协会非法。显然，当时的法律没有考虑到农民自发组织起来出售产品可以避免中间商剥削，从而对农业生产、农村发展，以及农民收入起到促进作用。类似的情况不断发生，美国合作组织认识到为合作经济立法迫在眉睫。通过多年斗争，美国国会终于在 1922 年通过了《卡帕－沃尔斯坦德法》（Capper – Volstead Act），赋予农业合作组织合法性，为其提供有限的反托拉斯豁免，允许农业生产者基于自愿原则共同行动。同时，该法案制定了条例，保障农业合作组织切实为农民利益服务：（1）合作组织成员无论股份多少，每人只能拥有一张选票；（2）合作组织按成员股份支付的红利不能超过年率8%；（3）合作组织与非成员的交易额不得超过与成员的交易额。此后，美国农民就在经济生活中具备了可相抗衡的谈判力量。

20世纪初，加拿大合作运动兴起，乔治·基恩（George Keen）呼吁建立一个全国性机构，以加强合作社之间的联系，扩大合作价值，并有效地向政府官员阐述合作社观点。因此，1906~1909年，合作运动积极分子试图取得联邦立法对合作社联合的认可，但迫于零售商有组织的反抗，此举并未成功。没有联邦立法，合作社只好在各省不同的法令下开展经济活动，大大限制了发展。经过长达60年的努力，直到1970年，加拿大政府才通过联邦合作社法（Canada Cooperative Associations Act）。

可见，在西方发达国家，由于合作运动是自下而上自发的开展的，合作组织往往要经过不懈的奋斗才能使政府通过立法或者修正法案，以确保合作组织的合法地位。西方合作组织希望获得的合法地位除了基层合作，往往还包括地方合作社之间的再联合，乃至全国性的合作联盟。这种联合常具有较强的政治色彩和抗衡力量，使执政当局对其抱有戒心，因此，相关法令的通过就比较困难。

12.3.2　发展中国家：合作经济立法是自上而下的政府推动

发展中国家早期的合作运动在殖民统治和移民传播下，多受西方合作思想影响；而第二次世界大战后，新兴的民族独立国家的合作运动则更多受到苏联等社会主义国家集体运动的影响。在西方合作运动和社会主义国家集体化运动的双重影响下，很多发展中国家将建立合作社视作政府实现社会经济发展目标的工具，以及控制经济的手段。因而，这些国家普遍重视合作社立法，实践中往往是政府自上而下推动合作社立法，并在法令中赋予政府干预合作社的权利。例如，缅甸1970年的《合作社法》将合作社分级，并规定高一级合作社有权监督其下一级合作社的工作，而政府有权监督所有合作社的全部事务；孟加拉国的《合作社法》规定由政府直接管理中心合作社，政府有权利直接参与全国一级合作社的事务。也正因如此，这些国家的合作经济往往是在法律的指导下，沿着政府规划方向逐步发展的，如前文介绍的日本农协体系就是在《农业协同组合法》《农业基本法》和《农业协同组合合并助成法》等多部法律的指导下构建的。

　　诸多研究表明，发展中国家合作社立法的有效性，很大程度上取决于政府对合作社发展的态度，以及执行政策的政府机构的表现。很多发展中国家的合作社法尚不完善，比如，缺乏对普通社员、理事会、监事会的权利和义务的明确表述，而是由各个合作社在其根据法令制定的章程或附则中加以规定。此外，虽然很多发展中国家的合作社法都对成员认购的资本份额、年度剩余用于储备基金与社员分配的比例、资本清算时社员对合作社债务承担的责任等方面做了规定，但由于发展中国家合作社大多由政府自上而下推动发起，年度剩余的分配往往需要经由负责合作社发展的政府机构事先批准，社员在如何处理本社剩余上并无完全的自主权，因此，可能会在一定程度上影响社员合作的能动性。

12.4　世界合作经济的新挑战

12.4.1　合作经济面临经济全球化的挑战

　　在经济全球化进程中，合作社特别是西方发达国家的农民专业合作社正经受着有史以来最激烈的外部挑战。大型跨国企业在全球配置资源并布设营销网络，抢占世界市场，操控产品价格，甚至影响世界贸易和国际投资。面对这些集约化、规模化经营咄咄逼人的挑战，各国合作社不得不合并、集中，以扩大生产规模、降低成本，来应对日益严峻的市场压力。比如，荷兰的农业合作社集中趋势加剧，供应饲料和肥料的合作社从 1949 年的 1 160 个合并为 36 个；牛奶加工合作社由 426 个合并为 6 个，但这 6 个牛奶合作社供应了荷兰 85% 的牛奶产量。但是，仍有很多合作社因不堪市场竞争压力而倒闭，一些存活下来的合作社选择转型为投资者所有企业。以澳大利亚为例，1995 年有 49 家合作社转型为投资者所有企业，尽管从数量上看，它们仅占当年全澳合作社的 2%，但是这些转型合作社的经营规模普遍较大，销售额均在数百万澳元以上，它们的转型大大削弱了合作经济在澳大利亚经济中的地位。此外，在全球经济自由化的呼声下，一些国家放弃了扶持合作社的政策，将合作社暴露在国内市场和国外竞争的双重挤压下，造成合作经济的萎缩。例如，坦桑尼亚、赞比亚等国家取消了合作社销售农产品的专营权，同时撤销了对合作社的各种优惠和补贴政策，使得这些国家的合作经济在农产品市场的份额由原来的接近 100% 骤降到不足 10%。

12.4.2　合作经济面临其存在合理性的质疑

面对越来越多的合作社转型、改组或倒闭，甚至出现对合作社存在合理性的质疑之声。有人认为合作社是在一定的经济发展阶段出现的特定组织，而并非市场经济条件下一种必要的组织制度。

然而，学界仍然普遍认可合作社的正当性和必要性。首先，美国竞争标尺学派主张合作社的价值在于在竞争中扮演一个标尺的作用，约束资本主义经济体制中过于强调逐利的行为，平抑竞争价格，改进竞争机制。其次，国际合作社联盟主席罗伯特·罗德里格斯指出，经济全球化创造新机会的同时，会导致经济力量的集中，"社会排斥""边缘化"将同市场竞争一样不可避免，如果全球化的市场力量不受约束和控制，我们将看到社会的非人性化、回归原始的资本主义，以及更加深化的社会危机，而合作组织（由使用服务的人拥有该组织）或将成为解决方案之一。

在这样的呼吁下，越来越多的国家推进大范围、多层级的合作组织体系建设，并且加强合作社与外部组织的联合。这时，一个新的问题又被提出，即如何在不断深化的外部联合中保持合作社相对的独立性，如何在始终保持合作社市场竞争力的同时，坚持合作社为广大社员服务的基本宗旨？这将成为新时代合作社发展的首要问题，正如罗伯特·罗德里格斯指出的，"在这场大变革中，坚守合作社的二重性——经济的和社会的目标，既是挑战，也是合作社的力量所在"[①]。

12.4.3　全球性突发公共卫生事件冲击下的合作经济

2020 年对于全人类来说都是艰难的一年。新型冠状病毒肺炎（COVID – 19）的全球大流行对各个国家的社会经济都造成了巨大冲击，尤其是在 2018 年之后，全球经济刚显现复苏迹象的背景之下，这一危机的成本更是难以估量。从微型企业到大型跨国集团，各种经济组织都受到重创，合作经济组织无疑也难逃波及。尽管已有研究证实合作经济模式在应对上一次全球金融危机方面有很强的抵御能力，但 COVID – 19 全球大流行所造成的危机是不同于以往经验的，它严重扰乱了社会秩序、改变了人们的行为习惯、打破了经济组织结构。

---

① Rodrigues R. "Adding value to membership: the cooperative challenge for the new millenium" [R]. ICAO Congress and General Assembly, 1999.

亚太地区是较早受到 COVID‐19 影响的区域之一。在严格的防疫封锁之下，许多合作社因无法开展经营活动而面临现金流困境。欧洲合作社中从事旅游、运输和文化领域的合作社所受冲击最为严重，甚至不得不实施临时失业计划；非洲地区农业合作社因收入锐减而面临社员严重流失的窘境。

然而，这种情况也出现了一线转机：首先，合作社在经济危机中表现出的适应性和灵活性在 COVID‐19 大流行期间也得到了体现；其次，合作社追求公共利益的价值观和原则，在帮助整个社会从 COVID‐19 大流行中恢复方面发挥了关键作用。例如，欧洲、北美和新西兰地区的一些合作社提供远程工作机会和托儿服务，提高居家防疫期间现场工作人员的工资，修改带薪休假政策；荷兰合作银行（Rabobank Group）暂缓中小企业支付贷款和利息，并为文化和体育组织设立专项资助基金；一些公用事业和住房服务合作社免除租金滞纳金，向学校提供低息贷款服务；一些农业生产合作社和消费合作社通过再合作缩短供应链，向受防疫封锁影响较大地区的人们提供食物和基本日常用品；许多合作社都在疫情期间提供政府信息追踪、风险管理建议、在线帮助等服务，为扩大 COVID‐19 相关信息的传播作出了贡献。

经过全人类一年多的努力，至 2021 年 6 月，新冠肺炎疫情依然没有消弭的迹象。在疫情常态化的形势下，许多大型合作社认识到即使在 COVID‐19 疫苗研发成功之后，危机仍将持续影响整个社会经济框架。因此，它们尝试改变商业模式、规划中长期风险防范机制，并建立广泛的社区支持网络。例如，芬兰消费者合作社联盟（S‐Group）开设线上折扣商店，推出送货上门和食品银行基金（Foodbank Fund）等新概念服务，引入智能化无接触系统，以适应新的卫生安全要求、方便社员及消费者获得产品；比利时劳工合作社（Smart Belgium）为其社员提供零利率信用贷款和技能培训，不仅帮助社员缓解疫情期间的就业困境，也帮助他们规划如何在疫情后巨变的劳动力市场结构下更具竞争弹性；印度农民化肥合作社（Indian Farmers Fertiliser Co‐operative Limited）制定了一系列长期措施，如弹性工作制和轮流居家办公计划，以在支持社员的同时维持合作社经营；蒙德拉贡合作社（Mondragon Corporation）强调构建合作网络的重要性，以此开发基于多方参与和共享的解决方案，如健康和安全协议；英国米德郡消费合作社（Midcounties Co‐operative）建立了一个 7.5 英镑的社区重启基金（Community Restart Fund），与当地慈善组织联合帮助社区重建。

可见，尽管受到 COVID‐19 大流行的沉重打击，世界各地合作社所采取的对策再次证明合作经济的重要性和有效性。在合作社原则的指导下，大多数合作社在竭力维持经营的同时，优先考虑的事项是保护利益相关者的经济和健康状况，支持社区重建和地区经济复苏。正因如此，合作社能够赢得社员、客户及政府等各方信任，在危机中表现出巨大的弹性和韧性。

案例 12 - 1

经济全球化背景下的北美新一代合作社

20 世纪 90 年代，在经济全球化背景下，美国明尼苏达州、北达科他州等中西部地区合作社为了保持其市场竞争活力，对传统合作社进行制度创新，发展出新一代合作社（New Generation Cooperative, NGC），并成为 21 世纪初美国和加拿大合作社改革的主要方向。新一代合作社的创新主要体现在：①社员交易权份额制。社员必须在入社时支付大额股金，以取得与投资额相对应的交易权份额。这种交易权既是一种权利，也是一种义务。社员必须按这一份额交纳足够的初级农产品，如果交货不足，社员须赔偿合作社的损失；同时，合作社必须以议定价格收购社员所有交易权份额的初级农产品。②封闭的社员资格。与传统合作社"入社自愿、退社自由"的开放原则不同，新一代合作社由于成立时社员投入的资金多，承担的风险大，为避免社员利益受损而采取了封闭的社员资格。成立之初，合作社会对申请入社者进行挑选，考察其经济条件、生产能力，以及个人信誉度等条件；成立之后，社员不能随意退出，合作社也不得轻易接纳新社员。③纵向一体化经营。传统合作社往往是综合性经营，向社员提供产前、产中、产后广泛的服务内容，产品附加价值不高，利润提升空间有限。新一代合作社经营单一产品，开展农产品深加工，以垂直一体化经营，实现产品附加值的增加，并与社员分享增值的收益。

上述创新使新一代合作社将合作社原有的优点和市场经济条件下现代企业的特点有机结合起来，形成了合理的产权结构和良好的集体合作氛围，产生了科学有效的投资机制、决策管理机制，以及分配机制。新一代合作社将社员和合作社的利益紧紧联系在一起，使得广大社员十分关心合作社的经营和发展状况，不仅严格要求自己，努力学知识、想办法，主动捕捉有利信息，也更加积极地监督经理人，从而大大减少了"委托—代理"成本。

（资料来源：王震江. 美国新一代合作社透视［J］. 中国农村经济，2003（11）：72 - 78）

阅读案例并回答以下问题：

1. 结合案例，分析新一代合作社区别于传统合作社的主要特征有哪些？

2. 分析经济全球化背景下，新一代合作社具有哪些组织优势？

3. 讨论新一代合作社如何在保持市场竞争力的同时兼顾合作社原则？

案例 12 – 2

以色列合作经济中的"搭便车"问题

在以色列，合作经济主要以"基布兹"的组织形式存在。"基布兹"类似于我们所说的"合作社"，在希伯来文中有"集聚"的含义。100 多年前，受犹太复国主义思想影响，一批知识分子从欧洲回到祖先故土，在加利利湖附近建立起一种基于公有制、带有社会主义理想色彩的自治集体社区，从事农业生产。基布兹的生产和消费是典型的"大锅饭"方式：土地国有、生产资料公有；生产、分配和服务都由基布兹集体组织；劳动所获归集体所有，基布兹再基于平等原则向社员提供住房、食物、衣物、教育、医疗等日常各项所需；社员民主管理、投票表决、各尽所能、各取所需。在这样的制度下，出现一些社员利用基布兹允许社员在社外就业，以及向基布兹请长假的制度，既享受着基布兹平等原则分配的福利，又从市场经济中获取实惠。类似的投机行为被称为"搭便车"行为，它们正侵蚀着以色列的基布兹。

（资料来源：张晓山，范鹏. 合作经济理论与中国农民合作社的实践 [M]. 北京：首都经济贸易大学出版社，2009）

阅读案例并回答以下问题：

1. 分析"搭便车"行为会对以色列基布兹及其他社员造成哪些危害？
2. 结合案例分析"搭便车"行为产生的可能原因有哪些？
3. 讨论哪些机制或措施有可能解决"搭便车"问题？

本 章 小 结

（1）合作经济是基于人们的实际需要，从实践中产生的。在西方发达国家，合作运动最早是作为一种资本主义经济制度的反抗力量出现的，由社会弱势群体出于自我经济保护目的而自发组织与自治。因此，西方早期合作社与政府的关系是彼此独立的，而之后的发展其实是西方政府试图将合作社纳入整个资本主义制度框架的过程。

（2）发展中国家对于合作经济的基本出发点与西方发达国家有所不同。从一开始，发展中国家就将合作经济纳入整个国家的发展框架之中，将其视为促进经济发展、实现社会公平的重要手段，许多国家通过制定相关法律、设置专门机构来直接发起和推进合作运动。

（3）立法对合作经济的发展至关重要。在发达国家和发展中国家，合作经济立法呈现出不同的路径和功能。在发达国家，往往是经过自下而上的漫长努力才最终使政府通过了合作社法案，或赋予合作社合法性，或将合作社从反垄断法中有限的豁免出来。在发展中国家，政府普遍重视合作社立法，并自上而下的积极推动相关法案的制定和落实。

（4）在经济全球化背景下，各国合作经济都面临着前所未有的压力，以及有关其存续价值的质疑之声。2020 年全球性突发公共卫生事件爆发，各种经济组织都遭到重创，合作社虽难逃波及，却也证明了其存续的正当性和必要性。

关键术语

合作运动 资本主义 社会主义 市场经济 投资者所有企业 经济全球化

复习思考题

1. 结合英国合作经济的发展历程，谈谈如何理解"合作社不是由于先知们的发明，而是由于人们实际的需要"这句话？

2. 试析在加拿大为何是农民群体最先成功创办的合作社。

3. 谈谈立法对日本合作经济发展的意义和作用。

4. 试析印度合作经济兴起于信贷合作的必然性及其意义。

5. 如何理解合作立法在发达国家和发展中国家呈现出不同路径和功能？

6. 试析全球化背景下，世界合作经济正面临哪些挑战？如何看待全球化背景下合作社的价值？

CHAPTER 13

第 13 章　境外经贸合作区

巴卓（Prachuab Trinikorn，2018）在研究泰国、老挝及缅甸金三角经济区国际贸易合作问题时提到：

> "境外贸易在为国家创造贸易价值，改善人民生活条件等方面发挥重要作用。因此，建立国家间可持续发展的国际贸易合作模式，能够促进经济增长，带动双边就业和创收，减轻贫困。同时，各国间开展国际贸易合作，应当从经济、环境、社会等维度，通过价格渠道、企业渠道和政府渠道三方面来发展民生。[①]"

什么是境外经贸合作区？境外经贸合作区是我国与东道国商谈签约，并在东道国建设的产业园区。运行模式为政府为主导，企业为主体，市场化经营。本章将对境外经贸合作区的含义、作用、建设背景以及发展历程等方面进行阐述。

13.1　境外经贸合作区的内涵和作用

13.1.1　境外经贸合作区的内涵

境外经贸合作区是我国商务部 2006 年批准建设的重点项目，是实施走出去战略的重要举措，它是指在中华人民共和国境内（不含香港、澳门和台湾地区）注册、具有独立法人资格的中资控股企业，通过在境外设立的中资控股的独立法

---

① Trinikorn. P. Espejo，A. C. Chanra，Ksa，W，& Sompong. W（2018）. International Trade Cooperation between Thailand. Laos and Myanmar（Golden Triangle Economic Zone）to Develop the Wellbeing of the People Along the Northern Border of Thailand SSRN Electronic Journal. doi：10. 2139/ssrn. 3252319.

人机构，投资建设的基础设施完备、主导产业明确、公共服务功能健全、具有集聚和辐射效应的开发区、工业园区、物流园区、工业新城、自由贸易区、自由港及经济特区等。境外经贸合作区是具有政府"背书"的合作平台，能够整合多方资源，在基础设施建设、政策支持和公共服务方面具有优势的，能够降低投资风险和成本，丰富企业的投资方式形成具有辐射效应的产业聚集。本质上，境外经贸合作区是一种制度安排，旨在使我国与有限区域内的其他国家（地区）之间的双边经贸联系更紧密，是我国提出的互利互惠的国际经济合作新模式。境外经贸合作区的建设，是中国企业积极拓展海外发展空间、扩大发展规模和对外直接投资的全新途径，也是新形势下发展对外投资合作的新探索，还是推动我国企业在海外可持续发展的新模式。境外经贸合作区是系统工程，建设周期较长、风险较高、情况错综复杂、任务量大，需要各方相关单位加强协调与合作。

应该注意的是，我国的境外经贸合作区与宏观意义上的自由贸易区不同。自由贸易区是指在主权国家或地区的关境以外，划出特定的区域，准许外国商品豁免关税自由进出。境外经贸合作区是指中国企业在某一国家或地区设立的，实行税收优惠和特殊监管政策的特定区域。境外经贸合作区也和发展一般的出口贸易和海外加工贸易有很大的不同，它带有某种程度的政府间高层次经贸合作的性质，它牵扯到东道国的土地资源开发的政策、外资政策、市场准入及这些政策的连续性。

13.1.2　境外经贸合作区的功能

13.1.2.1　有利于巩固我国与有关国家友好关系

建立境外经贸合作区，有利于促进双边互利合作。中国企业在境外合作区投资建厂，引进较为先进的生产机械，对工人操作能力提出较高要求，需要培养大量熟练工人。对于东道国来说，可以增加当地的就业渠道，扩大出口，增加当地的财政收入，对当地的就业人员和管理人员进行职业培训，同时，中国企业为融入当地文化会着重培养当地员工，促进了当地的经济社会发展，从而在一定程度上提高了东道国的居民生活水平和社会福祉，同时有助于我国经济发展。例如，入驻柬埔寨西哈努克港经济特区的无锡金五星针纺有限公司向特区企业派驻了20 多名生产管理人员，对本地员工进行培训和技能指导，提高人才本地化水平。海尔—鲁巴经济区拥有 20 名中国常驻技术人员和 3 800 名巴基斯坦员工，培养当地员工，使之成为熟练的技术工人，能够极大改善这些技术工人的生活水平。越南龙江工业园区拥有优厚的薪酬福利，这吸引了很多当地农户转变为工人，工业区的集聚效应吸引了邻县及周边省份的劳动力，越来越多的当地人富裕起来。截至 2019 年 11 月，被纳入商务部统计的境外经贸合作区累计投资超过 410 亿美元，入区企业近 5 400 家，上缴东道国税费 43 亿美元，为当地创造就业岗位近 37 万个。

13.1.2.2 搭建了投资平台，推动企业"走出去"

鼓励中国企业特别是具有一定竞争优势的中小企业"走出去"，开拓国际市场，提高企业竞争力，是早期建设境外合作区的目的之一。境外经贸合作区以政府的支持为后盾，为单个实力弱小的企业"走出去"提供了保障，降低了风险，为中国企业对外投资搭建了平台、提供了相对完善的配套服务和比较经济、可靠的海外发展基地，有效地保护了中国企业在这些相对落后的第三世界国家的安全与利益。中小企业能够集中精力开展国际业务，推进了我国企业海外市场的纵深发展，提升企业对外直接投资经验，全方位提升中国企业的国际竞争力，顺应企业国际化经营的趋势。与此同时，我国相当一部分自然资源短缺，为了满足与日俱增的经济社会发展的需求，资源依赖型企业或产业积极地"走出去"，前往资源丰富的国家进行投资和开采，对补足我国资源短板和促进资源的优化配置具有重要意义。入驻境外经贸合作区的企业可同时享受中国的政策优惠和财政支持，以及东道国的税收减免等优惠政策，降低了初期运营成本。

13.1.2.3 形成产业集群，发挥集群效应

境外经贸合作区可以促进产业集群，形成集群式投资，发挥集群效应，促进区域内主导企业与相关配套企业的合作，形成一个贴近市场的、完整的产业链条，在制度和环境优化上降低了入驻境外经贸合作区企业的对外直接投资风险和成本。巴基斯坦海尔—鲁巴经济区是海尔集团创建的，该经贸合作区的产业定位以家电产品为主，包括相关配套产业和营销网络。通过吸引优秀家电企业入驻，形成品牌家电产业集群。目前，合作区一期已经建设完成，并形成家电行业上下游相配套的产业链，入区企业可以借助海尔在当地形成的品牌优势、销售及售后服务渠道更为快捷地形成发展优势。目前，园区合作区二期工程已经启动，从家电产业向汽车、建材和纺织品等多个领域进行延伸，可以有效带动周边配套企业的升级。

13.1.2.4 转移过剩产能，优化经济结构

目前，我国有相当一部分的制造业行业生产能力过剩，如冶金、轻工、纺织等行业的国内市场饱和，对于经济水平相对落后的东道国而言，这些是其赖以发

展的物质资本，将国内这些企业引入境外经贸合作区，既可以转移国内过剩产能，转变贸易发展方式，优化经济结构，也有助于企业有效利用东道国的资源。同时，随着我国经济的不断发展和市场化进程推进，劳动力、原材料和土地等生产要素价格不断攀升，而这些欠发达的国家拥有人工成本优势，以及低廉的原材料和土地价格，可以显著降低企业的产品生产成本和运营成本，提高产品国际竞争力。如由中国有色矿业集团公司投资的赞比亚中国经济贸易合作区，充分利用当地的有色金属资源，以铜开采为基础，铜冶炼为核心，形成有色金属矿冶产业群，积极开拓海外市场并实现可观的盈利。

13.1.2.5　规避国际贸易壁垒，缓解摩擦

我国在加入世贸组织后，出口贸易额逐年攀升，贸易顺差不断增加，引起了主要贸易伙伴的强烈不满，贸易摩擦加剧。在境外经贸合作区制造的产品可以打上"东道国"制造的标签，中国出口转变东道国出口，绕开了欧美等国家对我国出口产品的限制，不但规避了国际贸易壁垒，同时还可以享受欧美等发达国家对于这些相对落后国家给予的特殊贸易优惠政策以及额外的关税减免政策。如海亮（越南）铜业有限公司 2008 年入驻越南龙江工业区，规避了 2009 年美国针对来自中国的无缝精炼铜管的惩罚性关税，在其他中国企业出口严重受阻的情况下，海亮铜业有限公司占得先机，承接了这些企业的市场份额，进一步拓展了美国市场。浙江华龙鞋业公司在俄罗斯乌苏里斯克经贸合作区投资建设生产线，将国内生产的半成品低关税出口到俄罗斯，加工成品鞋用本地注册的品牌进行销售，中国生产转变为俄罗斯生产，有效规避了"灰色清关""禁商令"和欧美贸易壁垒。

13.2　境外经贸合作区的建设背景与发展历程

13.2.1　境外经贸合作区的建设背景

从企业层面来看，我国企业积极"出海"发展，谋求合作，进行对外直接投资，积累了一些成功经验。虽然我国企业国际化进程快速发展，但是仍然处于起步阶段，企业生产率尚有较大的提升空间，总体上看，企业国际竞争能力较弱。但是企业单打独斗、各自为战出海投资，难以打开国际市场，难以在国际市

场站稳脚跟来增强企业的综合竞争力，难以顺应企业进行国际化经营的要求。同时，随着我国经济快速发展，原材料、土地和劳动力成本上升导致制造业成本快速上升，相当一部分行业产能过剩。国内市场竞争激烈，而其中又有一部分过剩产能对于经济水平相对落后国家具有比较优势，企业迫切想要更好地"走出去"，利用这些国家劳动力成本低、原材料价格低，以及欧美发达国家给予他们政策优惠等多种优势降低自身产品生产成本和运营成本。因此，一些企业开始尝试建设海外园区，同时，我国不少经济开发区的建设效果显著，积累了丰富的经验，促使一些相对落后的发展中国家向我国提出建设合作区的要求。从我国国家层面来看，党中央制定了互利互惠的对外开放方针，并积极鼓励和引导企业"走出去"，探索"走出去"新模式。同时，随着中国综合国力、比较优势、外汇储备、双边经贸合作需求等方面的增长，中国有能力且有实力为企业更好地"走出去"保驾护航。

从国际层面来看，随着我国对外贸易逐步深化，贸易顺差不断增加，世界经济格局的变化，我国面临的贸易环境日益复杂，贸易冲突、贸易摩擦愈演愈烈，单边主义、地方保护主义抬头，我国一些产品被欧美等发达国家进行反倾销调查，如汽配、小家电等，我国急需寻求宽松的贸易环境成为我国企业出口的避风港，使我国的产品走向国际市场。如柬埔寨、泰国这样没有遭到欧美发达国家的贸易壁垒阻碍的国家是我国建立境外经贸合作区的优良选择。在这种背景之下，国务院批准商务部于2006年正式作出建立境外经贸合作区的决定，出台了《境外中国经济贸易合作区的基本要求和申办程序》，内容包括合作区招标规程、评标细则、考核办法等。

13.2.2 境外经贸合作区的发展历程

境外经贸合作区的发展可以分为以下三个阶段。

13.2.2.1 第一个阶段是在2005年之前，境外经贸合作区的初期探索阶段

20世纪80年代，我国开始鼓励企业"出海"。1994年，埃及政府邀请我国帮助其设经济开发区；1995年，浙江省商务厅主持建设贝宁共和国贸易中心，这是境外经贸合作区的雏形；20世纪90年代末，我国民营企业福建华侨实业公司在古巴建立的境外经贸加工贸易小区；2000年3月，海尔在美国建立工业园，它的作用和地位只是概念性的，市场定位不清晰；2001年，我国企业与巴基斯坦企业共同投资了拉合尔港口工业园；随着我国对外贸易不断发展，贸易摩擦日益加剧，2004年国有企业天津保税区投资公司在美国南卡州建立天津美国商贸

工业园。这个时期建立的工业园区没有固定的模式，主要由企业推动并实施，是为了企业自身服务。在没有国家政策支持的情况下，境外园区建设未得到实质性的进展。

13.2.2.2　第二个阶段为 2006～2013 年，境外经贸合作区摸索建设阶段

2005 年底国家发展和改革委员会联合商务部提出建立境外经贸合作区的举措。2006 年 6 月，商务部正式发布了《境外中国经济贸易合作区的基本要求和申办程序》，启动了扶助对象的申报和评标工作，并表示中国将建设 50 个境外经贸合作区，将推动建设境外经济贸易合作区作为商务部的一项重点工程。首批境外经贸合作区于 2006 年 11 月底审批结束，共批准 8 家；第二批于 2007 年底审批结束，共批准了 11 家。2006 年 11 月胡锦涛同志在中非合作论坛北京峰会上宣布：今后 3 年内要在非洲国家建立 3～5 个境外经贸合作区①，以推动中非新型战略伙伴关系发展。11 月 26 日，巴基斯坦海尔—鲁巴经济区正式揭牌，标志着我国境外经贸合作区正式拉开帷幕。该时期是中国贯彻实施"走出去"战略的深化时期，伴随着双边经济贸易合作需求增加，合作区数量明显增长，政府给予企业资金和政策的全方位支持。由此，中国扶持建设了一批由中方控股的境外园区。在合作区发展初期，合作区内的产业多为劳动密集型产业。

13.2.2.3　第三个时期为 2013 年底至今，境外经贸合作区快速扩张阶段

2013 年"一带一路"倡议被提出，境外经贸合作区建设进入高速发展的风口阶段。"一带一路"沿线国家大多经济水平相对落后，发展空间和市场潜力巨大，自然资源丰富，招商引资的意愿强烈，与境外经贸合作区定位契合。境外经贸合作区数量增幅和增速有了显著提高，现已有 20 个境外经贸合作区通过了商务部的考核。我国也吸取以往建设境外经贸合作区的经验和教训，不断完善境外经贸合作区的相关政策，商务部同财政部修订了境外经贸合作区的考核确认管理办法，更加强调以市场为导向的国家级境外经贸合作区的发展，同时，在境外经贸合作区的建立上不再采取招标审批的模式，而是采取公开向社会公布满足标准的企业的方式，以更加开放的方式推动境外经贸合作区的建设。此后，合作区的建设质量和建设效率都得到明显提高。在此阶段，合作区开始转向资金和技术密集型产业。

---

① 新华社. 胡锦涛在中非合作论坛北京峰会开幕式上的讲话［N/OL］.（2006－11－4）［2020－6－30］. http：//www. gov. cn/govweb/ztzl/zflt/content_432760. htm.

13.3　境外经贸合作区建设概况

　　由商务部 2018 年 9 月统计的数据表明中国企业已经在全球范围中与 46 个国家和地区中的 113 家达成了合作。境外经贸合作区是我国对外直接投资的方式的创新，由商务部牵头与国外政府签约，国内企业为经营主体，从而在国外建设经济贸易合作区，能够避免贸易壁垒、关税壁垒和非关税壁垒。最早的合作区始建于 2006 年，目前已初步形成了一批具有集聚和辐射效应的产业园区。截至 2017年 11 月初，中国企业在"一带一路"沿线 24 个国家推进建设了 75 个境外经贸合作区，入区企业达到 3 412 家，上缴东道国税费累计 22.1 亿美元，为当地创造 20.9 万余个就业岗位。

13.3.1　境外经贸合作区的分布

　　根据《中国境外经贸合作区投资指南》（2018）选取具有特色的 38 家合作区，分别在亚非、中东欧，以及独联体国家。这些国家一般与中国有着良好的经贸关系、有着较为便宜的劳动力、丰富的资源。由中国机电产品进出口商会所发布的《中国境外经贸合作区投资指南（2019）》中所标注的中国重点境外经贸合作区，东南亚有 10 个、中南亚有 5 个、中东欧有 6 个、非洲有 13 个。由于合作区的发展时期不长，尚未进入发达国家，如西欧、北美等国家。根据统计，重点境外经贸合作区的园区名称及所在国别如表 13 - 1 所示。

表 13 - 1　　　　　　　　2019 年重点境外经贸合作区

序号	国别	园区名称	序号	国别	园区名称
1	泰国	罗勇工业园	7	老挝	万象赛色塔综合开发区
2	越南	龙江工业园	8	印度尼西亚	中国印尼经贸合作区
3	柬埔寨	西哈努克港经济特区	9	印度尼西亚	聚龙农业产业合作区
4	巴基斯坦	巴基斯坦拉沙卡伊特别经济区	10	文莱	大摩拉岛境外经贸合作区
5	巴基斯坦	海尔—鲁巴经济区	11	阿联酋	阿治曼中国城
6	印度尼西亚	中国印尼综合产业园区青山园区	12	越南	（深圳—海防）经贸合作区

续表

序号	国别	园区名称	序号	国别	园区名称
13	印度尼西亚	华夏幸福印尼卡拉旺产业新城	24	坦桑尼亚	江苏新阳嘎农工贸现代产业园
14	埃及	中埃·泰达苏伊士经贸合作区	25	赞比亚	中国建材赞比亚工业园
15	埃塞俄比亚	东方工业园	26	摩洛哥	穆罕默德六世丹吉尔科技城
16	赞比亚	中国经济贸易合作区	27	白俄罗斯	中白工业园
17	尼日利亚	莱基自贸区	28	匈牙利	中匈宝思德经贸合作区
18	吉布提	国际自贸区	29	匈牙利	中欧商贸物流合作园区
19	乌干达	境外农业经济贸易合作区	30	乌兹别克斯坦	鹏盛工业园
20	毛里求斯	晋非经济贸易合作区	31	格鲁吉亚	华凌国际经济特区
21	塞拉利昂	国基工贸园区	32	俄罗斯	中俄托木斯克木材工贸合作区
22	南非	海信工业园	33	俄罗斯	莫斯科格林伍德国际贸易中心
23	坦桑尼亚	环维多利亚湖资源综合利用产业园	34	塞尔维亚	中国工业园

资料来源：中国机电产品进出口商会.2019 年重点境外经贸合作区投资指南（一览表）［EB/OL］.（2018 – 8 – 21）［2020 – 10 – 7］.https：//www.imsilkroad.com/news/p/382012.html.

13.3.2　境外经贸合作区的产业定位

产业定位以加工制造业为主，合作区投资产业主要集中在能源、资源、农业、轻工、电子等中国具有比较优势的行业。牵头企业多为国内经济实力雄厚、管理水平较高、跨国经营能力较强的国有企业或大中型企业，如中国交通建设集团有限公司、招商局集团有限公司、中国有色矿业集团有限责任公司、中非发展基金等。通过政府主导，以国有企业或大中型企业为主体商业化运作的模式，来规避因为政治风险对国际商务活动可能带来的问题。

13.3.3　境外经贸合作区的经济效应

境外经贸合作区能够将企业聚集起来，产生聚集效应。在同一合作区中，企业享受相同的基础设施建设和政策。合作区为东道国的企业提供了技术和管理等知识的溢出效应，对推动当地的发展和国际合作提供了机遇。中国企业在轻工业、农林产品加工、金属、纺织等产业形成了产业聚集效应。减少了由于无序投资造成了资金浪费，能够使得投资产生协同效应，有力地推动了中国企业国际化，以及增强整合产业链上下游的能力。境外经贸合作区以两国政府之间的协议为基础，以中国政府强大的经济实力为后盾，以"抱团"的方式"走出去"，能够抵御和排除风险，增强企业境外投资成功的概率（2008，李春顶）。不同于以往的"单兵作战"，中国企业形成了"集体出海、抱团取暖"模式。能够有效地减少可能的政治风险，企业在东道国的影响力得到了提升。

合作区通过为企业提供优惠的税收政策、土地政策、外汇政策等服务，完善企业入驻的配套服务，使得企业不出园区便可办妥相关手续。保证 24 小时水电供应，满足企业生产需求。通过对基础设施的建设，如公寓、社区卫生服务中心、银行，以及物流公司等机构为企业在招聘、法律、融资上提供便利。合作区能够为对外直接投资经验不足的企业提供一个较为稳定的环境，从而使得企业获得国际经营经验、提升企业竞争力、扩大规模。与东道国互利共赢，合作区企业通过加工提升资源产品的附加值，从而推动当地的经济和产业发展。不仅有管理模式等的溢出效应，还向东道国提供了大量的税收收入和就业。

13.3.4 境外经贸合作区的分类

我国境外经贸合作区的建设主体是各类企业，国家并没有规定统一固定的模式和形态，综合产业功能和发展动机来看，截至目前，我国境外经贸合作区大致可以分为：加工制造型、资源利用型、农业开发型、商贸物流型和技术研发型。

加工制造型的境外经贸合作区是随着我国"走出去"战略的实施应运而生的，这类合作园区以深入东道国的加工制造业市场为导向，为消化我国过剩产能寻求潜在市场，这不仅有助于促进东道国产业的升级，还为开展国际产能和装配制造的竞争与合作提供了平台和经验。此类园区定位主要围绕着机械、纺织、电子、冶金等传统制造业，在此基础上积极联合上下游产业链，旨在打造产业集群，推动双边投资合作和经贸发展。例如，首个以工程机械为主导产业的徐工巴西工业园区，华立产业集团有限公司投资设立的以机械和电子五金为主导产业的泰国罗勇工业园，还有亚洲地区以海尔家电和上下游配套产业为主的巴基斯坦海尔—鲁巴经济区等。

资源利用型的境外经贸合作区通常建立在某些资源或能源相对丰裕但当地利用效率不高的发展中国家，既能发挥园区的资源禀赋，促进当地资源的合理有效利用，又有利于释放我国目前如矿产、新能源等能源紧缺的压力，达到互利共赢的效果。此类合作区主要有：非洲地区的以采矿、选矿为主导的坦桑尼亚环维多利亚湖资源综合利用产业园。

以农业开发产业为主导的境外经贸合作区主要涉及农业种植、畜牧、林业，以及农产品加工等领域。此类合作区大多集中于农业自然资源丰富的俄罗斯、东南亚等地，这些地区拥有先天适宜农作物生长的气候条件和地形地貌，但可能存在着农业基础薄弱、开发力度不够的问题，这就为企业寻求特色农业产业开发与合作提供了有力支撑。例如，俄罗斯滨海边疆区的土壤主要是褐土和黑土，土质肥沃，我国企业在此设立了中俄现代农业产业合作区，吸引了9家国有农场和十余家企业入驻。

商贸物流型的境外经贸合作区通常是以物流服务为主导，这类合作区有两个明显的特点：交通便利和关税相对较低。优越的地理位置和便捷的交通是商业贸易跨国交流合作与发展的重要基础，同时，有利于物流运输、商品配送等环节的高效运行；相对较低的关税对于商贸物流服务而言十分重要，企业在一定程度上能够规避贸易壁垒，也更容易打通目标市场。匈牙利中欧商贸物流园就是典型的商贸物流型境外经贸合作区，地处欧洲中心，商贸物流体系遍布广泛，已逐渐发展成为集会展、仓储、商贸物流一体化等服务的现代化物流工业园区。

从数量上看，我国技术研发主导型的高科技境外经贸合作园区目前不多，在区位选择上，企业往往会选择配套基础设施较为健全、技术网络相对发达的国家和地区，这有利于双方在技术创新与科技合作方面优势互补。例如，设在美国旧金山的昭衍美国（旧金山）科技园区，为双方的中小创新企业提供技术支撑和国际合作等方面的服务。

13.4　境外经贸合作区发展面临的困境

13.4.1　国家层面

13.4.1.1　政府支持力度有待加强

一是政府没有将境外经贸合作区形成一个整体性支持的政策体系。对于经贸合作区的纵向和横向相互交流造成了不便。中央和地方没有完善的协调机制、各个省级没有同一级的协调合作机制，无法让企业之间共享投资经验，造成了不必要的试错成本。

二是政府的协商作用发挥不充分。很多时候，企业对于当地政府处于弱势地位。通过双边途径可以更好地维护好我国企业和人员的合法权益，保障人员安全。在基础设施配套以及贸易投资便利化措施方面加强双边政府协作，能够使合作园更好地开展商业活动。"合作区内企业的很多工作人员面临签证问题，签证很难办理，这些问题如果在两国政府层面间解决就比较容易。"

13.4.1.2 性质定位不明确

由于合作区是一次性建立的，所以需要大量的基础设施投资。境外经贸产业园采取"政府为主导，企业为主体，市场化经营为原则"的运作模式，就意味着一般在前期，以政府推动为主；而后期是企业相互协调。但是对于基础设施建设方面所体现出的公共服务特征与市场经营原则产生了矛盾，从而导致了企业在资金方面的问题。合作区是一个大型的建设项目，盈利周期长，政府提供的贷款无法满足企业对大型项目的长期投资。

定位不明确。多数合作区成为"综合性服务园区"，集加工制造、商贸、物流、服务等于一体，没有清晰的定位和特色。产业较为单一，主要发展的是劳动密集型和资源密集型产业，产业之间的关联度较弱不能形成相互关联的产业链，使园区的竞争力降低。不仅没能正确认识和利用当地的比较优势，造成大量重复无用的建设，而且割裂了和国内生产要素相互流通，没有形成相互国内外产业的协同发展。

13.4.1.3 缺乏总体规划

因为企业前期能够获得政府补贴和贷款，合作区的投资方式是一次投入再逐步招商。所以，企业会倾向于一次性大量投资。投资结束后，面对市场需求的改变导致入驻园区企业数量的减少，从而产生经济上的困难。区域布局不均衡、存在着一定程度的重复建设现象。因为合作区集中于同一区域，导致产业趋同和重复建设问题较为严重。另外也造成了合作区之间的竞争，出现一些国家合作区扎堆的局面。企业之间缺乏沟通协调，不掌握全局信息，因此竞相进入同一行业，恶性竞争。并且，产业园的行业性质多为工业制造，发展模式单一，加剧了同质竞争问题。例如，在东南亚的柬埔寨、老挝、泰国、越南都有合作区，这些国家相互临近，发展水平相近。合作区之间会有相互的竞争，如在柬埔寨的柬埔寨—中国热带生态农业合作示范区和老挝—中国现代农业科技示范园在无公害农产品方面就存在着竞争。

13.4.2　企业层面

13.4.2.1　市场化运作问题

由于企业作为合作区的投资主体与东道国政府的地位不对等，在一些具有重大意义的问题上难以有效地交涉。政策文件解读方式的不同也会导致不同的结果，东道国政府会倾向于对自己有利的解释，从而使优惠政策难以落实。例如，土地开发问题，合作区多数处于发展中国家，其法律制度不够完善。对同一法律具有多种解释，管理和产权不明晰，从而产生了政府寻租的空间。主导产业不明确，多数合作区最终成为集加工制造、商贸、物流、服务等一体的合作区，没有清晰的定位和特色。需要根据当地的比较优势和自身特点来打造独一无二的产品竞争力。盈利模式不清晰，不同于国内的利用土地和财税形成的资金大循环模式，企业需要自身探索合适的盈利模式。合作区前期对于基础设施建设的投入大且多为一次性投入。比如，对前期水电、道路、港口等基础设施的投资巨大；而后期收益有限具有"初期投资大，投资回收慢"的特点。当东道国的投资环境恶化时，企业将面临较大的风险。

13.4.2.2　境外融资难度大

由于境外经贸园区形成产业规模效应和集聚效应还需要一定时间，所以存在投资规模较大且投资回收周期偏长的问题。一是由于合作区具有公共服务性质，所以具有建设周期长、资金需求量大的特点，中国政府所给予的财政支持和中长期贷款杯水车薪。二是东道国没有完善发达的金融系统，融资渠道、融资工具有限，难以满足企业融资的需求。中国的境外银行分支机构发展不足、难以为企业提供完备的政策工具箱。部分园区存在着招商困难的情况，一是选址问题，新建的园区往往建设在郊区，以期能够带动周边经济的发展，同时意味着周边的基础设施不够完善。国内外企业如果入驻还需要付出高额的成本，所以导致了招商困难。二是宣传问题，进入新的国家没有良好的宣传渠道、宣传的力度不够。造成了招商单位和需求单位之间的信息不对称，所以导致了招商情况和期待的有所偏差。

13.4.2.3　配套条件有缺陷

公共服务方面，由于管理能力较低、专业人员不足等原因，园区的关税出清、行政服务存在较多问题，提高了入驻企业的经营成本。我国境外投资合作区多处于经济欠发达的国家。东道国经济环境、基础设施环境、制度环境、信用环境等都存在一定的缺陷，这些问题会在一定程度上加大合作区建设难度。基础环境的缺陷会导致在运输等方面的支出变高，从而使得企业经营成本变高。制度环境中的审批工程项目手续繁杂、办事效率低导致企业不能随风而动，灵活地把握合适的机会进行产品的生产研发。信用环境的缺失会使得企业付出额外的成本来确保商业活动的正常进行。不仅是制度的缺失，还有人才的缺失。一是我国缺乏足够的跨国人才，这类熟悉跨国经营、知晓东道国法律、政策和语言的人才培养周期长。在一段时间内，难以有足够的人才来带领企业在国外攻坚克难。二是合作区位于不发达国家，对于这类既有管理经验又通晓经济规则的高级人才的吸引力较弱。

13.5 促进境外经贸合作区高质量发展的对策

随着全球经济快速发展，国家之间的商业往来也愈加频繁，越来越多的国家参与到境外经贸合作区的建设中来，在全球范围内掀起了建设境外经贸合作区的浪潮。同时也出现了许多问题，阻碍了经贸合作区的稳定发展，为了解决这些问题，保障经贸合作区的稳定发展，提出了以下5点建议。分析市场，避免经营风险；建立健全政府合作机制；改善境外经贸合作区的融资体系和人才引进计划；建立特色境外经贸合作区；促进经贸合作区转型升级，组建战略联盟。

13.5.1 充分调研降低经营风险

在我们选择一个国家或地区进行跨国投资或兴建经贸合作区之前，母国企业应该对所选的国家或地区的投资环境进行充分的调研和风险评估，加强对投资风险研究和预判。

第一，在进入市场前，雇佣有资质的技术公司或信息咨询公司等专业机构对投资的项目进行风险评估，尤其是在计算投资成本时需要考虑东道国的基础设施、市场消费偏好、文化习俗、政治等因素，确保在进行投资时可以获取长期的利润。避免因为对境外经贸合作区投资环境分析的失误，造成母国企业巨大的经济损失。

第二，在兴建境外经贸合作区之前，因仔细研讨国家间或国家与地区间的政治协定，充分利用国家间或国家与地区间所达成的有关税收、技术标准、科技等一系列优惠协定。并在签订的协议中加入"稳定条款"以保证母国企业的权利不会受到签约后法律的影响。

　　第三，在兴建境外经贸合作区时，土地是首先需要考虑的问题，应积极谈判降低土地的租赁费用，同时签订相关的法律协议保证土地的正常使用权，不会在境外经贸合作区步入正轨后受到土地问题的困扰。

　　第四，在境外经贸合作区应实施维持本土化经营战略，首先，要注重的是境外经贸合作区本地化，雇佣当地的员工可以加快母国企业与当地社会和商家快速地融合，避免因为语言或文化差异所带来的经济损失。同时雇佣当地的员工可以及时地了解当地消费者的需求，以便做出及时的调整。其次，境外经贸区的基础设施建设也应该做到本地化，在进行相关基础设施建设时，尽量选择当地的企业或机构。因为这些企业在当地有着强大的社会背景和人脉，熟悉当地的市场经济环境，在市场营销、场地选择等方面可以发挥属地化的优势。再次，在经营境外经贸合作区过程中，必须加强与本地相关政府的交流，积极响应相关政府部门的政策，确保经贸合作区长期稳定的运营。最后，在境外经贸合作区积极履行社会责任，参加当地的慈善活动和一些社会团体，得到经贸合作区人民的认可。在经贸区内必须要尊重当地的风俗习惯和法律法规，树立并保持良好的公司形象。

　　第五，在境外经贸合作区建设初期，应当积极和一些当地公司进行合资经营，这样可以有效地避免前期经营风险。但是在与本地企业进行合资经营时，应始终在股权分配上占据优势，掌握公司的话语权，避免出现公司内部的协调困难。此外，还需要不断完善企业的海外保险制度，借鉴一些发达国家的做法，为境外经贸合作区经营的企业提供理赔的后盾，从而降低母国企业进入境外经贸合作区的风险。因此，在进入境外经贸合作区前必须认真分析市场，根据不同的市场状况，选取适当的经营方式来规避市场风险，使经贸区内的企业得到长期稳定的发展。

13.5.2　建立健全政府合作机制

　　任何地区经济活动的稳定运行都离不开健全的法律机制和政府合作机制，高效的政府合作机制是经济活动长期稳定发展的保证。因此，在境外经贸合作区应建立健全政府合作机制，在合作区内成立由中国国际贸易促进委员会（简称"中国贸促会"）、东道国经贸管理部门、商务部参加的合作区工作委员会，并在其下设联合办公室，用来解决在合作区中遇到的各种建设方面的难题，并组织境外经贸区各公司间相互交流。此外，在中国贸易促进委员会和其他相关组织的监督下，签订双边或多边的税收协定，以保障合作区内每个公司的合法权益；并且在符合要求的合作区所在的城市内设立领事馆或代表处，加强国家之间或国家与地区之间的沟通与交流，避免因政策的频繁变动，导致境外经贸合作区经济发展不稳定，维护国家的相关权益和企业的经济利益。

将境外经贸合作区的建设纳入两国经贸战略，以此强化两国之间产业衔接、产能合作，打造互利共赢的命运共同体；促进园区内的小环境与东道国大环境的融合，优化境外经贸合作区的生存发展环境。此外，应该帮助东道国政府建成"一站式"行政服务窗口，缩小项目审批范围、简化前期手续、提高工作效率，将一部分线下审批转为线上审批。将境外经贸合作区打造成综合性的创新投资平台和服务平台，此外，应该将对外援助与境外经贸合作区的建设结合起来，以保障合作区的建设与运营。进一步建立健全境外经贸合作区内政府合作机制，扩大中国国际贸易促进委员会的职能，加强与国内外企业的交流。为境外经贸合作区的宣传，以及招商引资做出巨大贡献，保证境外经贸合作区经济的长期稳定发展。

13.5.3 改善境外经贸合作区的融资体系和人才引进计划

众所周知完善的融资体系是保证企业快速发展不可或缺的一部分，同时人才的引进无论在何时何地都不可以被忽略，只有人才的不断引进才能为企业的快速发展提供源源不断的动力。因此，想要境外经贸合作区长期稳定的发展，必须要完善境外经贸合作区融资体系和人才引进计划。从长远来看，融资体系的健全、资金的充分供应，以及人才引进是境外经贸合作区发展的基本。首先，想要获取健全的融资体系就必须综合考虑各种可能会影响融资的问题并逐个击破。并借鉴一些大公司的融资体系，结合自身状况，制定适合自己的融资体系。其次，想要获取充足的发展资金必须要寻找稳定的经济来源，可以从政府、金融机构和境外经贸合作区3个方面去考虑。政府需要大力支持境外合作区项目的资金补助，鼓励银行提供低息借贷，保险补贴服务。鼓励国内的一些银行或金融机构在境外经贸合作区开设分支机构，简化合作区内母国企业的贷款流程，确保资金供应充足。

首先，制定一些有利于境外经贸区发展的经济政策，如完善双边的金融合作机制，进一步拓展跨境贸易中人民币的结算业务，降低贸易投资的汇率风险和结算成本；此外，金融机构要打入国际市场，通过各种方式完成境外经贸合作区的企业投资问题；同时，国内企业要打破单打独斗的状态，寻求多方合作、跨国合作，降低企业风险。其次，人才引进计划，加强与高校之间的合作，为境外经贸合作区培养定向人才，尤其是精通外语的复合型管理人才。只有保证相关人才的不断供应，才能确保境外经贸合作区长期稳定的发展。最后，完备的社会保障以及福利是吸引全球优秀人才的必备条件，因此，我们应该完善境外经贸合作区的社会保障制度，增加合作区的福利待遇，使越来越多的人才愿意加入境外经贸合作区的建设当中。

13.5.4　建立特色境外经贸合作区

首先，要建立特色的境外经贸合作区，就要对准备在经贸合作区内经营的这些企业的发展历程、文化背景、产品类型及优势做好前期调查。明确产业未来的发展目标、产业的自身定位及实施路径，其中，需要对重点环节做好制度保障措施，综合考虑在进行产业布局的过程中可能碰见的问题，并提前制定好解决措施。为境外经贸合作区内母国企业，提供国际化产能合作的指导。此外，在境外经贸区合作区地点的选择上应重点考虑区位优势，选择区位条件较好的地区，最好是港口或交通发达的地区，有利于货物的运输和储存。在境外经贸合作区的建设过程中应该围绕以"一带一路"为中心，加强非洲地区的投资，进一步扩展中欧地区，逐步向发达国家和地区延伸，有重点、有层次地推进境外经贸合作区的布局。避免同类型的境外经贸合作区在地理位置相近的地区重复建设，造成资源的浪费和经贸合作区之间的恶性竞争。

其次，需要科学地评估经贸合作区内交通、地理位置、供应链、资源等综合因素，并结合经贸合作区内经营企业的技术特点、产品优势、国际投资经营的经验等。确定经贸合作区内经营产业的特点，因地制宜，规划加工制造型、资源利用型、农业产业型、商品贸易物流型及技术创新型等类型的产业园区。结合经贸合作区的经济状况、地理环境、资源禀赋等因素，确定经贸合作区内的重点项目及配套设施，建立特色的经贸合作区，引导经贸合作区的特色发展。

最后，在境外经贸区建设的初期，应注重经营产品的专业化特色，待时机成熟后再开始推进综合合作区的建设。在全球经济快速发展的背景下，境外经贸合作区的建设对国家的经济发展也起着十分重要的作用。因此，在进行境外经贸合作区建设前应该综合考虑当地经济状况、地理位置、资源禀赋、风俗习惯等因素，建设有特色的境外经贸合作区。只有这样才能在全球的经贸合作区中得到重视，保证长期稳定的发展。

13.5.5　促进经贸合作区转型升级，组建战略联盟

随着全球经济的快速发展，一些境外经贸合作区内经营的业务出现了些许滞后，与时代的发展脱节。因此，解决经贸合作区发展滞后这些问题的关键是进行经贸合作区的经营战略转型。通过向一些发展优秀的境外经贸合作区学习，积累经营经验。并结合自身的特点，进行经贸合作区的转型。在转型前必须制定完善

的计划，科学地评估转型后的前景。在转型的过程中应当积极寻求当地政府的帮助，发现问题及时解决，确保经贸合作区转型的顺利进行。同时，应当鼓励经贸合作区内的龙头企业，特别是创新型企业牵头组建战略联盟，在联盟内部各个企业互帮互助、资源共享、合理分配市场、共同发展。此外，与当地的银行或金融机构、服务组织密切合作，共同建设产业链条完整、产业特色突出、配套服务协同推进的经贸合作区。促进合作区经济向价值链上端提升；改善合作区的运行管理模式，以消费者为中心，打造经贸合作区品牌，积极促进已建或在建合作区转型升级。

案例 13 - 1

埃及苏伊士经贸合作区

埃及横跨亚洲和非洲两大洲，隔地中海与欧洲相望。埃及全国分为八大经济区，每个经济区有一个或多个省份，首都开罗是埃及的政治、经济和商业中心。根据 2015 年末的人口统计，埃及人口已经超过了 9 000 万人，是中东地区人口最多的国家，也是非洲人口第二大国。

中埃两国于 1956 年 5 月建立正式外交关系，埃及是第一个同中华人民共和国建交的非洲和阿拉伯国家。2015 年 8 月 6 日，埃及新苏伊士运河竣工，塞西总统发布总统令，启动建设苏伊士运河经济区，总面积达到 461 平方千米，将以运河周边的"六港两区"为依托，带动制造业、物流、海运、高新电子和电力等产业发展，打造一个世界级的经贸和物流中心。埃及的这一发展规划，与中国的"一带一路"倡议高度契合，而且埃及位于"丝绸之路经济带"和"21 世纪海上丝绸之路"的交汇点，作为"一带一路"西端交会地带的地理优势非常明显。2015 年 9 月，在埃及总统塞西访华期间，中埃两国政府签订了《中埃产能合作框架协议》，这将大大推动中国与埃及两国之间开展的国际产能合作。

1994 年 10 月与 1996 年 5 月，穆巴拉克总统先后在朱镕基副总理和江泽民主席出访埃及时提出，埃及要在苏伊士运河西岸建设开发区，请求中国帮助埃及来运营这片区域。后来埃及政府在苏伊士运河西岸规划了 300 多平方千米的土地，划分为 13 个区块，明确提出在其中一个区块与中国合作开发。

1997 年 4 月，埃及总理访华期间与李鹏总理签订了政府谅解备忘录，决定由中国提供经济特区的经验，帮助埃及建设苏伊士经贸合作区。中国政府则安排由天津市来完成这个国家任务。1998 年 5 月，天津泰达投资控股有限公司的前身天津经济技术开发区总公司，在中国注册成立苏伊士国际合作有限公司，作为承担这一国家任务的企业实体。埃及方面也要求苏伊士运河管理局、阿拉伯承包商、埃及银行、埃及国民银行等企业发起成立一家名为"埃中合营公司"的企业，专门负责苏伊士经贸合作区的建设。中国的苏伊士国际合作有限公司也向国家开发银行贷款 700 万美元，在埃中合营公司中占股 10%。

　　虽然有两国政府的大力推动，但是由于种种原因，双方的合作进展缓慢。2006 年 11 月，在"中非合作论坛"北京峰会上，胡锦涛主席提出了支持非洲发展的八项举措，其中之一是要在非洲建立 3~5 个境外经贸合作。天津泰达投资股份有限公司成功通过了 2007 年 8 月商务部组织的第二批境外经贸合作区招标，苏伊士经贸合作区跻身为中国最早的 16 个国家级境外经贸合作区之一。

　　苏伊士经贸合作区位于埃及苏伊士湾西北经济区，紧邻苏伊士运河，距离埃及开罗 120 千米，到埃及第三大港口因苏哈那港只有 2 千米，苏伊士经贸合作区的起步区面积为 1.34 平方千米，扩展区 6 平方千米，远期规划面积 20 平方千米，是一个以工业项目为主、涵盖加工制造、物流、保税、技术开发、商贸和现代服务等产业，融居住、商业、金融等功能区为一体的国际化产业基地和现代新城。

　　目前，苏伊士经贸合作区按照"服务是天职，投资者是帝王"的理念，提供"一站式、一条龙"的配套服务：在企业入驻的各个阶段提供设立、注册、土地和建设等各类许可证的办理、生产前注册、运营许可证、清关、工作签证、生产许可证、接洽埃及政府部门、人力资源培训、行政管理培训、安保培训、市场研究，以及装饰、维修、通信、安保系统安装、维护等一系列的服务。2009 年底，中非泰达在埃及苏伊士经贸合作园完成了 6 000 万美元的投资总额，建设了 5 栋标准工业厂房，泰达商务酒店、综合服务中心大厦、白领公寓的建筑面积超过了 4 万平方米，绿化的苗圃面积也有 1.5 万平方米。一座绿洲出现在埃及荒凉的沙漠中。从 1999 年中方派出的人员第一次踏上的一片不毛之地，到今天的"一带一路"上新绿洲，至少两代来自天津市的建设者们已经在这 18 年中付出了难以计数的心血。

　　（资料来源：周啸东."一带一路"大实践——国际产能合作经验与教训［M］.北京：机械工业出版社，2017）

　　阅读案例并回答以下问题：

　　1. 埃及苏伊士经贸合作区具有哪些特点？

2. 作为中国最早的 16 个国家级境外经贸合作区之一，埃及苏伊士经贸合作区在发展过程中会面临哪些问题及其对策？

3. 中国为什么选择埃及建立境外经贸合作区？

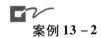

案例 13 - 2

尼日利亚广东经贸合作区

尼日利亚广东经济贸易合作区位于尼日利亚奥贡州，是首批落户非洲的中国国家级对外经贸区。合作区规划总面积为 100 平方公里，合作期为 99 年；产业定位是以轻工、家具、建材、五金、木材加工等行业为龙头，以原材料加工为主体，工程、营销和贸易并进发展。合作区目前形成了规模化的陶瓷业、造纸业生产和销售产业链；相关产品直接面向非洲市场，有效地满足了当地需求。截至 2018 年底，合作区启动区 2.24 平方千米已全部开发，年产值达 20 亿元。2018 年，合作区向当地缴纳税款金额达 99.29 万美元。合作区还充分带动了项目所在区域的人员就业和人才培养等。目前，合作区已聘用当地工人 5 000 余人，间接创造 8 000 多个就业机会。第二期开发后，当地员工预计每年增长 1 000 人以上。境外园区的启动和发展，既有利于东道国高效利用本地资源，提升投资聚集效应和产业辐射作用，又能有效满足东道国甚至整个非洲发展经济和产业的需求，加快国际产能合作进程。合作区的投资主体目前正利用合作区的开发经验，在肯尼亚投资建设该国第一个境外工业园区，并计划在非洲不同国家打造 10 个连锁品牌的境外工业园区。

（资料来源：华声在线. 尼日利亚广东经济贸易合作区：推动非洲经济发展的"加速器"［EB/OL］.（2019 - 6 - 7）［2020 - 10 - 20］. ht-tp：//hunan. voc. com. cn/article/201906/2019060707719253041. html）

阅读案例并回答以下问题：

1. 尼日利亚广东经贸合作区具有哪些特点？

2. 尼日利亚广东经贸合作区存在哪些问题？

本 章 小 结

（1）境外经贸合作区是指在中华人民共和国境内（不含香港、澳门和台湾地区）注册、具有独立法人资格的中资控股企业，通过在境外设立的中资控股的独立法人机构，投资建设的基础设施完备、主导产业明确、公共服务功能健全、具有集聚和辐射效应的产业园区。是我国实施"走出去"战略的重要形式，是一种"企业对政府"的模式。

（2）境外经贸合作区不仅有利于在东道国形成产业集群、发挥集群效应，降低运营成本，还可以转移我国过剩产能、规避国际贸易壁垒，巩固与合作区国家的睦邻友好关系。这是对我国对外开发能力的深层次要求，是中国经济着手应对国际化挑战的必然选择。

（3）虽然我国境外经贸合作区取得的成效显著，但在其发展过程中逐渐暴露出一些问题。从国家层面来看，政府支持力度有待加强，性质定位需进一步明确，缺乏总体的规划；从企业层面来看，一是市场化运作的问题，企业与当地政府关于政策的意见解读可能会导致不同结果；二是境外融资难度大；三是配套条件有缺陷，东道国经济环境、基础设施环境、制度环境、信用环境等都存在一定的缺陷，这些问题会在一定程度上加大了合作区建设的难度。

（4）为保障我国境外经贸合作区的稳定健康发展，需要完善以下五个方面：分析市场，避免经营风险；建立健全政府合作机制；改善境外经贸合作区的融资体系和人才引进计划；建立特色境外经贸合作区；促进经贸合作区转型升级，组建战略联盟。

关键术语

境外经贸合作区　自由贸易区产业　集聚效应产业定位
商贸物流型加工制造型主导产业

复习思考题

1. 境外经贸合作区与自由贸易区有什么区别？
2. 我国境外经贸合作区如何进行产业定位？
3. 如何对我国目前的境外经贸合作区进行分类？
4. 我国境外经贸合作区在国家和企业层面分别存在哪些问题？解决方案有哪些？
5. 试述境外经贸合作区的发展趋势。

参 考 文 献

[1] 毕家美, 管爱国. 亚洲农村合作社经济 [M]. 北京: 中国商业出版社, 1992.

[2] 曹献雨. 中国互联网与养老服务融合水平测度及提升路径研究 [J]. 当代经济管理, 2019 (7): 73-80.

[3] 柴宇, 王瑞丽. 农机化航空母舰扬帆远航——辽宁省海城市丰沃农机服务专业合作社发展纪实 [J]. 中国农民合作社, 2018 (3): 62-63.

[4] 陈光燕, 司伟. 新型农村合作医疗保险对农村中老年人照料孙子女的影响 [J]. 农业技术经济, 2021: 1-13.

[5] 陈家涛. 合作经济的理论与实践模式——中国农村视角 [J]. 北京: 社会科学文献出版社, 2013.

[6] 陈柳钦. 日本农协的发展历程, 组织, 功能及经验 [J]. 郑州航空工业管理学院学报, 2010 (1): 84-91.

[7] 陈水映, 梁学成, 余东丰, 徐燕. 传统村落向旅游特色小镇转型的驱动因素研究——以陕西袁家村为例 [J]. 旅游学刊, 2020 (7): 73-85.

[8] 陈义媛. 以村集体经济发展激活基层党建——基于烟台市党支部领办合作社的案例分析 [J]. 南京农业大学学报, 2021 (3): 107-117.

[9] 陈宗南, 毛飞, 孔祥智. 欧美农民合作社融资经验及对中国的启示 [J]. 农村金融研究, 2020 (3): 36-42.

[10] 程列辉, 朱建平. 德国、荷兰合作金融体制考察及启示 [J]. 金融纵横, 2018 (8): 35-40.

[11] 崔宝玉, 孙迪. 关系产权的边界与运行逻辑——安徽省 L 农民合作社联合社个案研究 [J]. 中国农村经济, 2018 (10): 39-52.

[12] 丁国光. 加拿大合作社的发展过程及其启示 [J]. 农村财政与财务, 1998 (10): 37-39.

[13] 窦凯. 中国数字内容产业国际竞争力研究 [J]. 对外经济贸易大学学报, 2020: 1-231.

[14] 杜庆昊. 中国数字经济协同治理研究 [J]. 中共中央党校, 2019: 1-194.

［15］恩格斯. 社会主义从空想到科学的发展［M］. 北京：人民出版社，1997.

［16］方志权. 农村集体经济组织餐券制度改革若干问题［J］. 中国农村经济，2014（7）：4-14.

［17］付江. 境外经贸合作区现行支持政策分析［J］. 中国经贸导刊，2020（7）：10-13.

［18］高灵芝. 农村社区养老服务设施定位和运营问题及对策［J］. 东岳论丛，2015（12）：159-163.

［19］高鸣，芦千文. 中国农村集体经济70年发展历程与启示［J］. 中国农村经济，2019（10）：19-39.

［20］耿大立. 日本、韩国农民协会发展经验浅探［J］. 世界农业，2013（7）：114-117.

［21］管爱国，符纯华. 现代世界合作社经济［M］. 北京：中国农业出版社，2000.

［22］郭素贞. 日本农协会的发展对建立我国农民合作经济组织的启示［J］. 安徽农业科学，2007（14）：4370，4376.

［23］郝佳. 利益导向、最优选择与现阶段农村养老保险的机制设计［J］. 改革，2014（2）：67-78.

［24］合作经济研究与实践编委会. 合作经济研究与实践［J］. 北京：中央文献出版社，2004.

［25］何曲. 对外投资合作新探索——境外经贸合作区［J］. 中国经贸，2011（11）：34.

［26］洪联英，张云. 我国境外经贸合作区建设与企业走出去战略［J］. 国际经贸探索，2011（3）：48-54.

［27］胡江云，赵书博，王秀哲. "一带一路"构想下的境外经贸合作区研究［J］. 发展研究，2017（1）：8-12.

［28］黄正多. 农业合作经济组织对印度农产品价格稳定的作用［J］. 南亚研究季刊，2013（3）：39-42.

［29］黄祖辉，赵兴泉，赵铁桥. 中国农民合作经济组织发展、理论、实践与政策［M］. 杭州：浙江大学出版社，2009.

［30］黄祖辉. 中国农民合作经济组织发展［M］. 杭州：浙江大学出版社，2009.

［31］贾玲俊，萨秋荣. 中国境外经济贸易合作区发展现状探析［J］. 对外经贸实务，2015（8）：25-28.

［32］蒋玉岷. 合作经济思想史论［M］. 合肥：安徽人民出版社，2008.

[33] 蒋玉珉. 合作经济思想史论 [M]. 山西：山西经济出版社，1999.

[34] 柯马凯. 一起干、国际友人与中国工合运动 [J]. 国际人才交流，2020 (7)：58 – 61.

[35] 孔祥智. 中国农民合作经济组织的发展与创新（1978—2018）[J]. 南京农业大学学报（社会科学版），2018 (6)：1 – 10.

[36] 李春顶. 境外经贸合作区建设与我国企业走出去 [J]. 国际经济合作，2008 (7)：25 – 28.

[37] 李丹，陈友庚. 对外援助与我国境外经贸合作区建设 [J]. 开放导报，2015 (1)：51 – 53.

[38] 李嘉楠，龙小宁，张相伟. 中国经贸合作新方式——境外经贸合作区 [J]. 中国经济问题，2016 (6)：64 – 81.

[39] 李俏，孙泽南. 合作社融入农村养老供给的逻辑、模式与效应 [J]. 西北农林科技大学学报，2021 (1)：114 – 122.

[40] 李昱姣. 空想的逻辑——欧文、傅立叶合作思想辨析 [J]. 社会主义研究，2009 (3)：23 – 27.

[41] 刘晨，葛顺奇. 中国境外合作区建设与东道国经济发展：非洲的实践 [J]. 国际经济评论，2019 (3)：73 – 100.

[42] 刘华玲，周赛君，张国祥等. 数字经济对我国经济社会的影响效应研究 [J]//十四届（2019）中国管理学年会论文集，2019.

[43] 刘俊杰，吴比，闫辉. 农民信用合作温州样本探析——浙江温州农村合作金融发展的实践与探索 [J]. 农村金融研究，2018 (12)：69 – 73.

[44] 刘英奎，郭志刚. 中国境外经贸合作区的发展特点、问题与对策 [J]. 区域经济评论，2017 (3)：96 – 101.

[45] 刘昭洁. 数字经济背景下的产业融合研究 [J]. 对外经济贸易大学，2018：1 – 164.

[46] 卢进勇，裴秋蕊. 境外经贸合作区高质量发展问题研究 [J]. 国际经济合作，2019 (4)：43 – 55.

[47] 卢坤. 圣西门、傅里叶与欧文思想的政治伦理旨趣 [J]. 社会主义研究，2010 (2)：21 – 25.

[48] 鲁泽. 借鉴日本农协经验发展农村合作经济 [J]. 河北供销与科技，1998 (9)：8 – 10.

[49] 陆倩，孙剑. 农民合作经济组织演进轨迹与国际镜鉴 [J]. 改革，2016 (12)：75 – 84.

[50] 路红艳. 中国境外经贸合作区发展的经验启示 [J]. 对外经贸，2013 (10)：7 – 10.

[51] 吕亚荣, 李登旺, 王嘉悦. 罗奇代尔公平先锋社的百年发展史: 1844—1944 [J]. 华中农业大学学报 (社会科学版), 2014 (1): 131 – 138.

[52] 罗静. 中国农村集体经济发展困境及治理研究 [M]. 成都: 四川大学出版社, 2014.

[53] 马克思. 资本论 (一卷) [M]. 北京: 人民出版社, 1975.

[54] 曼瑟尔·奥尔森著 (陈郁, 郭宇峰, 李崇新译). 集体行动的逻辑 [M]. 上海: 上海三联书店, 2012.

[55] 孟庆国, 董玄, 孔祥智. 嵌入性组织为何存在? 供销合作社农业生产托管的案例研究 [J]. 管理世界, 2021 (2): 165 – 184.

[56] 聂辉华. 契约不完全一定导致投资无效率吗? ——一个带有不对称信息的敲竹杠模型 [J]. 经济研究, 2008 (2): 132 – 143.

[57] 聂辉华, 杨其静. 产权理论遭遇的挑战及其演变——基于 2000 年以来的最新文献 [J]. 南开经济研究, 2007 (4): 3 – 13.

[58] 欧文. 欧文选集. 北京: 商务印书馆, 1984.

[59] 祁欣, 杨超. 境外经贸合作区建设若干问题探讨与建议 [J]. 国际贸易, 2018 (6): 30 – 99.

[60] 乔慧娟. 论我国境外经贸合作区的风险防范问题——以赞比亚中国经贸合作区为视角 [J]. 商业时代, 2014 (15): 19 – 21.

[61] 任奕达. 数字经济对全球价值链分工地位变动的影响研究 [J]. 天津财经大学学报, 2019: 1 – 79.

[62] 任泳然. 数字经济驱动下政务数据资产化与创新策略研究 [J]. 江西财经大学学报, 2020: 1 – 141.

[63] 阮刚辉. 境外经贸合作区要融入一带一路 [J]. 浙江经济, 2014 (7): 40 – 41.

[64] 沈铭辉, 张中元. 中国境外经贸合作区: 一带一路上的产能合作平台 [J]. 新视野, 2016 (3): 110 – 115.

[65] 宋宇, 张美云. 小农与合作经济理论: 马克思经济学与西方经济学的比较 [J]. 经济纵横, 2020 (4): 44 – 52.

[66] 谭智心. 国际合作社联盟原则演变及对中国发展联合社的启示 [J]. 世界农业, 2016 (11): 4 – 10.

[67] 唐华仓. 农民专业合作社运作中的经验与问题——第四届农业政策理论与实践研讨会 [J]. 农业经济问题, 2008 (1): 103 – 106.

[68] 唐宗焜. 合作社功能和社会主义市场经济 [J]. 经济研究, 2007 (12): 11 – 23.

[69] 唐宗焜. 合作社真谛 [M]. 北京. 知识产权出版社, 2012.

［70］万俊毅，曾丽军．合作社类型、治理机制与经营绩效［J］.中国农村经济，2020（2）：30－45.

［71］王贵宸．中国农村合作经济史［J］.太原：山西经济出版社，2006.

［72］王洪一．中非共建产业园：历程、问题与解决思路［J］.国际问题研究，2019（1）：39－53.

［73］王景新．乡村新型合作经济组织崛起［M］.北京：中国经济出版社，2005.

［74］王亚华，减良震．小农户的集体行动逻辑［J］.农业经济问题，2020（1）：59－67.

［75］吴彬，徐旭初．农民专业合作社的益贫性及其机制［J］.农村经济，2009（3）：115－117.

［76］武汉大学"一带一路"研究课题组．"一带一路"境外经贸合作区可持续发展研究［J］.社会科学战线，2019（6）：82－88.

［77］谢彦明，唐金朝，张连刚，樊有刚．CSA情境下消费合作社的发展逻辑、运作机理与实践困境——以润土帮帮城乡互助消费合作社为例［J］.新疆农垦经济，2020（9）：45－53.

［78］鑫颖，钟敏．印度农民专业合作经济组织发展研究——基于"一带一路"战略的思考［J］.物流科技，2016（12）：104－106.

［79］熊海斌，谢元态，田丽娜．合作金融本质坚守与功能创新研究——运用马克思主义合作理论评析农村信用合作社改革［J］.农村金融研究，2018（1）：65－69.

［80］熊吉陵．合作经济思想与社会主义和谐社会［J］.吉首大学学报（社会科学版），2010（6）：95－100.

［81］徐宝山．探索土地股份合作构建脱贫长效机制［J］.中国农民合作社，2019（12）：50－52.

［82］徐虹，王彩彩．包容性发展视域下乡村旅游脱贫致富机制研究——陕西省袁家村的案例启示［J］.经济问题探索，2019（6）：59－70.

［83］徐建青．中华人民共和国一次手工业普查简析［J］.中国经济史研究，2019（6）：138－145.

［84］徐祥临．借鉴日本农协基本理论与经验发展我国三位一体农民合作经济组织［J］.马克思主义与现实，2015（1）：183－186.

［85］徐旭初．农民合作社发展中政府行为逻辑：基于赋权理论视角的讨论［J］.农业经济问题，2014，35（1）：19－29.

［86］徐旭初．中国农民合作社发展报告2019［M］.浙江：浙江大学出版社，2020.

[87] 徐旭初. 中国农民专业合作经济组织的制度分析 [M]. 北京: 经济科学出版社, 2005.

[88] 许文富. 合作原理与实务 [J]. 财团法人丰年社, 2003.

[89] 薛毅, 陈立萍. 统计建模与 R 软件 (下册) [M]. 北京: 清华大学出版社, 2007.

[90] 杨崇崇. 电子商务发展经营背景下农民合作社创新发展问题研究 [J]. 农业经济, 2021 (3): 139 - 140.

[91] 杨剑, 祁欣, 褚晓. 中国境外经贸合作区发展现状, 问题与建议——以中埃泰达苏伊士经贸合作区为例 [J]. 国际经济合作, 2019 (1): 118 - 126.

[92] 杨玲玲, 辛小丽. 加拿大合作社运动的起源、发展现状及未来趋势 [J]. 科学社会主义, 2006 (4): 121 - 124.

[93] 杨明玥. 中国—东盟信息港数字经济产业合作指南 [J]. 广西大学学报, 2019.

[94] 杨瑞龙, 聂辉华. 不完全契约理论: 一个综述 [J]. 经济研究, 2006 (2).

[95] 杨团. 此集体非彼集体 (下) ——探索多元化的农村集体产权改革道路 [J]. 经济导刊, 2018 (11): 42 - 49.

[96] 杨焱. 现代合作性金融制度的产生、变迁及功能研究 [J]. 辽宁大学学报, 2016.

[97] 姚星, 蒲岳, 吴钢等. 中国在 "一带一路" 沿线的产业融合程度及地位: 行业比较、地区差异及关联因素 [J]. 经济研究, 2019 (9): 172 - 186.

[98] 易棉阳. 社区型股份合作社与农民专业合作社的比较研究 [J]. 华中农业大学学报 (社会科学版), 2018 (6): 48 - 54.

[99] 银小柯, 王文烂. 集体行动的逻辑视角下林业联户经营投入激励分析 [J]. 林业经济问题, 2011 (5): 406 - 410.

[100] 袁越. 江西省汽车制造业与互联网 + 产业融合测度研究 [J]. 对外经贸, 2020 (4): 50 - 54.

[101] 苑鹏. 对马克思恩格斯有关合作制与集体所有制关系的再认识 [J]. 中国农村观察, 2015 (5): 2 - 10.

[102] 岳志. 合作金融思想学说史 [M]. 上海: 上海远东出版社, 2016.

[103] 曾博, 毛瑞男. 农民专业合作社普通成员利益实现及保障机制研究 [J]. 上海经济研究, 2021 (4): 43 - 54.

[104] 张广荣. 民营企业与境外经贸合作区建设——基于温州地区民营企业的思考 [J]. 国际经济合作, 2008 (8): 31 - 35.

[105] 张广荣. 中国境外经贸合作区发展政策探析 [J]. 国际经济合作,

2013 (2)：40 - 42.

[106] 张金杰. 中国境外经贸园区发展面临的机遇、挑战与经验总结 [J]. 经济纵横，2018 (7)：52 - 58.

[107] 张世国. 发展境外经贸合作区建设的几点设想 [J]. 大经贸，2007 (1)：20 - 21.

[108] 张文彤. SPSS 统计分析高级教程 [M]. 北京：高等教育出版社，2004.

[109] 张文彤，闫洁. SPSS 统计分析基础教程 [M]. 北京：高等教育出版社，2004.

[110] 张晓山，苑鹏. 合作经济理论与实践 [M]. 北京. 中国城市出版社，1991.

[111] 张晓山，苑鹏. 合作经济理论与中国农民合作社的实践 [M]. 北京：首都经济贸易大学出版社，2009.

[112] 张兴华. 基于共同代理的信托公司治理研究 [D]. 济南：山东大学，2007.

[113] 张秀青. 美国农业保险与期货市场 [J]. 中国金融，2015 (13)：74 - 76.

[114] 张永林，王世春. 信息不对称中的农民权利保护问题 [J]. 当代经济研究，2004 (5)：59 - 62.

[115] 张玉卓. 奥利弗·哈特不完全合同理论评述 [J]. 天津商业大学学报，2019 (3)：47 - 54.

[116] 赵晓飞，田野. 农产品流通领域农民合作组织的经济效应分析 [J]. 财贸研究，2014 (6)：14 - 21.

[117] 浙江大学 CARD 中国农民合作组织研究中心. 中国农民合作社发展报告 2019 [M]. 杭州：浙江大学出版社，2020.

[118] 郑功成. 多层次社会保障体系建设：现状评估与政策思路 [J]. 社会保障评论，2019 (1)：3 - 29.

[119] 郑有贵. 村社区型集体经济组织是否冠名合作社——以福建省仙游县村经济合作社为例 [J]. 管理世界，2003 (6)：96 - 100.

[120] 中国人民银行代表团. 论合作金融的混合治理结构——从法国农业信贷银行的制度变迁看中国农村信用社体制改革 [J]. 金融研究，2002 (7)：1 - 9.

[121] 钟甫宁. 农业经济学 [M]. 北京：中国农业出版社，2012.

[122] 周坚，周志凯，何敏. 基本医疗保险减轻了农村老年人口贫困吗——从新农合到城乡居民医保 [J]. 社会保障研究，2019 (3)：33 - 45.

[123] 周立，吴云霄，马荟，方平. 资源匮乏型村庄如何发展新型集体经济？——基于公共治理说的陕西袁家村案例分析 [J]. 中国农村经济，2021

（1）：91 – 111.

［124］周雪光. 关系产权——产权制度的一个社会学解释［J］. 社会学研究，2005（2）：1 – 31.

［125］朱信凯，彭廷军. 新型农村合作医疗中的逆向选择问题：理论研究与实证分析［J］. 管理世界，2009（1）：79 – 88.

［126］Albert Sonnichsen，James Peter Warbasse. South Carolina：Nabu Press［J］. Consumers' Cooperatio，1991.

［127］Birchall J，Ketilson L H. Resilience of the cooperative business model in times ofcrisis［Z］. https：//www. ilo. org/wcmsp5/groups/public/ – – – ed_emp/ – – – emp_ent/documents/publication/wcms_108416. pdf，2009.

［128］Cook M L，Chaddad F R. Redesigning Cooperative Boundaries：The Emergence of New Models［J］. *American Journal of Agricultural Economics*，2004，86（5）：1249 – 1253.

［129］Cook M L. The Future of U. S. Agricultural Cooperatives：A Neo – institutional Approach［J］. *American Journal of Agricultural Economics*，1995，77（5）：1153 – 1159.

［130］Cooperatives Europe. The COVID – 19 Crisis and Its Economic and Social Impact on Cooperatives Across Europe［Z］. https：//coopseurope. coop/sites/default/files/Covid19%20Report_CoopsEurope – compressed. pdf. 2020.

［131］Dongre Y，Paranjothi T. Asia Pacific Cooperatives Responding to Covid – 19 Crisis［M］. *Cooperatives and Social Innovatio*n. Singapore：Springer. 2020.

［132］Evens，Stokdyk. The Law of Agricultural Marketing［J］. *Lawyers Cooperative Publishing Company*，1937，25（6）：746 – 748.

［133］Garcia – Mandico S，Reichert A，Strupat C. The Social Value of Health Insurance：Results from Ghana［J］. *Journal of Public Economic*，2021，194（2）：1 – 17.

［134］Hariyoga H. An Economic Analysis of Factors Affecting the Failure of an Agricultural Marketing Cooperative：The Bankruptcy of Tri Valley Growers［D］. Los Angeles：University of California. 2004.

［135］International Co – operative Alliance. Exploring the Cooperative Economy. World Cooperative Monitor Report. Retrieved from：https：//monitor. Coop/sites/default/files/publication – files/wcm2020 – 1727093359. pdf. 2020.

［136］International Labour Organization. Cooperatives and Wider SSE Enterprises Respondto COVID – 19 Disruptions，and Government Measures are Being put in Place. Retrieved from：https：//www. ilo. Org/global/topics/cooperatives/news/WCMS _ 740254/

lang—en/index. Htm. 2020.

［137］ Jeffrey M, Wooldridge. Introductory Econometrics a Modern Approach ［D］. Beijing: Tsinghua University Press. 2017.

［138］ Kunal, Mishra. Cooperative Movement and Its Emerging Scenario in India ［J］. *International Journal of Scientific & Technology Research*, 2020, 9 (1): 3799 – 3802.

［139］ Ian Macpherson. Co – Operative Movement and The Social Economy Traditions: Reflections on the Mingling of Broad Visions ［J］. *Annals of Public and Cooperative Economics*, 2008, 79 (4): 625 – 642.

［140］ Marchal S, Van Lancker W. The Measurement of Targeting Design in Complex Welfare States: A Proposal and Empirical Applications ［J］. *Social Indicators Research*, 2019, 46 (2): 143.

［141］ Powell D, Goldman D. Disentangling Moral Hazard and Adverse Selection in Private Health Insurance ［J］. *Journal of Economic*, 2021, 1 (222): 141 – 160.

［142］ Rodrigues R. Adding value to membership: The Cooperative Challenge for the New Millennium . http: //www. diktio-kapa. dos. gr/ICADigestOld/eg/ICA% 20News% 20 – % 20Issue% 204 – 99. pdf. 1999.

［143］ TANGO International. COVID – 19 Impact Survey Report. https: //storcp-dkenticomedia. blob. core. windows. net/media/idd/media/lolorg/images/covid – 19 – impact – study – final – report_9 – 4_final. pdf. 2020.